이코노미스트

2024 세계대전망

이코노미스트 지음

책을 펴내면서

톰 스탠다지(Tom Standage) 《2024 세계대전망》 편집자

삶이 우리에게 훅 달려든다. 무력 충돌이 급증하고 세계 에너지 자원 지도가 바뀌고 인공지능(AI)이 급속하게 발전하는 등 세상이 믿기 힘든 속도로 바뀌고 있다. 중동의 정세에서부터 전기차의 도입, 비만 치료에 이르기까지 현실은 불과 1~2년 전과 많이 달라 보인다. 우리가 할 일은 독자들이 최신 정보로 무장한 세계관을 유지하도록 돕고 앞으로 어떤 일이 일어날지 미리 귀띔하는 것이다. 그 시작을 위해 2024년에 눈여겨봐야 할 10가지 주제를 소개한다.

1. **보트 어 라마**(Vote-a-rama)! ●

   세계 곳곳에서 치러질 선거에 그 어느 때보다 많은 유권자가 참여할 것이며, 이 선거들은 전 세계 민주주의의 현황을 조명

● 미국 상원에서 무제한으로 예산안 수정안을 발의해 토론, 투표할 수 있는 절차로 마라톤 투표를 가리키는 데 사용된다.

할 것이다. 2024년에는 전 세계에서 70건이 넘는 선거가 치러 질 예정이며 그 나라들의 인구를 모두 합치면 약 42억 명에 이른다. 사상 최초로 지구촌 인구의 절반을 넘어선다. 어느 때보다 많은 투표가 이뤄지지만 그것이 반드시 성숙한 민주주의를 불러오는 것은 아니며, 많은 선거가 자유롭지도 공정하지도 않을 것이다.

2. 미국의 글로벌 선택

대선 경쟁에서 약 30%의 지지율을 얻고 있는 도널드 트럼프(Donald Trump)에게 유권자와 법원의 판결이 내려질 것이다. 결과는 일부 경합 주(州)의 유권자 수만 명의 선택에 따라 달라질 것이다. 하지만 그 결과에 따른 파장은 기후 정책에서부터 우크라이나에 대한 군사 지원에 이르기까지 모든 분야에 광범위하게 영향을 미칠 것이다. 러시아의 선거 개입 의혹은 블라디미르 푸틴(Vladimir Putin)의 운명이 러시아 유권자보다 미국 유권자의 손에 달려 있음을 의미할 수도 있다.

3. 유럽이 나서야 한다

유럽은 우크라이나의 장기전에 필요한 군사적, 경제적 지원을 아끼지 않으면서 궁극적으로는 유럽연합(EU) 회원국이 될 수 있는 길을 열어주는 데 앞장서야 한다. 이것은 마땅히 해야 할 일이며 트럼프가 권력을 되찾고 미국의 지원을 끊을 위험에 대비하는 일이기도 하다.

4. 중동의 혼란

하마스의 이스라엘 공격과 이스라엘의 가자 지구 보복 공습은 이 지역을 뒤흔들었고, 세계가 팔레스타인의 곤경을 계속 모른 체할 수 있다는 생각에 찬물을 끼얹었다. 이번 사태는 더 큰 지역 분쟁으로 번질까, 아니면 평화를 향한 새로운 기회를 열어줄까? 이것은 감당 능력을 넘어선 초강대국 미국이 이전보다 더 복잡하고 위협적인 세계에 적응할 수 있는지 알아보는 시험대가 될 수도 있다.

5. 다극화된 무질서 (Multipolar disorder)

아시아로 방향을 틀어 떠오르는 중국과의 경쟁에 더욱 집중하려던 미국의 계획은 우크라이나에 이어 가자 지구에서 벌어진 전쟁 탓에 좌절됐다. 러시아 역시 주의가 분산돼서 영향력을 잃어가고 있다. 동결 상태였던 갈등이 녹아내리면서 세계 곳곳에서 지역적 냉전이 가열되고 있다. 사하라 사막 이남 사헬 지역의 불안정이 고조되고 있다. 미국의 '단일 패권'이 끝나가면서 세계는 더 많은 분쟁에 대비하고 있다.

6. 제2차 냉전 (A second cold war)

중국의 성장이 둔화하고 있고 대만을 둘러싼 긴장이 고조되는데다 첨단 기술에 대한 중국의 접근을 미국이 계속 제한하면서 '신냉전'이라는 용어가 굳어지고 있다. 하지만 중국에 대한 공급망 의존도를 줄이려 애쓰는 서구 기업들은 말처럼 실행이 쉽지 않다는 사실을 알아갈 것이다. 한편 두 진영은 특히 녹색 자원을 확보하기 위해 글로벌 사우스(남반구 저개발국) 가운데 (분쟁 중개 능력이 있는) '중간 국가들'에 구애할 것이다.

7. 새로운 에너지 지형

청정에너지 전환으로 새로운 녹색 에너지 강국이 탄생하고 에너지 자원의 지도가 바뀌고 있다. 리튬, 구리, 니켈의 중요성은 훨씬 더 커진 반면 석유와 가스, 그리고 이 자원들의 공급을 장악하고 있는 지역의 중요성은 떨어지고 있다. 녹색 자원 경쟁이 지정학과 무역을 재구성하고 있으며 예상치 못한 승자와 패자를 만들어내고 있다. 한편 기후 친화적 정책이 확산되는 가운데 서민을 상대로 엘리트들이 꾸미는 음모라고 여기는 유권자들 사이에서 '그린래시(Greenlash)'●가 퍼지고 있다.

8. 경제적 불확실성

2023년 서구 경제는 예상보다 나은 성적을 거뒀지만 아직 위기를 벗어나지는 못했다. 경기 침체를 피하더라도 금리가 '더 높은 상태로 더 오래' 유지되면 기업과 소비자 모두 고통을 겪을 것이다. (은행을 주시하고, 상황이 나빠질 수 있는 상업용 부동산이 은행에 미치는 영향도 눈여겨봐야 한다.) 중국은 디플레이션에 빠질 가능성이 있다.

● 녹색 정책에 대한 반발.

9. **AI가 현실이 된다**

기업은 AI를 채택하고 규제 당국은 이를 규제하면서 기술자들은 끊임 없이 개선의 노력을 하고 있다. 최선의 규제 방안과 인류의 '실존 위험'에 대한 논의가 기존 기업에 득이 되는 유인책인지에 대한 논쟁이 치열해질 것이다. 예상치 못한 이용과 악용 사례도 계속 등장할 것이다. 일자리에 미치는 영향과 선거 개입 가능성에 대한 우려의 목소리도 높다. 실제로 AI가 미친 가장 큰 영향은? 코딩 속도가 빨라졌다는 점이다.

10. **세계가 하나로?**

전 세계가 파리 올림픽, (아마도) 달 주위를 도는 우주 비행사들, T20 남자 크리켓 월드컵을 지켜보는 동안 이념적 차이는 한쪽으로 밀려날지도 모른다. 하지만 글로벌 통합을 기대하는 사람들은 당황할 가능성이 높다.

이 모든 트렌드의 세부 내용을 읽어보고, 슈퍼 히어로 영화에서 우주 발사 비용에 이르기까지 2024년 주목할 만한 분석들을 데이터 중심으로 선별한 '추세선(Trendlines)'도 살펴보면 좋을 것이다. 《2024 세계대전망》이 다가오는 해를 항해하는 데 유익한 지침서가 되길 바란다.

PART
1

● 리더스 LEADERS

● 비즈니스 BUSINESS

● 금융 FINANCE

● 국제 INTERNATIOANL

PART 2

● 2024년 세계 주요 지표   THE WORLD IN NUMBERS

● 특별 섹션   SPECIAL SECTION | TRENDLINES

● 부고   OBITUARY

PART

LEADERS

BUSINESS

FINANCE

INTERNATIONAL

SCIENCE & TECHNOLOGY

CULTURE

THE WORLD AHEAD 2024

위기에 처한 민주주의

2024년은 전 세계의 자유 민주주의자들에게 근심 가득한 한 해가 될 것이다

자니 민턴 베도스(Zanny Minton Beddoes) 〈이코노미스트〉 편집장

사상 최초로 세계 인구의 절반 이상이 선거를 치를 2024년은 역사상 분기점이 될 것이다. 최근 유권자 투표율의 추세로 보건대 70개 이상의 국가에서 약 20억 명이 투표소로 향할 것이다. 영국에서 방글라데시, 인도, 인도네시아까지 중요한 선거가 예정되어 있다. 민주주의가 승리하는 한 해가 돼야 정상일 것 같지만 그 반대가 될 듯하다.

많은 국가에서 반자유주의적 통치자들이 선거 후에도 굳건히 자리를 지킬 것이다. 다른 쪽에서는 부패하고 무능한 후보가 새로운 통치자로 기꺼이 선출되는 국가들도 나올 것이다. 특히 단연코 가장 중요한 선거인 미국 대통령 선거는 워낙 위험하고 양극적이어서 세계

정치에 먹구름을 드리울 것이다. 우크라이나에서 중동에 이르기까지 세계 곳곳이 분쟁 중인 가운데 앞으로 미국의 방향, 그리고 미국 지도자가 지금까지 책임져온 세계 질서도 덩달아 위기에 처할 것이다. 2024년은 긴장되고 위태로운 해가 될 것이다.

대놓고 부정 선거가 자행되는 곳도 있을 것이다. 예컨대 벨라루스나 르완다에서 유일한 질문은 현직 지도자의 득표율이 얼마나 100%에 가까울 것인가다. 자신의 임기 제한을 없애려고 2020년에 부당한 개헌을 감행한 푸틴은 의심할 바 없이 러시아 대통령으로서 연속 세 번째(도합 다섯 번째) 임기를 맞이할 것이다.

2024년 투표할 유권자가 가장 많이 모여 있는 지역은 아시아다. 그중 민주주의 국가로 가장 인구가 많은 방글라데시, 인도, 인도네시아가 모두 선거를 치르게 된다. 안타깝게도 반자유주의가 이곳을 뒤덮을 위험이 커지고 있다. 나렌드라 모디(Narendra Modi) 총리가 반무

슬림 국수주의와 느슨해지는 제도적 안전
장치를 눈감아주는데도, 인도는 놀라운 경
제적, 지정학적 성공을 누리고 있다. 조코

위도도(Joko Widodo) 인도네시아 대통령은 자신의 왕좌 자리를 확고
히 하는 데 여념이 없어 보인다. 방글라데시는 이미 독재 체제로 전
환해 야당 지도자들이 투옥되었고 반대 의견은 들어설 여지조차 없
어졌다.

가장 많은 선거가 열릴 곳은 아프리카다. 그러나 아프리카 유권자
들은 민주주의의 작동 방식에 점점 환멸을 느끼고 있다. 2020년 이
후 9개 정권이 무력으로 권력을 장악했을 만큼 갈수록 쿠데타가 빈
번해진다. 여론 조사에 따르면 군사 정권에 기꺼이 따르겠다는 아프
리카 국민이 점점 늘어나는 것으로 나타났다. 남아프리카공화국의
선거는 연거푸 실망을 안겨주게 될 것이다. 아파르트헤이트 종식 이
후 첫 선거에서 아프리카민족회의(ANC)가 집권한 지 30년이 지났지
만, 부패, 범죄, 실업으로 얼룩진 이곳에서 이번에도 ANC가 집권할
것이다.

나쁜 소식만 있는 것은 아니다. 멕시코는 첫 여성 대통령을 선출할
예정이다. 두 주요 후보가 모두 여성이고, 둘 다 현직 대통령만큼 포
퓰리즘에 기대지 않는다. 영국 유권자들은 (드디어) 두 명의 유능한 후
보 중에서 한 명을 선택하게 될 것이다. 14년의 보수당 집권 후 노동
당이 승리할 가능성이 높지만, 영국 이외의 지역에서는 대부분 별 변
화를 못 느낄 듯하다.

일부 국가에서는 선거가 자국 국경을 넘어서까지 크고 작은 영향
을 미칠 것이다. 대만의 1,800만 유권자가 여당인 민주진보당과 친중

국 성향의 야당인 국민당(KMT) 중 누굴 뽑을지에 따라 대만 해협 주변의 관계, 그리고 결과적으로 미국과 중국의 긴장 수위도 달라질 전망이다. 국민당이 승리하면 단기적으로 갈등 가능성은 줄어들 것이다. 대신 중장기적으로는 대만의 현실 안주가 중국의 모험 정신을 자극해 강대국 간의 충돌 위험을 확대할 수 있다.

그러나 암울함의 정도 면에서나 잠재적 후폭풍 면에서나 미국 대선에 견줄 만한 사건은 없다. 가장 가능성 높은 시나리오가 대다수 유권자들이 원치 않는 두 고령 후보의 재대결이라니 믿기지 않을 정도다.

트럼프의 출마 자체가 미국 민주주의가 훼손되었다는 증거다. 공화당이 지난 대선 결과에 불복한 인물을 후보로 지명한다는 사실은 미국 민주주의의 앞날을 어둡게 한다. 트럼프의 두 번째 임기는 심각한 지정학적 위험이 닥친 시기에 미국을 어디로 튈지 모를 고립주의 국가로 변모시킬 것이다. 특히 푸틴을 좋아하는 트럼프가 러시아-우크라이나 전쟁을 24시간 안에 끝내겠다고 자랑한다면, 한마디로 사실상 우크라이나가 희생양이 되리라는 얘기다.

트럼프는 후보에 못 오를지도 모르고, 후보가 된다 해도 패해야 마땅하다. 그러나 트럼프가 두 번째 임기를 맞이할 확률은 놀라울 정도로 높다. 그 결과는 민주주의와 전 세계에 재앙이 될 것이다.

패트릭 파울리스(Patrick Foulis) 〈이코노미스트〉 외신부장

20 23년이 저물어가는 현재 아프리카, 이스라엘, 가자 지구, 우크라이나에서 전쟁이 격화되고 있다. 이러한 위기들은 그 자체로 파괴적이다. 여기에 2024년은 미국 대선까지 있으니 1945년 이후 세계 질서의 성패가 좌우될 결정적인 해가 될 것이 분명하다.

2020년대는 이미 위험이 예고된 시기다. 세계 GDP에서 서구가 차지하는 비중은 19세기 이후 처음으로 약 50%로 떨어졌다. 인도와 터키 등은 1945년 이후 창설된 국제기구들이 자신들의 관심사를 반영하지 않는다고 생각한다. 심지어 중국과 러시아는 현 국제 질서를 뒤엎고 싶어 한다. 미국 경제는 여전히 세계 최고이지만, 미국 혼자 패권을 독차지하던 시대는 끝났다. 미국의 우방인 유럽 국가들과 일본 경제는 하락세로 들어섰다. 미국이 세계의 중심추 역할을 하는 데 대해 중산층의 반응은 영 심드렁하다. 공화당은 고립주의로 기울고 있다.

2023년 초 미국은 이런 현실에 바삐 적응해야 했다. 조 바이든(Joe Biden) 정부의 외교 정책은 전보다 선별적이고, 어쩌면 이기적이기도 한 초강대국으로 남는 것이었다. 아프가니스탄에서 미군을 철수하고, 중국에 맞서고자 자원을 아시아로 돌리며 우선순위를 재조정했다. 또 나토(NATO, 북대서양조약기구) 가입국이 확대되고 우크라이나가

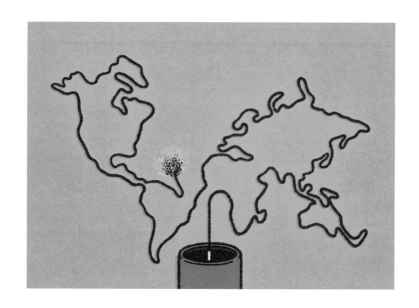

버틸 수 있게 도움이 이어지는 등 태평양과 유럽에 걸친 동맹 관계가 다시 활기를 찾았다. 에너지와 기술 제재는 별 비용을 들이지 않고도 적들의 기를 한풀 꺾었다. 국내 산업 보조금은 비효율적이긴 해도 강력한 효과를 발휘해, 2023년 중반기에 미국에 건설된 공장 수가 1950년대 이후 최고치를 기록했을 정도다.

유가와 곡물가 상승, 서구의 전쟁 사상자 발생 같은 지정학적 위험은 감내할 수밖에 없다. 그러나 새로운 위험은 불안정성이다. 1990년대에 많은 국가들은 자유, 시장 경제, 규칙 기반 세계화의 자기 강화적 순환을 갈망했다. 그러나 이제는 포퓰리즘, 경제 개입, 거래적 세계화가 예측할 수 없이 순환하고 있다. 그 결과 2024년에는 세 가지 위협이 예상된다.

첫째, 강대국이나 국제 기관이 처벌받지 않는 영역이 점점 넓어지고 있다. 그 거리는 홍해에서 출발해 지난 3년간 쿠데타가 벌어진 아

프리카 6개국을 거쳐 대서양까지 6,000킬
로미터에 달한다. 아제르바이잔은 인종 청
소를 포함해 아르메니아와의 전쟁을 개시

했다. 이란의 무장 단체들은 중동 전역의 취약한 국가에서 활개 치고
있다. 2024년에는 이 불처벌 영역이 아프리카와 러시아로 더욱 확대
될 수 있다.

둘째, 중국, 이란, 러시아가 3대 골칫거리로 부상하고 있다. 이 3개
국은 서구 동맹국들보다 공통점이 훨씬 적은 데다가, 중국은 다른 두
국가보다 훨씬 크고 세계 경제에 깊이 통합되어 있다. 그러나 그들의
이해관계는 서로 맞물린다. 이들은 모두 미국의 권위를 인정하지 않
고 실질적, 잠재적 제재를 피하려 한다. 중국은 러시아와 이란산 석
유를 구매한다. 이들 중 하마스나 우크라이나 침공을 비난하는 나라
는 없다. 그들의 협력은 기술 분야로도 확대될 가능성이 높다. 중국
은 서방 금융을 우회하는 방법을 개척하는 중이다. 이제 중국 무역의
절반이 위안화로 이뤄지고 있다. 이란은 러시아에 드론을 수출한다.
중국과 러시아는 핵 공격 경고 시스템과 태평양 지역의 정찰에 협력
하고 있다. 이 신생 동맹이 얼마나 확대될지는 2024년 답이 나올 것
이다.

마지막 위협은 서구 국가의 단결력이 취약하다는 점이다. 우크라
이나 침공에 서구가 대응한 방식은 희망적이었다. 미국과 유럽이 힘
을 합쳤고, 여론도 긍정적이었으며, 비서구 국가가 다수 동참하지 않
았음에도 1945년의 질서가 수호되었다. 그러나 이제는 군사적으로
손발이 맞지 않아 균열 조짐이 보인다. 미국은 공화당 내에서도 우크
라이나에 대한 자금 지원 문제로 편이 갈렸다. 이스라엘의 가자 지구

침공은 더 큰 분열을 일으켰다. EU와 미국이 분열되었고, 미국은 유엔 휴전 결의안을 거부했으며, 서구의 이중 잣대와 적법성 논란에 불이 붙었다. 다른 위기가 더 많은 분열을 부채질할 수도 있다. 이를테면 유럽은 대만을 지키기 위해 미국과 함께 싸울 것인가?

2024년에 이러한 위협이 어떻게 전개될지는 서구와 대적 중인 독재 국가들에 어느 정도 달려 있다. 중국, 이란, 러시아가 서로 완전히 다른 체제이면서도 일부 이해관계를 공유하듯, 이들은 비슷한 약점도 공유하고 있다. 셋 다 경제적 어려움에 직면해 있으며 탄압을 강화해 버티고 있다는 점이다. 푸틴은 2023년에 반란에 직면했다. 이란 최고지도자 아야톨라 알리 하메네이(Ayatollah Ali Khamenei)는 84세이며, 확실한 후계자는 없다. 시진핑(Xi Jinping)은 숙청에 의존한다. 이 모든 한계점이 그들의 존립 능력, 그리고 자신들이 다른 국가가 본받을 만한 경쟁 모델을 갖고 있다는 주장의 설득력을 약화할 것이다.

하지만 미국의 대선 결과가 관건이다. 고립주의 대통령이라고 하루아침에 협정을 파기하지는 않겠지만 얼마 안 가 갈등의 시험대에 오를 것이다. 대만 선박을 '검사'하는 중국이나 국경을 '재해석'하는 러시아를 생각해보라. 미국의 약속이 흔들리면 유럽은 우크라이나에 계속 지원은 할지언정 자금이나 군사력을 대주는 데 어려움을 겪을 것이다. 아시아 동맹국들은 중국의 비위를 맞춰가며 자신들의 방어력을 강화할 것이다. 한국과 사우디아라비아 같은 중진국은 핵무기를 보유하려 할지도 모른다.

2024년 말에 미국이 국제주의자 대통령을 선출한다면 세계의 많은 국가에서 안도의 한숨을 쉴 것이다. 그러나 미국은 국제 무역과 안보 시스템을 안정적으로 재개하기 위한 기나긴 고투에 직면해 있다. 해야 할 과제를 열거하자면 EU의 확대, 인도와의 협력 강화, 이스라엘과 팔레스타인을 두 국가로 인정하는 해결책 등이 기다리고 있다. 아마 언젠가 역사학자들은 2025년 이후의 질서를 논할 날이 올지도 모르겠다.

포기해선 안 될 중동 평화

그러나 평화에 도달하는 과정은 놀라울 정도로 취약할 것이다

에드워드 카(Edward Carr) 〈이코노미스트〉 부편집장

2023년이 팔레스타인 분쟁이 중동을 뒤흔든 해였다면, 2024년은 중동이 팔레스타인 분쟁을 흔들 수 있을지 확실히 밝혀질 해가 될 것이다. 많은 사람의 죽음 후에 이런 말을 하기도 애석하지만, 이 지역은 지난 20년 동안 평화를 향해 진전을 보인 적이 없었다. 안타깝게도 통제 불능이 된 팔레스타인 분쟁도 진전이 있을 것 같지 않다. 자, 이제 어떻게 할 것인가?

하마스가 이스라엘인 1,400명을 사망하게 한 것은 2024년에 변화를 예고한다. 그들의 이번 전략은 이스라엘을 비롯해 많은 아랍국이 팔레스타인의 절박한 처지를 무시할 수 없게 만들었기 때문이다. 이제 금전적 인센티브와 이스라엘의 공습으로 하마스를 통제할 수 있다고 믿을 사람은 아무도 없다. 이스라엘이 유대인들에게 안전한 조

국을 건설하겠다던 건국 당시의 약속을 지키려면 새로운 접근 방식이 필요하다.

또한 이 공격으로 양국 모두 새로운 지도자가 탄생할 것이다. 이스라엘군과 정보 기관 수장들은 전쟁이 끝나면 물러날 것이다. 베냐민 네타냐후(Binyamin Netanyahu) 총리는 퇴임 압박을 받을 것이다. 이번 전쟁이 그의 임기 중에 일어났을 뿐 아니라, 이스라엘의 든든한 수호자라는 정치적 이미지도 산산조각 났기 때문이다. 한편 하마스 지도자들은 이스라엘군에 의해 살해될 가능성이 높고, 서안 지구의 팔레스타인 자치 정부 지도자들은 결국 권좌에서 쫓겨날지 모른다. 이렇게 지도자들이 바뀐다면 역시 정세 변화가 불가피하다.

여러 가지 요인이 상황을 더욱 악화시킬 것이다. 하나는 전쟁 그 자체다. 이스라엘군은 많은 여성과 어린이를 포함해 팔레스타인인을 수천 명씩 학살하고 있다. 하마스는 이스라엘을 이길 수 없지만 그럴 필요도 없다. 이번 사태로 아랍 세계와 그 너머에 당연한 격분이 들끓고 있는 가운데, 팔레스타인인들에게는 살아

하마스의 이번 공격으로 팔레스타인의 절박한 처지를 무시할 수 없게 되었다.

남는 것만으로도 하마스가 더 강해졌다는 증거가 될 수 있다. 이스라엘은 타국의 지원이 끊기면 예상보다 빨리 전쟁을 접어야 할지도 모른다. 팔레스타인이 더 과격하게 저항한다면 하마스는 잿더미 속에서 저항의 상징으로서 다시 일어날 것이다.

또 다른 위험은 폭력이 계속 퍼진다는 점이다. 이란의 지원을 받는 민병대 헤즈볼라는 레바논 국경을 넘어 북쪽에 두 번째 전선을 형성할 것이다. 하마스가 최근 세력을 키우고 있는 서안 지구에서는 주민들이 더욱 동요하기 쉽다. 이곳의 팔레스타인 젊은이들은 가만히 있는 팔레스타인 자치 정부와 선거를 기피하는 마흐무드 압바스(Mahmoud Abbas) 수반을 더 이상 신뢰하지 않는다.

하마스가 가자 지구를 장악하고 서안 지구가 화염에 휩싸이면, 이스라엘은 안전하지 못할 것이다. 이스라엘은 하마스가 위협이 된다 싶으면, 또 다른 공격을 막기 위해 계속 가자 지구를 공격할 것이다. 팔레스타인 지도자가 누가 되든, 이스라엘과 대화하고 싶다 쳐도 그럴 처지가 못 된다. 평화를 위해서는 다른 아랍 국가의 도움이 꼭 필요하지만 그들은 거리를 두고 싶을 것이다. 그러면 팔레스타인은 영영 준전시 상태로 남을 것이다.

그러나 꼭 그런 결과만 나타나리라는 법은 없다. 하마스와 그들의 터널을 파괴하는 작전은 몇 달 동안 지속될 수 있다. 그리고 나서 결국 이스라엘이 하마스의 가자 지구 장악을 무너뜨린 것에 만족하고 물러선다고 상상해보자. 팔레스타인 주민들이 이스라엘 곁에서 평화

롭게 사는 것을 진지하게 고려한다고 상상해보자. 그리고 바이든 정부가 미국 대선을 한 달 남겨 두고도 여전히 추진력과 집중력을 발휘해 적극적인 외교를 펼친다고 상상해보자. 이 모든 것이 척척 진행될 가능성은 희박하지만, 만약 그렇게 된다면 서서히 변화의 징조가 보일 것이다.

먼저 출발점은 팔레스타인 영토여야 한다. 투표를 통해 합법적으로 선출되고 이스라엘과의 공존을 받아들일 수 있는 지도자가 나온다면 희망이 있다. 오직 이 가능성만이 이스라엘과 조심스럽게 신뢰 관계를 구축할 길이다. 지금 팔레스타인인들은 이스라엘의 가자 지구 공격에 분노하고 있지만, 그들과 함께해줄 지도자는 부재중이다. 압바스 수반은 자신이 세심히 짜놓은 계획 덕분에 아직 필적할 경쟁자가 없지만, 그의 사후에는 후임자가 등장할 것이다.

이스라엘의 새로운 지도자들은 힘겨운 임무를 맡게 될 것이다. 충격에 빠진 이스라엘인들을 상대로 화해의 감정을 이끌어내야 할 뿐 아니라, 지난 네타냐후 정권에서 최고조로 치달았던 정착촌 운동에 대처해야 한다. 정착민들이 서안 지구에서 팔레스타인인들을 학살하는 한 평화는 요원하다.

이스라엘과 팔레스타인 영토에 안보를 구축해 평화가 뿌리내리게 하는 것도 마찬가지로 어려울 것이다. 과거에는 평화를 깨려는 세력들이 각자의 진영 내에서 폭력을 동원해 온건파의 목소리를 잠재우곤 했다.

가자 지구만큼 이 문제가 까다로운 곳은 없다. 이스라엘이 그곳을 점령하는 한 팔레스타인인들을 과격하게 만들 뿐이다. 군대보다 무장 경찰로 구성된 아랍 평화유지군을 배치하면 좋겠다는 의견도 있다. 아브라함 협정을 통해 전보다 이스라엘과 관계가 가까워진 아랍 국가들이 도움이 될 테니 말이다. 그러나 그러려면 길고 긴 설득의 과정이 필요할 것이다.

중동은 평화 계획을 세우기에 무덤 같은 장소다. 세계에서 가장 거칠고 폭력이 난무하는 곳이다. 하지만 2024년에는 한 가닥 희망을 붙잡아야 한다. 20년간의 교착 상태가 10월 7일 끔찍한 공습으로 무너졌고, 아직 시도하지 않은 아이디어라고는 평화를 추구하는 것밖에 남지 않았다.

유럽이 나서야 할 때

전쟁이 장기전 양상이 되면서, 우크라이나는 더 이상 미국의 지원에 의존할 수 없다

크리스토퍼 록우드(Christopher Lockwood) 〈이코노미스트〉 유럽 담당 편집자

막판의 기적이 없는 한 한때 키예프뿐 아니라 서구 전역에 걸쳐 강한 낙관론을 불러일으켰던 우크라이나의 반격이 2023년에 안타깝게 실패했다는 것은 분명해 보인다. 5개월간 피를 흘리고 값비싼 희생을 치렀지만 11월 초까지 결과는 좋지 않다. 주요 도시를 점령하지 못했고, 우크라이나 전체 영토의 0.1%도 안 되는 약 400제곱킬로미터의 영토만이 해방되었다. 러시아는 여전히 우크라이나 영토의 약 18%를 점유하고 있으며, 2014년 각각 병합하고 장악한 크림반도와 돈바스 동부가 그중 절반이다. 나머지는 2022년 2월 침공

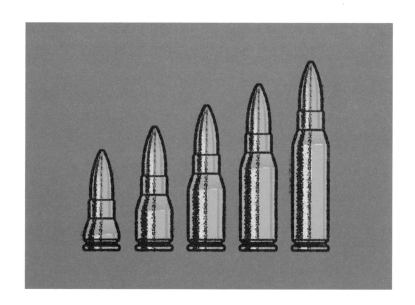

이후 점령한 지역이다.

　이 모든 것이 길고 치열한 소모전의 전조인 만큼 우크라이나 지원 국들은 장기전에 대비해야 한다. 러시아는 확실히 대비해놓았다. 푸틴의 전략은 점점 끝이 보이지 않는 소모전에 서방이 지치기를 기다리는 것이다. 전쟁이 길어질수록 그는 강점을 발휘한다. 그는 반대자들을 하나둘 침묵시켜온 잔인한 독재자로서 여론을 신경 쓰지 않는다. 어차피 러시아인들은 막대한 사상자가 발생하는 와중에도 전쟁을 크게 반대하지 않는다. 한 가지 이유는 고유가로 인해 서방 제재의 효과가 무뎌졌기 때문이다. 러시아는 계속 피바다 속에서 싸울 것이다. 그러나 유럽과 특히 미국의 유권자와 정책 입안자들은 이 부담스러운 소모전에 지쳐버릴 위험이 도사리고 있다.

　이제 와서 보면 반격은 너무 큰 후폭풍이 예견되었던 반면, 장기전 준비는 너무 부족했다. 이제는 바뀌어야 한다. 우크라이나나 러시아나 둘 다 현재 상황을 유지하는 평화에는 관심이 없다. 우크라이나는 러시아가 점령한 영토를 그대로 놔두는 것을 용납할 수 없다. 특히 남부 해안 대부분을 잃으면 경제적 타격이 크기 때문이다. 한편 러시아는 2022년 9월에 점령한 4개 지역 중 어느 곳도 완전히 통제하지 못하고 있으니 아직도 침공 결과가 만족스럽지 않다. 따라서 어느 쪽도 2024년에 먼저 손을 내밀 가능성은 없다고 봐도 좋다.

이 새로운 현실을 보건대 이에 대한 대책도 새로워져야 한다. 특히 유럽 지도자들은 우크라이나 지원 책임이 자신들에게 재빨리 공이 넘어가고 있음을 인식해야 한다. 미국은 처음에 우크라이나의 주된 무기 공급원이었지만, 유럽은 2023년부터 서서히 지원을 늘려 그해 7월 31일에 누적량 기준으로 간신히 미국을 제치고 우크라이나의 최대 무기 공급원이 되었다. 그나마도 원래 보유하던 탱크, 탄약, 미사일을 축내면서 지원한 결과다. 군수 생산에 큰돈 들여 추가 투자를 하지 않으면 유럽은 이 속도를 유지할 수 없을 것이다. 기존 설비로 생산량을 늘릴 수 있지만 그것만으로는 충분하지 않다. 새로운 설비 투자를 유도하려면 몇 년에 걸친 정부의 대대적 지원이 필요하다.

비군사적 지원은 그래도 양호하다. 특히 군비 지출이 증가하고 전쟁으로 세수입이 끊겨 점점 늘어나는 우크라이나 재정 적자를 메우도록 자금 지원이 이어져 다행이다. 6월에 EU는 2024년부터 2027년까지 우크라이나에 추가로 500억 유로(530억 달러)를 지원하기로 약속했다. 이로써 전체 지원 규모에서 유럽의 지원액이 미국을 훨씬 능가하게 되었다. 킬 세계 경제 연구소(Kiel Institute for the World Economy)에 따르면 7월 말까지 미국이 약속한 지원액은 690억 달러인 반면, 유럽(EU, 영국, 노르웨이, 스위스)은 1,550억 달러였다. 그러나 우크라이

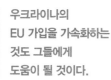

**우크라이나의
EU 가입을 가속화하는
것도 그들에게
도움이 될 것이다.**

나의 재정 적자는 GDP의 약 20%에 달해, 매년 420억 달러 정도가 들어와야 버틸 수 있다. 그다음에는 재건 문제도 기다린다. 따라서 4년간 500억 유로로는 충분하지 않다. 유럽 정부들이 돈이 없어서 못 도와주는 건 아니다. 하지만 과연 그들이 원할까?

현실은 미국이 더 이상 주도적으로 도와줄 것이라 기대할 수 없다는 것이다. 신임 하원 의장인 마이크 존슨(Mike Johnson)이 임기 시작 후 제일 먼저 한 일은 우크라이나에 610억 달러를 지원하려던 바이든 대통령의 예산안을 막은 것이다(참고로 존슨은 푸틴의 승리를 원치 않는다고 말했다). 트럼프는 훨씬 종잡을 수 없어서, 다른 견해도 늘 그렇지만 우크라이나에 대한 견해도 역시 오락가락했다. 바이든은 지금까지 우크라이나를 훌륭하게 지원해왔지만, 11월 대선을 앞두고 우크라이나 문제로 공화당과 싸우기가 너무 버겁다고 생각할지도 모른다. 모든 G7 국가는 우크라이나와 양자 간 안보 보장을 맺자고 합의했지만 아직 실행에 옮긴 국가는 없다.

따라서 유럽은 좋든 싫든 한발 더 나아가 우크라이나를 더 책임감 있게 지원해야 할 것이다. 직접적인 현금 지원을 늘리는 것도 좋지만, 동시에 유럽이 우크라이나를 무방비로 놔두지 말고 무장을 도울 수 있게 훨씬 더 많은 군사적 투자가 필요하다는 의미다. 우크라이나의 EU 가입을 가속화하는 것도 그들에게 도움이 될 것이다. 우크라이나는 2022년 6월에 공식적으로 가입 후보국으로 받아들여졌지만, 아직 본격적인 가입 논의는 시작되지 않았다. 2023년 12월 EU 정상회담에서 각국 지도자들은 세부 협상의 청신호를 켜야 하며, 이 협상을 수년간 질질 끌어서는 안 된다는 점을 분명히 해야 한다. 우크라이나가 거대한 유럽 경제의 품에 안긴다면 더 수월하게 러시아에 대항하고 푸틴보다 오래 살아남을 것이다.

듣도 보도 상상도 못한 시나리오
미국은 다가오는 대선을 설명할 새로운 어휘를 떠올려야 할 것이다

존 프리도(John Prideaux) 〈이코노미스트〉 미국 담당 편집자

2024년 대선은 조 바이든과 도널드 트럼프가 질병이나 사망 같은 이변이 없는 한 다시 맞붙을 공산이 크다. 이는 2024년에 평소보다 훨씬 일찍 완료될 각 정당의 예비 선거를 통해 확인될 것이다. 대개 현직 대통령은 별다른 경쟁 없이 소속 정당의 대선 후보로 선출된다. 이번에 민주당도 예외가 아닐 것이다. 그러나 공화당은 한 후보가 이미 워낙 앞선 나머지 일찍이 토론회에 불참하는 등 훨씬 기묘한 양상을 보이고 있다.

통상적 예비 선거 일정을 보건대 최종 후보의 윤곽이 드러나려면 3월 말이나 그 이후까지 기다려야 한다. 이번 공화당 예비 선거는 사실상 2월 말에 끝날지도 모른다. 그러면 미국인들은 두 인기 없는 후보의 선거 운동 과정을 8개월 동안 지켜볼 것이다. 그동안 전 세계 미국의 우방국들은 숨죽여 이를 주목할 것이다.

이번 예비 선거가 예전만큼 유의미하지 않다면 정치 고관여층(특

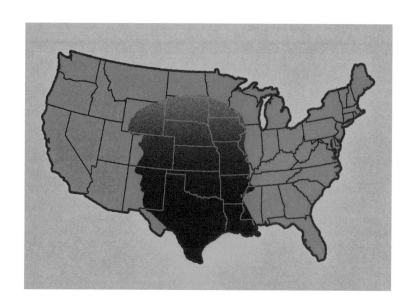

히 트럼프가 두 번 당선되기를 원치 않는 시민들)은 대선 후보 트럼프보다 피고인 트럼프를 더 주목할 것이다. 2020년 대선 결과를 전복하려 했다는 혐의로 기소된 전직 대통령에 대한 재판은 13개 주에서 공화당 예비 선거가 열리는 '슈퍼 화요일' 하루 전인 3월 4일에 개시된다.

트럼프는 이러한 시기상의 이점을 활용해 선거 운동을 전개할 것이다. 자신이 기소된 것은 그의 두 번째 임기를 막기 위한 좌파의 음모 때문이라 주장하며 지지자들에게 이에 저항하는 표시로 자신에게 투표하고 선거 자금을 기부하라고 촉구할 것이다. 트럼프가 가장 즐겨 쓰는 정치적 수법 중 하나는 자신에게 향한 비난의 화살이 무엇이 됐든 상대방에게 고스란히 되돌려주는 것이다. 따라서 그는 사실 미국의 민주주의를 훼손한 혐의로 연방 법원에서 재판을 받고 있지만, 민주주의적 자유를 실제로 위협하는 자는 연방 법원 측이라고 주장할 것이다.

공화당은 7월에 전당 대회를 개최할 밀워키에서, 민주당은 8월에 바이든 정권의 4년 연장을 호소하기 위해(그렇다면 바이든은 임기 말에 85세가 된다) 집결할 시카고에서 각각 후보 선출식을 거행할 예정이다. 이러한 장소 선택을 통해 대통령 선출 경쟁이 겉으로는 전국적 이슈지만, 실제로는 특히 중서부 지역의 판세가 얼마나 중요한지를 알 수 있다.

오늘날 대선이 대개 그렇듯 이번에도 박빙이 된다면 결과는 펜실베이니아주, 위스콘신주, 미시간주, 조지아주, 네바다주, 애리조나주 등 여섯 개 주가 당락을 결정할 것이다. 다시 말해 차기 대통령은 스페인 인구보다 약간 많고 이탈리아 인구에 살짝 못 미치는 5,000만 명의 유권자의 손에 달려 있는 셈이다. 더 범위를 넓히자면 뉴햄프셔주, 노스캐롤라이나주, 미네소타주, 심지어 플로리다주도 경합주에 포함될 수 있다.

트럼프에 대한 재판이 선거일인 11월 5일까지 계속될 가능성은 희박하다. 트럼프의 전략은 시간을 끌다가 항소하는 것이기 때문이다. 그 결과 미국 역사상 최초로 연방 및 주 정부로부터 기소된 후보가 대선에 출마하게 생겼다. '전대미문의(uncharted)', '유례없는(unprecedented)' 같은 표현들은 이미 트럼프의 첫 임기가 끝날 무렵에 식상해졌다. 따라서 미국 언론은 이번 선거를 설명할 더 새로운 어휘를 떠올려야 할 것이다.

그 결과가 미국을 비롯한 전 세계에 얼마나 중요한지는 두말하면 잔소리다. 미국의 차기 대통령은 예상 가능한 몇 가지 문제에 직면할 것이다. 먼저 사회보장과 메디케어(연금 수령자를 위한 의료 보험 제도) 비용을 부담할 재원이 고갈되고 있다. 또 이란과 북한의 핵 보유 문제

그 결과가 미국을 비롯한 전 세계에 얼마나 중요한지는 두말하면 잔소리다.

도 다시 불거질 것이다. 대만에도 긴장감이 감돈다. 서방의 중국 전문가들은 중국 인민해방군이 미국 대선과 겹치는 짧은 시기의 틈을 타 대만과의 분쟁에서 우위를 점할 것으로 예측한다. 그렇다면 2024년에 누가 당선되든 차기 미국 대통령은 가장 위기의 순간에 대통령직을 맡게 될 것이다.

하지만 위기는 대부분 예상치 못하게 나타난다. 2016년 트럼프 당시 후보는 중동에서 미국의 개입을 끝내겠다는 공약을 내걸었다. 하지만 1년도 안 되어 시리아에 59기의 토마호크 순항 미사일을 발사하라는 명령을 내렸다. 임기 마지막 해에는 코로나19 확산에 잘못 대처하다가 1년을 허송했다. 바이든 대통령은 더 안정적이고 성공적으로 임기를 이끌었지만 미군의 어설픈 아프가니스탄 철수, 러시아의 우크라이나 침공, 이스라엘과 하마스 간 전쟁 등 가장 중요한 사안들은 예상 밖의 사건이었다.

그러나 트럼프가 두 번째 승리에 성공한다면 끔찍하리라는 건 충분히 예상 가능하다. 그는 향후 1년 동안 자신의 충복들로 행정부를 충원할 계획을 세울 것이다. 다만 그 전체적 여파는 섣불리 예상하기 어렵다. 외교 정책이나 기후 변화 문제는 어떻게 변할 것인가? 2018년 브라질처럼 다른 국가들도 다시 민족주의 포퓰리스트를 선출할 것인가?

미국이 풀어야 할 질문은 훨씬 더 심오하다. 하원에서 두 번 탄핵 소추되고, 지난 대선 결과에 불복했던 트럼프 같은 인물이 다시 대통령이 된다면 미국의 민주주의는 어떤 운명을 맞게 될 것인가?

연착륙 가능성? 기대는 금물

인플레이션은 진정세이지만
2024년에도 세계 경제는 여전히 취약할 것이다

헨리 커(Henry Curr) 〈이코노미스트〉 경제 부문 편집자

한동안 세계 경제는 마치 중력을 거스른 듯했다. 미국은 1980년대 이래 가장 급격히 긴축 통화 정책을 펼쳤음에도 2023년 경제 성장은 가속화된 듯하다. 유럽은 러시아산 가스 수입을 중단한 후에도 별다른 경제 대란을 겪지 않았다. 전 세계적으로 인플레이션은 실업률 급증을 동반하지 않고 잠잠해졌는데, 이는 기존 일자리보다는 신규 채용 자리가 줄어듦으로써 노동 시장이 이미 식을 대로 식은 것도 그 이유 중 하나다. 이른바 '연착륙'을 예측한 낙관론자들은 연말이 다가오자 자축의 분위기에 젖어 있다.

그러나 2024년 세계 경제도 역시 불안해 보인다. 물가는 상승세가 한풀 꺾였을 뿐이지, 여전히 지나치게 높은 수준에 머무를 것이다. 경제 정책은 여전히 균형점을 찾느라 고난도의 줄타기를 하는 모양새다. 또한 미국은 계속 경기 침체를 피할지 몰라도, 다른 국가들은 취약해 보인다.

각국 중앙은행은 최근 물가 상승률이 하락하면서 안도의 한숨을 내쉬었다. 그러나 경제 대국들은 불황이 닥치지 않는 이상 목표 금리를 2% 밑으로 내릴 가능성은 없다. 일단 노동 시장은 여전히 과열 양상이고, 명목 임금 상승률도 너무 높기 때문이다. 또한 유가 상승의 여파에도 대비해야 한다. 한때 팬데믹과 러시아·우크라이나 전쟁

등으로 공급 충격이 발생했다가 결국 공급망이 뚫리고 경제는 다시 균형으로 돌아온 듯했지만, 이후 사우디아라비아 등지의 원유 감산으로 여름 이후 유가는 약 30% 이상 올랐다. 기름값이 오르면 결국 '제2의 인플레이션 행진'에 대한 우려가 나타날 것이다.

주요국 중앙은행들은 금리를 더 이상 인상하지 않을 테고, 유가 상승으로 인한 인플레이션은 그저 일시적 반등으로 간주할 것이다. 그러나 샴페인을 일찍 터뜨리는 일을 막고자 금리 인하는 아직 주저할 듯하다. 미국은 대기업들이 부채를 재융자하고 가계가 팬데믹 기간에 저축한 돈이 축나기 시작하는 등 어려운 사정이지만, 최근 지표를 보면 경색된 시장을 여전히 감당할 만하다. 반면에 안 그래도 불안하던 유로존 국가들은 고금리로 경기 침체에 빠질 가능성이 있지만, 정책 입안자들은 물가 급등을 우려해 쉽게 금리를 인하하지 못할 것이다.

미국 경제가 아무리 견고하다 해도 여기엔 단서가 붙는다. 바로 엄청난 양의 국채 발행으로 버티고 있다는 것이다. 이 글이 작성되는 현재 기준으로, 미 연방 정부의 적자 규모는 연간 GDP의 7%를 넘어섰다. 미국이 '고금리의 장기화' 체제에 진입했는지에 대해서도 논쟁이 뜨겁다. 답은 고삐 풀린 국채 발행이 앞으로도 계속될지에 따라 달라지겠지만, 아마도 계속될 것 같다. 의회는 대선을 앞둔 상황에서 분명 국채 발행에 반대하지 않을 것이다. 그리고 차기 대통령의 첫 번째 임무는 2018년 트럼프 정부가 시행한 감세 정책의 부활이 될 듯하다. 트럼프의 감세책은 대부분 2025년 만료될 예정이지만, 전면 폐지는 민주당 대통령조차도 엄두가 나지 않을 것이다.

정부가 마음껏 국채를 발행하지 못하는 국가들의 사정은 더욱 취약해 보인다. 유럽은 경기 침체의 기미가 보이는 데다, 전 세계도 중국의 저성장세에 몸살을 앓는 중이다. 중국이 '일본형 저성장(Japanification)'에서 벗어나 반등할지는 정부가 어느 정도 선의 경기 부양책을 준비하느냐에 달려 있다. 그러나 최근 제로 코비드의 포기부터 기술 단속에 이르기까지 모든 면에서 중국의 경제 정책이 퇴보한 것을 보면 절묘하게 조정된 부양책을 기대하기는 어려워 보인다. 그리고 중국은 지방 정부의 부채 때문에 재정적 제약에 직면해 있다.

이런 가운데 미국과 중국의 지정학적 긴장이 점점 심화되고, 전 세계적으로 보호무역주의의 흐름도 무역에 찬물을 끼얹고 있다. 비영리 연구 단체인 글로벌 트레이드 얼러트(Global Trade Alert)에 따르면, 현재 시행 중인 보호무역 조치의 건수는 10년 전 약 9,000건에서 현재 약 3만 5,000건으로 늘어났다. 일부 아시아 국가는 중국 이

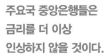

주요국 중앙은행들은 금리를 더 이상 인상하지 않을 것이다.

외에 공급망을 다변화해 이득을 얻었지만, 전 세계의 경제 성장세는 비교우위의 상실과 투자의 쏠림 현상으로 발목이 잡힌 형국이다. 유달리 고성장을 보인 인도조차도 자국 경제에 대한 전망이 밝지만은 않다.

투자의 재분배 효과를 누릴 수 없는 가난한 국가들은 빚더미, 저성장, 달러 강세로 어려움을 겪고 있다. 2024년에도 IMF는 채무 재조정이라는 전통적 원칙을 따르지 않는 중국 및 기타 채권국에 많은 빚을 진 국가들에 구제 금융을 제공할 방법을 찾느라 계속 분주할 것이다. 그리고 미국이 전 세계의 실망스러운 성장세 속에서도 재정 적자의 힘으로 경제를 계속 끌고 간다면, 달러 가치는 더욱 상승하고 다른 국가들의 시름은 그만큼 깊어질 것이다.

트럼프가 재집권한다면 이 모든 추세에 기름을 붓는 격이 될 수도 있다. 그의 두 번째 임기는 아마 더 과감한 감세와 그에 따른 재정 적자 확대, 그리고 무역 전쟁의 심화를 가져올 것이다. 2016년처럼 주식 시장은 반등하겠지만, 그게 꼭 좋은 소식은 아닐 것이다. 2024년 말이 되면 세계 경제가 연착륙했다기보다는 또 다른 폭주가 시작됐다고 느껴질지도 모르겠다.

라차나 샨보그(Rachana Shanbhogue) 〈이코노미스트〉 비즈니스 부문 편집자

챗GPT는 2022년 말 처음 출시되자마자 화제의 중심으로 떠올랐다. 두 달 만에 1억 명의 사용자가 온갖 기상천외한 질문을 시도했다(예: 〈네모바지 스폰지밥〉을 모티브로 랩 음악을 작곡해줘'). 구글에 'AI'라는 단어의 검색 건수가 급증했고, 이는 온갖 종류의 AI 프로젝트에 대한 투자 열풍으로 이어졌다. 그러나 투자자와 기업가들이 기대하는 진정한 가능성은 비즈니스에서의 활용에 있다. 이 점에서도 과거의 다른 혁신적 기술보다 더 빠르게 채택될 수 있다. 하지만 그렇다고 해서 내일 당장 채택되리라는 의미는 아니다.

가능성을 보자면 흥미롭다. 컨설팅 기업인 매킨지에 따르면 비즈니스 영역에서 생성형 AI의 쓰임새는 고객 관리, 마케팅 및 영업, 소프트웨어 엔지니어링, 연구 개발 등 네 가지 영역이 약 4분의 3을 차지할 것이다. 복잡한 조세법 처리나 법률 문서 요약 등도 매우 쉬워질 것이다. 올바른 프롬프트를 입력하면 마케팅 카피의 초안이 마법처럼 뚝딱 만들어질 것이다. 이미 많은 개발자들은 마이크로소프트의 코딩 도구인 코파일럿을 이용해 소프트웨어를 제작하고 있다. 연구에 따르면 평균 이하의 성과를 보이는 개발자가 생성형 AI의 이점을 가장 크게 누리는 편이라고 한다. 그렇다면 기업의 생산량도 크게 증가할 것으로 기대할 수 있다.

또한 많은 생성형 AI 도구가 이전 기술보다 접근성이 좋아질 것이란 점도 기업들에 희소식이다. 이 점에서 생성형 AI는 기업들이 대량 구매해야 하는 컴퓨터나 스마트폰 등 하드웨어와 다를 뿐 아니라, 온라인 매장을 열기 전에 대부분 물리적 기반 설비를 구축해야 하는 전자 상거래와도 다르다. 많은 기업은 AI 전문가와 협력해 맞춤형 도구를 설계하려 할 것이다. 마이크로소프트나 구글 같은 기업은 자사의 사무용 소프트웨어에 생성형 AI를 탑재하려 한다. 즉 조만간 사용자는 누구나 문서나 스프레드시트를 여는 동시에 이 도구도 사용할 수 있게 될 것이다.

많은 대기업은 이미 실험적 사용 단계에 들어섰다. 모건 스탠리 은행은 AI를 사용해 자산 관리 업무에 도움이 될 도구를 구축하고 있다. 제약 회사인 일라이 릴리는 '자율 연구실'을 운영하는 한 스타트업과 제휴 계약을 체결해 실용성이 유망한 분자를 발견하고, 나아가 이를 개발, 테스트, 상업화할 계획이다. 2020년부터 2023년 6월까지 미국 대형 은행이 게시한 구인 공고 중 약 5%가 모집 분야 설명에 AI를 언급했으며, 2020년부터 2022년까지 기술 대기업이 등록한 특허 중 약 8%가 AI와 관련되었다.

그러나 모든 기업이 열정을 보이는 것은 아니다. 매킨지 조사에 따르면 기술 업종을 제외한 전 세계 기업 관리자 중 3분의 1만이 업무에 생성형 AI를 꾸준히 사용하고 있다고 한다. 약 절반은 이 기술을 사용해봤으나 결국 포기했고, 약 5분의 1은 아예 사용해본 적도 없었다. 한마디로 AI 채택자보다 신중론자와 회의론자가 2 대 1의 비율로 많았다.

먼저 신중론자를 살펴보자. AI에 신중한 기업들은 아직 이 기술이 완전하지 않다고 생각하기 때문에 조심스럽게 접근하고 있다. 챗봇은 '허상'을 일으키거나 위험스러우리만치 그럴듯한 말을 만들어내는 경향이 있다. 그리고 작가, 예술가, 사진작가, 출판인들은 AI 모델이 자신들의 개인 정보를 도용했다며 소송을 제기한 상태다. 일부 기업들은 이 모델을 활용함으로써 법적 문제에 휘말리거나 챗GPT의 허상을 진지하게 받아들인다는 인상으로 이미지만 나빠질까봐 조심하고 있다. JP모건 체이스 은행은 다른 분야에서 AI를 실험하고 있긴 하지만 사내에서 챗GPT 사용은 금지했다.

다른 회의론적 기업들은 아예 발도 담그고 싶어 하지 않는다. 생산성을 개척한 선두 기업과 생산성이 떨어지는 기업의 태도에 온도 차가 나는 것은 당연하다. 업계 전반에 걸쳐 AI 기술이 채택되기까지는 오랜 시간이 걸릴 것이다. 인터넷을 예로 들면, 기업들은 1990년대 초반부터 사용하기 시작했지만 2000년대 후반이 되어서야 미국 기업의 3분의 2가 웹사이트를 운영했다. 구태의연한 기존 시스템에 익숙해서 신기술을 채택하기 버거워하는 기업도 많다(예컨대 일본 은행은 아직도 코볼을 사용한다). 공공 부문이나 유틸리티같이 규제가 강한 부문의 관리자는 굳이 혁신할 필요를 별로 느끼지 못하는 편이다. 이들 부문은 경제에서 상당한 비중을 차지하며, 미국에서는 총 GDP의 4분의 1에 해당할 정도다.

근로자들도 거부감을 보일 수 있다. 기술은 인간의 고된 노동을 덜어주지만 결국에는 일자리까지 대체할지 모른다고 우려하는 사람들도 있다. BCG 컨설팅의 조사에 따르면 관리자나 책임자보다 일선 직원이 생성형 AI에 대해 더 많이 우려하고 비관적인 것으로 나타났다. 노조가 기술 채택을 늦추기 위한 행동에 돌입하는 경우도 생길 수도 있다. 2023년 할리우드 작가 조합이 그랬듯 AI가 일자리에 미치는 영향을 우려하는 사람들은 파업까지 벌일 수 있다.

그렇다면 AI에 관심 있는 기업은 기술을 어떻게 대해야 할까? 열성적인 채택자가 될지 신중론자나 회의론자가 될지 결정하기 전에, 아직 생소하고도 위험한 이 기술을 사용할 때 예상되는 비용과 편익을 냉철하게 계산하는 게 좋을 것이다. 무엇보다 중요한 것은 직원들의 참여다. 따라서 직원의 걱정에 귀 기울이고 그들에게 실험의 재미를 심어줄 필요가 있다.

전환기의 길목에서

―――

녹색 전환은 세계 경제 질서를 재편할 것이다

매튜 파바스(Matthieu Favas) 〈이코노미스트〉 금융 통신원

세계가 탄소 중립 시대로 전환하면 적어도 이론상으로는 모든 국가의 생활 수준이 향상할 것이다. 많은 국가가 연료 수입 의존도를 줄여 커다란 비용 절감 효과를 얻고 탄소 연료의 변덕스러운 시세로부터 경제를 보호할 것이다. 테슬라 자동차 생산, 터빈 제조, 대규모 전력망 구축 시 원자재로 들어가는 금속의 수출국들은 쏠쏠한 경제 지대를 누릴 수 있다. 기존의 석유 부국들도 풍력과 태양광뿐 아니라 개선된 정유 시설과 파이프라인을 이용해 수소를 생산할 수 있다면 번창할 수 있다. 게다가 해가 갈수록 뜨거워지고 위험해지는 지구를 지킬 수 있으니 모두가 환영할 일이다.

그러나 현실에서 탄소 중립으로 전환하는 과정은 거센 풍파를 몰고 올 것이다. 에너지 소비 패턴이 변화하고 무역 흐름이 재편되면 새로운 승자와 새로운 패자가 나타날 것이다. 2024년에는 지금까지 코로나19의 영향, 전 세계의 경기 부진, 중국의 성장 둔화 등으로 인해 가려져 있던 이러한 차이가 더욱 눈에 띄기 시작할 테지만, 그 차이는 우리가 예상해온 모습과는 다를지도 모른다. 즉 화석 에너지 기업은 패자가 되고, 청정에너지 기업은 승자가 되는 단순한 결과는 아니란 얘기다. 두 영역 양쪽에서 각각 승자와 패자가 갈릴 것이다.

과도기 동안 세계는 탄소를 부지런히 소비할 것이다. 국제에너지

기구(IEA)는 석유 수요가 2030년 이전에 정점에 이를 것으로 예측하지만, 2023년에 나타난 반발 움직임을 보면 석유 수요가 그렇게 빨리 사그라지지 않을 가능성도 있다. 한편 청정에너지 투자자들이 압력을 가하고 장기적으로는 수요 전망이 불확실하다 보니, 현재 큰돈들여 석유를 공급하는 기업은 걸프 지역과 라틴아메리카의 국영 기업들뿐이다. 그만큼 여전히 잘나가는 소수의 수출 기업에 앞으로도 경제 지대가 더욱 집중될 가능성이 크다. 종국에는 전환기를 가장 현명하게 보내는 방법에 합의하지 못하고 있는 석유수출국기구(OPEC) 회원국들이 분열해, 저가로 수출하는 제삼의 산유국이 어부지리로 더 큰 시장 점유율을 차지하게 될 수도 있다.

천연가스 수요는 여전히 더 오래 지속될 것이므로 대부분 액체 형태로 천연가스를 수출하는 미국, 호주, 카타르 등 3개국은 이득을 볼 것이다. 심지어 석탄도 2040년대까지 수요가 식지 않을 것이다. 에

너지 소비가 많은 아시아 국가들이 열심히
석탄을 소비하는 한, 이들 지역에 가장 많
은 석탄을 수출하는 호주와 인도네시아는

오염된 외화를 계속 거리낌 없이 벌어들일 것이다.

그러나 석유 패권이 계속 이 나라 저 나라로 확장되면서, 많은 산
유국들은 석유로 자국의 미래 경제를 지탱한다는 보장 없이 결국 고
전하게 될 것이다. 아프리카, 유럽, 아시아 등 에너지 수입국들은 탄
화수소 연료를 아주 비싼 값에 구매해야 할 것이다. 2023년 말 지정
학적 긴장으로 변동성이 다시 커진 데 이어 2024년에는 이들 가격이
다시금 널뛰기할 가능성이 크다. 전 세계 경제가 회복하면, 얼마 전
아시아와 유럽이 천연가스를 놓고 경쟁했듯 석유 수요도 다시 늘어
날 것이다. 세계 경제가 붕괴하지 않는 한 독일, 일본 등 주요 석유 수
입국들은 10년 이상 고유가에 직면해야 할지도 모른다.

전기화의 영향도 미묘하게 다를 것이다. 탈탄소화 목표를 서둘러
달성하려다 보면 청정에너지 발전소, 전력망, 전기차의 핵심 원자재
인 구리, 코발트, 리튬, 니켈 등에 막대한 수요가 쏠릴 것이다. 2024년
에는 이러한 기대 심리가 시장의 단기적 불안 심리를 능가하면서, 금
속 시세가 다시 상승할 수 있다. 그러나 아직 청정 기술의 수급은 계
속 가변적이어서, 가격이 오르면 이에 반응해 수요량은 줄고 공급량
은 대폭 늘어난다. 이런 상황에서 이들 금속은 시장의 급격한 호황과
불황을 오갈 것이며, 결국 수출국들은 난감한 상황에 처할 수 있다.
이런 수출국 중 상당수는 채굴 산업에 비교적 새로이 진입해서 변동
성 관리에 필수인 탄탄한 국가 재원, 위험 헤지 메커니즘, 재정 건전
성이 부족한 편이다. 광산 가동 및 중단의 어려움과 비용, 그리고 광

산이 분산된 지리상의 제약으로 인해 금속 분야에서 제2의 OPEC이 등장할 가능성은 거의 없다. 그렇다면 가장 영리한 소수의 국가만이 청정 자원을 팔아 부유해질 수 있다는 결론이 나온다.

그리고 호황은 영원하지 않다. 일단 풍력 발전과 전기차가 충분히 대중화되고 나면 친환경 금속 수요는 더 낮은 수준에서 안정될 것이다. 강한 태양광, 풍력, 수력을 활용해 자국 수요량 이상의 풍부한 청정에너지를 생산할 수 있는 국가는 더욱 안정적인 소득원을 확보할 것이다. 자연적 조건의 불균형 때문에 국가 간 격차가 벌어질 가능성도 있다. 바람이 강한 북해와 햇볕이 잘 드는 지중해 연안은 유리하지만, 흐린 날씨가 잦은 유럽 대륙은 불리할 것으로 예상된다. 특히 다양한 유형의 자원을 결합해 재생 가능 에너지를 꾸준하고 확실히 공급할 수 있는 국가가 가장 유리할 것이다. 인구가 적어 생산된 에너지가 남아도는 국가들은 철강이나 데이터 저장과 같이 에너지 소비가 많은 산업 분야를 자국으로 유치하려 할 수도 있을 것이다. 또한 연료의 잉여분을 전자나 액체 형태로 수출하려는 국가들도 있을 것이다.

결국 전환기에는 비판을 무릅쓰고 화석 연료도 수출하고, 금속도 채굴하고, 재생 에너지까지 최대한 활용하는 등 모든 영역에 손을 뻗치는 국가가 에너지 초강대국이 될 것이다. 아직 이 정도로 만능의 경지에 오른 나라는 없다. 걸프 지역 국가들은 태양광과 수소 에너지에 대해 활발히 논의하고 있으나 아직 본격적으로 행동에 옮기지는 않았다. 칠레는 막대한 양의 구리와 리튬을 생산하지만 6,500킬로미터에 달하는 해안선, 남부의 강한 바람, 햇볕이 잘 드는 사막을 활용한 전력 생산은 아직 하지 않고 있다. 미국은 셰일 오일과 천연가스,

그리고 그보다 더 넉넉한 재생 가능 에너지가 있지만, 자기네 지역에서 친환경 금속 채굴에 관해서는 주민의 반대에 직면해 있다. 전환에 따른 가장 큰 보상을 얻기까지는 아직 갈 길이 멀다.

소비자에게 달갑지 않은 '스텔스플레이션'

기업들은 가격을 은근슬쩍 올리는 방법을 찾아냈다 그들은 어디까지 갈 것인가?

레오 미라니(Leo Mirani) 뭄바이, 〈이코노미스트〉 아시아 통신원

경제학에서 흔히 공짜 점심 같은 것은 없다고들 말한다. 그러나 맥도날드에서 점심을 먹으려면 세상에 공짜 소스도 없다는 것을 알게 될 것이다. 이제 일부 국가의 맥도날드 매장에서는 케첩 등 소스에도 요금을 청구한다. 그러나 예상치 못한 비용으로 고객의 뒤통수를 치는 기업은 맥도날드만 있는 게 아니다. 하루가 다르게 물가가 오르는 요즘 들어 기업들은 가격을 인상할 몇 가지 은밀한 구실을 찾아냈다. 2024년은 이 달갑지 않은 추세가 전환점을 맞게 될 것인가?

전형적인 예는 저가 항공사들이 개척한 언번들링(unbundling)●이라는 교묘한 수법이다. 그들은 오래전부터 기내식, 위탁 수화물 등에 추가 요금을 부과하기 시작했다. 그러더니 좌석 선택, 또는 기내 수화

● 개별 가격 책정.

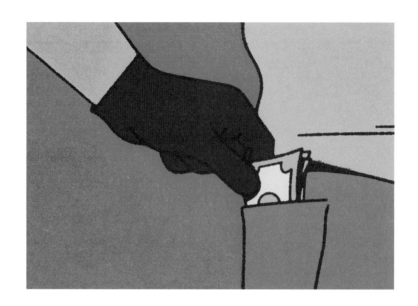

물도 여분의 속옷 몇 벌 넣을 주머니보다 크면 요금을 받기 시작했다.

최근에는 상황이 정말 걷잡을 수 없을 정도다. 이제 어떤 항공사는 온라인 예약자에 한해 '기술 개발 수수료'를 적용하는데, 금액은 희한하게도 여행 거리에 따라 달라진다. 다들 알다시피 티켓 예약 업무에 있어서 장거리 목적지일수록 더 열심히 일하는 주체는 해당 웹 서버인데 말이다. 탑승권 발권, 공항 체크인, 기내 베개와 담요에 요금을 부과하는 곳도 있다. 비행기까지 이동하는 셔틀버스 이용료, 옷 한 벌당 부과하는 수수료, 화장실 이용료가 등장하는 것은 시간문제일 뿐이다[화장실 유료화는 실제로 라이언에어의 CEO 마이클 오리어리(Michael O'Leary)가 제안한 바 있다].

이러한 관행은 널리 퍼졌다. 어떤 호텔과 리조트에서는 '체크인 수수료'를, 테이크아웃 식당에서는 '포장 수수료'를, 차량 호출 앱은 '안전 수수료'를 부과한다. 단기 임대 플랫폼 에어비앤비는 과도한 서비스 수수료와 청소비를 추가했다는 비판을 받아왔다.

그러나 추가 요금은 서비스에만 국한되는 게 아니라 실물 재화에도 적용된다. BMW는 일부 모델에 열선시트 사용료로 월 18달러를, '무제한' 이용을 원하는 사용자에게는 일시불로 415달러를 부과하기 시작했다. 메르세데스 벤츠는 일부 전기차의 가속 옵션에 월 60달러, 연 600달러를 청구한다. 이 흐름이 대세가 된다면 어떨지 상상해보라. 스마트폰 카메라의 줌 기능을 사용하고 싶으면 돈을 더 내야 할지도 모른다. 오븐을 최대 온도로 사용하고 싶으면 돈 내고 프리미엄 가입자가 돼야 하는 날이 올 수도 있다.

기업이 은밀하게 돈을 더 받는 두 번째 방법은 '탄력 요금제(surge pricing)'다. 항공사와 호텔은 성수기, 비수기에 따라 서비스 가격을 달리 책정하는 오랜 관행이 있었다. 그러나 실시간으로 수요를 추적할 수 있게 된 요즘은 하루에도 수십 번씩 가격을 조정할 수 있다. 우버와 그 외 차량 공유 앱은 승객이 몰릴 때 더 비싼 요금을 부과한다.

가격 인상은 이제 다른 산업에도 영향을 미치고 있다. 2023년 9월 영국의 한 호프집 체인은 저녁이나 주말, 대규모 스포츠 시즌에는 맥주 가격을 올리겠다고 발표했다. 콘서트, 스포츠 경기, 테마파크 티켓 가격도 항상 변동한다. 이론상 이는 시장에서 보이지 않는 손이 승리했다는 증거다. 비싼 돈을 줄 의향이 없는 소비자는 수요가 적을 때 사면 되는 것이다. 하지만 이 점이 불만인 소비자들은 시장 논리상 허용되는 가격과 바가지요금의 경계가 애매하다고 지적한다.

다음으로 팁의 영역은 마치 전염병처럼 거침없이 확장된다. 미국을 방문하는 외국인들은 미국에 만연한 팁 문화를 오랫동안 울며 겨자 먹기식으로 따라야 했다. 미국의 평균 팁 비율은 20%로 세계에

BMW는 일부 모델에 열선시트 사용료로 월 18달러를 부과했다.

서 가장 높다. 팁의 타당한 근거를 나름 찾자면 웨이터, 바텐더 등 미국 서비스직 근로자는 시간당 최저임금이 2.13달러밖에 되지 않으므로 그들이 생활 임금을 받을 수 있게 나머지를 채워주는 것이 고객의 몫이라는 것이다. 요즘은 터치스크린 기반 결제 방식이 늘어나서, 고객은 예상치 못한 곳에서 더 자주 팁을 지불해야 한다. 사람들은 언젠가 편의점, 키오스크, 심지어 웹사이트에서도 팁을 요구받게 될지 모른다.

일부 호텔에서는 계산서에 직원을 위한 팁을 자동으로 추가해 숨은 수수료의 형태로 팁을 가져간다. 그러나 이는 미국에만 국한된 문제가 아니다. 앱 결제와 비대면 결제 방식이 보편화되면서 팁을 요청하는 행위가 다른 국가로까지 퍼졌다. 호주인들은 이제 배달 앱에 자동 팁이 추가되어 불만이다. 인도인들은 택시 운전사에게 팁을 주라는 메시지가 떠서 당황할 때가 많다.

2024년에는 스텔스플레이션(stealthflation)●의 열병이 마침내 사라질 수 있을까? 어쩌면 그럴 것이다. 인플레이션이 진정세에 이르면 기상천외한 방법으로 이윤을 남기려는 관행이 한풀 꺾일지도 모른다. 정부가 규제 의지를 내비치고 있기 때문이다. 바이든 대통령은 '잡다한 수수료(junk fee)'를 단속하고자 한다. 소비자들의 반발도 만만치 않다. 미국인들은 '팁에 의한 피로감'을 호소한다. BMW는 최근 소비자들의 분노에 못 이겨 열선시트 사용료를 폐지했다. 에어비앤비는 플랫폼을 개편해 추가 수수료를 더 눈에 띄게 표시했다. 분명

● 은밀함(stealth)과 가격 부풀리기(inflation)의 합성어.

기업들은 마음만 먹으면 '숨은 추가 요금' 없이 단순하고 투명하게 가격을 책정할 방법이 있다.

그러나 가격을 올리는 수많은 편법을 발견한 기업은 앞으로도 계속 그럴 가능성이 더 높다. 항공사들은 비즈니스 클래스 승객에게 제공하는 서비스들을 쪼개어 일일이 가격을 매기는 실험을 하고 있다. BMW와 메르세데스 벤츠는 다른 곳에 '추가 수수료'를 붙일 계획을 세우고 있다. 팁 요구는 이제 별로 새삼스럽지도 않다. 실제로 미국의 한 항공사는 이제 승객들이 객실 승무원에게 팁을 주도록 허용하고 있다. 분명 스텔스플레이션 수법을 교차 수분할 영역은 아직 여기저기서 발굴할 수 있다. 2024년에 소비자들은 분통 터질 일이 더 많아지지 않을까 싶다.

THE WORLD AHEAD 2024

가장 어려운 부분

활발하게 진행 중인 산업 활동의 탈탄소화

비제이 바이테스워런(Vijay Vaitheeswaran)
〈이코노미스트〉 글로벌 에너지 및 기후 혁신 부문 편집자

2024년에는 이제 막 태어난 '갈색에서 녹색으로(brown-to-green)' 혁명이 첫 발걸음을 내디딜 것이다. 기후 변화에 대처하기 위한 글로벌 노력의 일환으로 각 정부는 재생 에너지를 장려해 전기 생산을 정화하고 전기 자동차를 늘려 운송을 친환경화하는 데 중점을 두었다. 하지만 지금까지 철강, 시멘트, 제조 및 석유 화학과 같은 중공업 부문은 엄격한 조사에서 벗어나 있었다.

그 이유는 이런 산업 활동에서 발생하는 배기가스를 처리하는 것이 어렵고 비용이 많이 들기 때문이다. 이런 산업에는 고열이나 화학 공정(용광로에서의 제강과 같은)이 포함되며 석탄 및 천연가스와 같은 화석 연료 투입물은 쉽게 전기로 대체하기 어렵다. 오늘날 많은 공장에

서 유일하게 실행 가능한 대안은 기존 장비에 탄소 포집 장비를 부착시켜 사용하는 것이지만, 이는 비싸고 번거롭다. 화석 연료 대신 수소 및 암모니아와 같은 청정 대체물로 대체할 수는 있지만 그 대체 과정은 진행이 느렸다.

이런 이유로 '난감축(hard to abate)' 산업이라는 이름이 붙여졌다. 그러나 알고 보면 이런 중공업 분야가 세계 최대의 온실가스(greenhouse gas, GHS) 배출원으로서 훨씬 더 눈에 잘 띄고 석탄을 많이 소비하는 전력 부문과 동등한 수준의 온실가스를 배출한다. 시멘트 및 철강 생산은 각각 전 세계 배출량의 5%를 차지하는 반면 훨씬 더 많은 비판을 받는 항공 산업의 경우는 1%에 불과하다.

2050년의 예상 시나리오에서 연구 기관인 블룸버그 뉴에너지파이넌스(NEF)는 '산업에서 거의 배출량이 감소하지 않을 것'이라고 예측한다. 인도와 다른 신흥 경제국에서 일어날 경제 호황으로 문제가 더욱 복잡해진다는 것이다.

그러나 마침내 제대로 굴러가기 시작했다. 예를 들어 다국적 기업인 퍼스트무버연합(First Movers Coalition)은 시멘트 및 제철을 포함한 7개의 난감축 부문에서 청정 기술을 구매해 시장을 창출하고 가격을 낮추기로 합의했다. 그 밖에 무역 회랑, 항만 시설 및 해상 운송에 중점을 둔 다른 민관 협력 사업(public-private partnership) 역시 진행 중이다.

기술 자체도 발전하고 있다. 주목해야 할 분야로는 클링커(탄소 집약적 투입물)가 필요 없는 새로운 시멘트 제조법, 전기화 방법의 적용을 통한 저탄소강 생산, 간헐적인 재생 에너지를 저렴하게 저장하고 필요에 따라 고온의 열로 방출할 수 있는 에너지 저장 기술 등이 있다. 여러 탈탄소화 스타트업의 초기 투자자인 빌 게이츠(Bill Gates)는 적절한 지원만 있다면 "우리는 진정한 산업의 변화를 보게 될 것"이라고 말한다.

여기에서 정부의 정책이 중요하다. 2024년에는 EU의 탄소 국경 조정세(carbon border-adjustment taxes) 부과 노력의 성공 여부가 드러날 것이다. 만약 부과된다면 미국 상원에서도 이에 상응하는 법안을 제안할 준비가 되어 있다. 이 접근 방식은 탄소 가격 조정 정책보다 조잡하기는 하지만 전 세계의 제조 업체와 수출 업체로 하여금 대규모 시장에 대한 접근을 유지하도록 하기 위해 탈탄소화를 장려할 것이다.

미국의 탄소 포집 및 수소에 대한 투자가 2023년에 둔화된 이유는 대표적인 기후 관련 법인 인플레이션 감축법(Inflation Reduction Act, IRA)의 시행 여부에 대한 불확실성 때문이었다. 하지만 2024년에 관

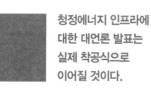

청정에너지 인프라에 대한 대언론 발표는 실제 착공식으로 이어질 것이다.

대한 보조금에 대한 지침이 명확해지면 녹색 인프라를 약속하는 보도자료 발표에 끝나지 않고 실제 공장의 착공으로 이어질 것으로 예상된다.

마지막으로 중요한 요소는 글로벌 금융 환경의 변화다. 많은 투자자들이 전통 산업을 포기하라고 요구하는 과다한 'ESG' 행동주의에서 벗어나 보다 실용적인 접근 방식으로 전환하고 있다. 세계 최대의 자산 운용사인 블랙록(BlackRock)은 심지어 브라운 투 그린 자재 펀드(brown-to-green materials fund)를 출시하기도 했다. 다른 투자 회사들도 뒤따를 것으로 예상된다.

2024년은 중공업 분야의 탈탄소화가 실제로 얼마나 잘 진행되고 있는지를 보여줄 것이다. 엄청난 규모를 감안할 때 결국에는 기존 산업의 탄소 배출 기반 시설에 투입되었을 수조 달러를 더 녹색 자본으로 전환해야 한다. 이러한 변화로 인해 선진국에서는 산업 구조의 개편 및 탈탄소화가 가중되고 신흥국에서는 청정 산업이 발전할 것이다.

블랙록의 사장인 래리 핑크(Larry Fink)는 이렇게 말했다. "우리는 갈색 음영에서 녹색 음영으로 넘어가야 합니다." 이런 변화가 발생하면 수익을 추구하는 기후 산업 투자자들은 현재의 난감축 부문이 시간이 지남에 따라 어쩔 수 없이 변한다는 것을 깨닫게 될 것이다.

전력의 섬

**유럽은 에너지 섬을 구축해야 한다
어떤 종류가 좋을까?**

루트비히 지겔레(Rudwig Giegele) 베를린, 〈이코노미스트〉 유럽 비즈니스 통신원

2013년 톰 크루즈(Tom Cruise)가 주연한 영화 〈오블리비언〉은 제목만큼이나 빨리 사라졌다. 그럼에도 불구하고 한 가지 기억에 남는 것이 있는데 바로 '하이드로 리그(hydro-rigs)'라는 최첨단 장치다. 이 장치들은 지구의 바다 위를 날아다니며 물을 빨아들였다. 유럽이 북해와 발트해에 인공 '에너지 섬'의 군도를 건설하려는 야심 찬 계획은 SF영화의 분위기를 불러일으킨다. 어떤 섬은 축구장 수십 개 크기만큼이나 거대하며 주변의 수백 개의 풍력 발전기에서 생성된 전력을 수집하도록 설계되었다. 2024년 3월 벨기에의 전력망 사업자인 엘리아(Elia)는 해안에서 45킬로미터 떨어진 곳에 첫 번째 섬 건설을 시작할 예정이다. 그런데 과연 유럽에 이처럼 장대한 프로젝트가 필요할까?

엔지니어가 아니라도 이런 섬의 이점은 충분히 알 수 있다. 오늘날 여러 곳의 해상 풍력 발전 단지는 육지의 전력망까지 연결하는 자체 케이블을 가지고 있다. 그러나 유럽이 2050년까지 북해에서 유럽의 모든 가정에 전력을 공급하기에 충분한 300기가와트(GW)의 전력을 생산하면, 이런 방식은 점점 더 비효율적이 된다. 차라리 여러 해상 풍력 발전 단지에서 전기를 모은 다음 하나의 대형 케이블을 통해 육지로 보내는 것이 훨씬 저렴하다. 에너지 섬은 또한 필요에 따라 여

러 국가에 전력을 공급할 수도 있을 것이다.

엘리아의 '프린세스 엘리자베스 섬(Princess Elisabeth Island)'은 세계 최초의 전기 네트워크 노드가 되어 인근 해상 풍력 발전 지역에서 최대 3.5GW의 전기를 수집할 것이다. 전력은 섬에 있는 두 개의 변전소에서 처리되어 케이블을 통해 벨기에와 영국 및 덴마크로 보내진다.

추정 비용은 20억 유로이며 5헥타르 규모의 섬을 건설하는 데 몇 년이 걸릴 것이다. 해저에 놓인 모래로 채워진 콘크리트 구조물을 기반으로 하며 유지 보수를 위한 작은 항구와 헬리콥터 착륙장도 있다.

더 큰 목표를 가진 다른 계획도 있다. 덴마크는 해안에서 80킬로미터 떨어진 곳에 프린세스 엘리자베스 섬보다 두 배 이상 큰 섬을 건설해 승무원(및 관광객)을 위한 숙박 시설, 풍력 발전소용 예비 부품, 그리고 결정적으로 전기를 사용해 물을 산소와 수소로 바꾸는 전해조(electrolyser)라는 장치를 위한 공간을 확보할 예정이다. 수소 생산은 이 섬의 핵심적인 수익원이 될 것이다. 수소가스는 제철 산업에서 탄소 배출을 줄이는 데 없어서는 안 될 성분이다.

그러나 이 프로젝트는 몇 가지 걸림돌에 부딪쳤다. 2023년 6월 덴마크는 과다한 예상 비용으로 인해 섬 건설 입찰을 다시 연기했다. 섬의 50%를 약간 넘게 소유할 예정인 덴마크 정부는 자체 예산으로 거의 70억 유로를 지불해야 한다. 정부는 이제 처음부터 다시 계획을 재검토하고 있다.

그렇다고 해서 이 계획이 폐기되었다는 의미는 아니지만 최종 집행 여부는 불확실하다. 심지어 엘리아의 더 작은 계획조차 지나친 설비로 판명될 수 있다. 오래된 석유 시추 플랫폼과 비슷한 운명에 처할 수도 있다.

AI, 직장에 가다

생성형 AI가 주류가 되고
데이터에 밝은 기업이 우선적으로 혜택을 볼 것이다

가이 스크리븐(Guy Scriven) 미국, 〈이코노미스트〉 기술 부문 편집자

새로운 기술이 등장하면 다른 그룹이 다른 시간에 혜택을 받는 경우가 많다. 생성형 AI는 2021년부터 코드 작성 AI 도구인 깃허브 코파일럿(GitHub Copilot)을 사용할 수 있었던 소프트웨어 개발자에게 맨 처음 혜택을 주었다. 다음 해에는 챗GPT 및 달리(Dall-E) 2와 같은 다른 도구가 출시되어 모든 유형의 소비자가 즉시

단어와 그림을 생성할 수 있게 되었다.

그런 다음 2023년에 투자자들이 생성형 AI의 전망을 더욱 밝게 보면서 빅테크 기업들이 이익을 얻었다. 한 해 동안 애플, 알파벳, 아마존, 메타, 마이크로소프트 및 엔비디아의 동일 가중 주가 지수는 90% 이상 성장했다. 빅테크 기업은 AI 모델 자체를 가지고 있거나 이를 움직이고 제공하는 인프라 업체이기 때문에 이익을 보았다.

하지만 2024년의 가장 큰 수혜자는 테크 부문이 아닌 외부의 기업이 될 것이다. 비용을 절감하고 생산성을 높이기 위해 진지하게 AI를 채택하기 때문이다. 기업의 AI 채택이 늘어난다고 예상하는 데는 세 가지 이유가 있다.

첫째, 대기업이 2023년에 생성형 AI를 테스트했기 때문이다. 많은 회사에서 법률 계약서부터 마케팅 자료에 이르기까지 문서의 초안을 작성하는 데 AI를 사용하고 있다. JP모건 체이스 은행은 연방준비제도(Fed, 연준)이사회의 회의를 분석하는 데 이 기술을 사용해서 거래에 도움을 얻기도 했다.

테스트 단계가 끝나감에 따라 이들 기업은 생성형 AI를 더 큰 규모로 사용할 계획을 세웠다. 이는 회의 결과를 요약하는 것부터 연구 개발 분야를 강화하는 것까지 광범위한 분야에 적용될 예정이다. 회계 법인인 KPMG의 설문 조사에 따르면 기업의 5분의 4는 2024년 중반까지 관련 투자를 50% 이상 늘릴 계획이라고 밝혔다.

둘째, 더 많은 AI 제품이 시장에 출시될 것이기 때문이다. 2023년 말에 마이크로소프트는 워드 및 엑셀 같은 생산성 향상 소프트웨어 사용자를 지원하는 AI 챗봇을 출시했다. 윈도우 운영 체제에도 동일한 기능을 추가했다. 구글은 구글 문서 및 스프레드시트에 AI를 적용해 마이크로소프트를 따라갈 것이다. 또한 스타트업도 참여가 예상된다. 2023년 벤처 캐피털 투자자들은 2022년보다 두 배 이상 많은 360억 달러 이상을 생성형 AI에 투자했다.

세 번째 이유는 인력이다. AI 전문가는 여전히 수요가 많다. 리서치 회사인 프레딕트리드(PredictLeads)에 따르면 S&P 500 기업의 약 3분의 2가 AI 관련 분야의 인력을 모집한다고 한다. 이런 회사들은 채용 공고의 5%가 기술 인력을 모집하는 내용이며, 이는 지난 3년 동안 평균 2.5%에서 증가한 수치다. 그러나 인력 확보를 위한 경쟁은 다소 완화되고 있다. 또 다른 컨설팅 회사인 맥킨지의 설문 조사에 따르면 2023년에 기업들은 AI 담당자를 채용하는 것이 더 쉬워지고 있다고 밝혔다.

어떤 회사가 얼리 어답터가 될까? 아마도 작은 기업들이 주도권을 잡을 것이다. 이전의 스마트폰이나 클라우드와 같은 혁신적인 기술의

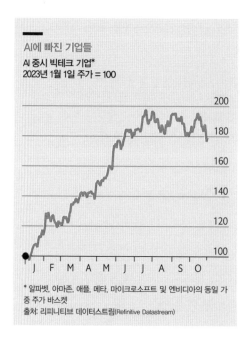

AI에 빠진 기업들

AI 중시 빅테크 기업*
2023년 1월 1일 주가 = 100

* 알파벳, 아마존, 애플, 메타, 마이크로소프트 및 엔비디아의 동일 가중 주가 바스켓
출처: 리피니티브 데이터스트림(Refinitive Datastream)

발전 과정에서도 이런 일이 발생했다. 작은 기업들이 일반적으로 더 민첩하며 대기업보다 기술을 더 중시한다.

대기업 중에서는 의료 및 금융 서비스와 같은 데이터 중심 기업이 가장 빠르게 움직일 가능성이 높다. 이는 데이터 관리가 미흡하면 AI를 적용하기 어렵기 때문이다. 관리자는 AI 도구를 통해 귀중한 데이터가 유출될까 우려한다. 견고한 데이터 관리가 없는 기업은 생성형 AI를 배포하기 전에 시스템을 재구성해야 할 수도 있다. 이 기술을 사용하면 SF 세계에 와 있는 느낌을 받을 수 있지만 안전하게 작동하도록 하는 것은 훨씬 더 일상적이고 세심한 관리가 필요한 일이다.

 WHAT IF?

2022년 일론 머스크(Elon Musk)가 트위터(후에 X로 개명)를 440억 달러에 인수한 이후 이 SNS 플랫폼에는 불쾌한 게시물로 문제가 발생했다. 하지만 미국 정부는 온라인상의 허위 정보 및 공격에 대한 조치를 취하지 않았다. 그러나 EU는 더 이상 못 참고 새로운 디지털 서비스법(Digital Service Act)을 통해 소셜 미디어를 감시할 수 있게 되었다. **EU가 X를 제재한다면 어떻게 될까?** 절대적인 언론 자유주의자라고 주장하는 머스크는 X를 유럽에서 철수할 수도 있고, 이는 사용자와 광고주를 차단함으로써 플랫폼의 쇠퇴를 가속화할 수 있다.

치열한 경쟁

치열해지는 차세대 대형 기술 플랫폼 장악 경쟁

톰 웨인라이트(Tom Wainwright) 〈이코노미스트〉 기술 및 미디어 부문 편집자

2024년에 가장 기대되는 기기는 애플의 비전 프로(Vision Pro)다. 이 세련된 헤드셋은 사용자를 〈스타워즈〉 전장의 한가운데로 데려다주거나 세계에서 가장 큰 엑셀 스프레드시트를 사무실에 비출 수도 있다. 이 마법의 고글은 가상 현실(virtual reality)과 혼합 현실(mixed reality)을 결합해, 전면에 장착된 카메라로 사용자에게 외부 세계의 생생한 영상을 보여주고 그 위에 컴퓨터 그래픽을 겹쳐놓을 수 있다. 눈의 움직임과 손짓으로 제어되는 이 장치는 애플이 지금까지 만든 제품 중 가장 야심 찬 제품이라고 주장한다. 물론 3,499달러라는 가격도 야심 차기는 마찬가지다.

애플은 소비자의 관심을 끌기 위해 다양한 업체의 제품과 경쟁할 것이다. 그중 가장 중요한 것은 이전에 페이스북으로 알려졌던 메타다. 메타는 실제 생활보다 메타버스가 더 즐거웠던 코로나19 봉쇄 기간에 퀘스트 2(Quest 2) 헤드셋으로 큰 인기를 얻었다. 2023년 말에는 혼합 현실을 제공하는 업그레이드된 퀘스트 3를 출시했다. 이 장치는 애플의 비전 프로보다 단순하지만 가격이 499달러이기 때문에 더 많이 팔릴 것이다. 고사양 모델도 곧 출시될 예정이다.

구글도 헤드셋 경쟁에 다시 뛰어들지 모른다. 구글은 10년 전 카메라를 탑재한 스마트 안경인 구글 글래스를 출시했다가 실패한 경

험이 있다. 아이리스(Iris)라는 하이테크 안경에 대한 계획도 같은 길을 걸었다. 최근의 전략은 한국의 거대 기업인 삼성과 미국의 칩 제조 업체인 퀄컴(Qualcomm)과의 제휴를 통한 사업 기회 모색이다. 이들 업체는 혼합 현실 프로젝트를 진행 중인데 여기에서 새로운 헤드셋을 내놓을 수도 있다.

중소기업들은 자체적으로 틈새시장을 파고들고 있다. 미국의 비디오 게임 회사인 밸브(Valve)는 게이머를 위한 VR 헤드셋을 만들고 있으며 중국의 VR 회사인 피코(Pico)도 마찬가지다. 피코의 모회사인 바이트댄스(Bytedance)는 미국에서 의심을 불러일으킨 앱인 틱톡도 소유하고 있다. 이 때문에 헤드셋 판매가 어려울 수도 있다.

아직 어떤 헤드셋도 세상을 놀라게 하지 못했다. 시장 조사 기업인 옴디아(Omdia)는 전 세계 비디오 헤드기어 판매가 2024년에 3분의 1 정도 증가하겠지만 판매 대수는 여전히 총 1,800만 대에 불과할 것으로 예상한다. (반면에 스마트폰 판매량은 10억 대를 넘어설 것으로 예상된다.) 애플의 비전 프로는 부품 공급의 제약과 높은 가격으로 인해 판매량은 20만 대 미만일 것으로 예상된다. 투자 회사인 웨드부시 증권 (Webbush Securities)의 댄 이브스(Dan Ives)는 "2024년에는 개발자에게, 2025년에는 소비자에게 인기를 얻을 것"이라고 예측했다.

2024년에 주목해야 할 것은 개발자들이 이 장치를 활용하는 방법이다. 원래 인터넷이 연결된 전화기에 불과했던 스마트폰은 여러 앱이 출시된 다음에야 신기한 기기에서 일상생활의 필수도구로 폭발적인 성장을 할 수 있었다. 주로 게임용으로 사용되는 헤드셋은 여전히 대부분의 사람들에게 매력적으로 다가오지 않는다. 그러나 프로그래머가 비전 프로를 가지고 놀기 시작하면서 상황이 바뀔 수도 있다. 앞으로 몇 달 동안 기술 전문가들은 애플의 이 새로운 기기에 주목하게 될 것이며 헤드셋 내부에서는 4개의 카메라가 그들을 관찰할 것이다.

반도체 전쟁, 속편

반도체가 미국과 중국의 기술 경쟁에서 계속해서 중요한 역할을 할 것이다

돈 웨인랜드(Don Weinland) 상하이, 〈이코노미스트〉 중국 비즈니스 및 금융 부문 편집자

2023년 8월 29일 화웨이의 메이트 60 프로 스마트폰이 출시되자마자 기업들은 잽싸게 이 제품을 분해해서 어떻게 작

동하는지 알아보기 시작했다. 이 중국의 통신 장비 제조 업체는 많은 사람들이 거의 불가능하다고 생각했던 새로운 5G 스마트폰을 만드는 데 결국 성공했다. 2020년 미국의 제재로 인해 화웨이는 첨단 반도체나 이를 만드는 데 필요한 장비를 구매할 수 없게 되어 스마트폰을 만들 수 없었다. 한때 전 세계적으로 애플의 아이폰을 앞질렀던 화웨이 스마트폰의 판매는 무너졌다. 그러나 엔지니어들이 메이트 60 프로의 내부를 조사해보니 미국의 제재가 자체 혁신으로 극복되었음을 보여주는 중국산 칩이 나왔다.

기린 9000S라는 이 칩은 중국의 SMIC에서 제조했으며 그 등장은 매우 상징적인 순간이었다. 중국의 미국과의 기술 전쟁은 2019년 트럼프 행정부가 화웨이에 고사양 반도체칩의 판매를 금지하면서 본격적으로 시작되었고, 2022년 바이든 대통령은 이러한 제재의 틀을 기반으로 중국의 모든 기업에 대해 첨단 반도체 판매를 전면 금지했다. 얼마 후에 베이징의 지도자들은 안보상의 이유로 중국 내에서 미국 회사인 마이크론이 만든 칩의 판매를 금지하는 보복 조치를 감행했다. 또한 중국은 최첨단 칩을 만드는 데 필요한 두 가지 희귀 금속인 갈륨과 게르마늄의 수출을 제한하기 시작했다.

따라서 중국은 화웨이의 새로운 스마트폰과 이에 들어가는 칩을 패러다임의 전환을 알리는 계기로 간주한다. 9월 12일 정부 기관지인 〈인민일보〉의 사설은 "미국의 제재가 중국의 기술 발전을 막을 수 없다는 것이 만천하에 드러났다"고 주장했다. 현지 소셜 미디어의 사진은 선전시의 화웨이 광고 앞에서 절을 하는 아이들을 보여줬다. 미국에서 메이트 60 프로는 중국에 대한 제재가 실패했으며 포기해야 한다는 주장과 제재를 강화해야 한다는 주장 모두의 근거로 사용되었다. 그러나 실제로는 화웨이와 다른 중국 기업들이 2024년 이후에 새로운 돌파구를 찾는 것이 얼마나 어려울지를 보여준다.

메이트 60 프로의 성능은 세계 최대의 대만 TSMC에서 제조한 칩을 내장하고 2020년에 출시된 삼성전자의 갤럭시 S20과 동등하다. 3년 뒤처지는 게 별것 아닌 것처럼 들릴지 모르지만 SMIC는 DUV라는 기술을 기반으로 하는, 한 세대 이전의 기계를 사용해 칩을 식각하고 있다. 업계 전문가들은 기린 9000S가 DUV 기술의 한계를 나타낸다고 생각한다. 반면에 TSMC의 첨단 칩은 보다 진보된 EUV 기술을 사용해 제조된다. 이 EUV 기계는 네덜란드 회사인 ASML에서만 제조하고 미국의 수출 제재 대상이기 때문에 SMIC 및 기타 중국 회사에서는 사용할 수 없다.

중국의 약진이 눈부시기는 하지만 기린 9000S는 중국이 EUV 기술 없이 달성할 수 있는 한계를 보여준다. 이를 개발하려면 수년이 걸릴 가능성이 높은데 TSMC는 그동안 계속해서 앞서 나갈 것이다. 메이트 60 프로는 기술 전쟁에서 결정적인 게임 체인저는 아니었지만 내부의 구성 요소는 2024년에 기술 전쟁이 어떤 방향으로 전개될 것인지를 보여준다.

이 휴대폰에는 한국의 SK하이닉스에서 만든 메모리칩이 포함되어 있는 것으로 확인되었다. SK하이닉스는 화웨이와 최근 몇 년 동안 거래를 하지 않았다고 주장한다. 그러나 중국 기업들은 암시장을 통해 칩을 손에 넣을 수 있는 영리한 해결 방법을 찾아냈다. 이러한 이유로 미국은 글로벌 제재의 수준을 강화할 가능성이 높다. 바이든 행정부는 이미 일본, 네덜란드, 한국과 같은 동맹국들을 그 나라 기업들의 불만에도 불구하고 이 싸움에 끌어들였다. 2024년에는 중국 기업이 칩을 구매하고 있다는 소문이 있는 중동 같은 지역에서 이 동맹을 확장할 수 있다.

중국의 선제공격
———
배터리 산업의 우위로 세계 최대의 자동차 수출국을 노리는 중국

할 호드슨(Hal Hodson) 〈이코노미스트〉 특별 프로젝트 담당 기자

내연기관 자동차가 내뿜는 이산화탄소는 전체 이산화탄소 배출량의 약 15%를 차지한다. 이를 없애려면 운송 수단의 전기화가 필요한데 이에는 엄청난 양의 배터리가 필요하다. 2024년에는 중국, 유럽, 미국 전역에 배터리 생산 인프라가 구축될 것이며, 이는 전 세계 전기 자동차에 동력을 공급하기 충분한 양의 배터리를 생산할 수 있는 공장 네트워크를 형성할 것이다.

기존 및 건설 예정인 배터리 공장의 대부분은 중국에 있으며 유럽에서는 중국 회사들이 여러 곳에 공장을 건설하고 있다. 시장 조사 업체인 벤치마크 미네랄 인텔리전스(Benchmark Mineral Intelligence)는 중국이 2030년까지 글로벌 배터리 생산 능력의 69%를 점유할 것이라고 밝혔다. 이는 2022년의 78%에서 감소한 수치이지만 여전히 매년 9,000만 대의 자동차에 충분한 배터리를 생산할 수 있는 능력이다. 대조적으로 유럽과 미국은 2030년까지 각각 약 14%의 글로벌 생산 능력을 가질 것으로 예상되며 각각 1,900만 대의 차량에 공급

환경 보호를 위해

할 수 있다.

중국이 이러한 선두를 유지하는 이유 중 하나는 중국 정부가 전기 자동차의 제조 및 채택을 더 오랫동안 지원해왔기 때문이다. 전기차 구매에 대한 세금 감면은 2010년대 초에 시작되었다. 2022년까지 중국 정부는 소비자 인센티브만으로 시장에 약 300억 달러를 지원했고, 지방 정부는 추가적으로 전기차 제조 업체에 보조금을 지원했다. 이런 정책은 새로운 여러 전기차 업체 간의 경쟁을 촉발했다. 하지만 대부분의 업체는 이제 파산했으며 BYD 및 CATL과 같은 승자만이 업계의 선주 자리를 차지하고 있다. 중국이 가지고 있던 전자 부품 공급망 역시 전기차 제조 업체에 도움이 되었다. 중국에는 2010년에 이미 1억 대 이상의 전기 자전거가 있었는데 이는 정부가 도심에서 가솔린엔진 오토바이를 금지했기 때문이다.

유럽과 미국은 최근에야 따라잡기 시작했다. 2022년에 통과된 미국의 IRA는 중국이나 러시아의 부품이 포함되지 않은 전기차 구매자에게만 세금 감면을 제공한다. IRA는 또한 배터리 제조 업체에게 생산 비용의 약 3분의 1에 해당하는 세액 공제 혜택을 주고 있다. 컨설팅 업체 벤치마크(Benchmark)는 미국의 자동차 제조 업체가 향후 10년 동안 1,400억 달러의 보조금을 받을 것이라고 예상했다. 한편 EU는 2023년 초에 회원국이 자체적으로 보조금을 제공할 수 있는 길을 열고 일부 자금을 제공하는 그린딜 산업 계획(Green Deal Industrial Plan)을 발표했다.

이러한 경기 부양 노력 덕분에 이제 유럽과 미국 모두 2030년까지 전기차에 대한 국내 수요를 충당할 수 있는 충분한 배터리 생산 능력을 갖추게 될 것으로 보인다. 중국은 내수 시장 수요보다 3배 더 많은 배터리 생산 용량을 갖게 될 것이다. 2024년이 시작되면서 중국은 처음으로 세계 최대의 자동차 수출국이 될 가능성이 높다. 그리고 유럽과 미국이 따라잡기 위해 아무리 많은 돈을 쏟아부어도 중국의 배터리 지배력은 당분간 유지될 것이다.

사무실 탈출

원격 근무를 둘러싼 논쟁이 가열되면서 건물주에게 어려운 시간이 닥칠 것이다

라차나 샨보그

코로나19로 인해 사무실 근무자들이 집의 남는 방이나 식탁에서 일을 하게 되면서 수십 년 만에 가장 큰 변화가 직장 생활에 일어났다. 그리고 다른 큰 변화와 마찬가지로 그 결과는 여전히 기업의 계층 구조와 금융 시스템에 영향을 미치고 있다. 2024년에는 근로자와 상사 및 건물주에게 냉혹한 현실이 시작될 것이다.

관리자와 직원들은 업무를 하는 장소에 대한 까다로운 질문에 대해 서로 다른 의견을 가지고 있다. 학자들로 구성된 WFH 리서치의 설문 조사에 따르면 미국, 영국 및 캐나다에서 최소한 중등 교육을 받은 정규직 근로자는 평균적으로 일주일에 1.5일은 재택 근무를 하는데, 그 시간을 평균적으로 두 배 늘리고 싶어 한다.

그러나 고용주는 생각이 다르다. 월스트리트의 거물인 골드만삭스(Goldman Sachs)부터 화상 통화로 유명한 줌(Zoom)에 이르기까지 기업들은 직원들에게 더 자주 사무실에 출근하도록 요구한다.

아무도 일주일에 5일을 사무실에서 일하기를 기대하거나 추진하지 않는다. 결국은 회사와 직원이 조금씩 양보해서 직원의 희망에 약간 모자라는 재택근무 시간으로 합의할 가능성이 높다. 그러나 상승하는 금리가 경제에 미치는 영향에 따라 많은 것이 달라질 것이다. 실업률이 상승하기 시작하고 노동력이 더 이상 부족하지 않으면 기업은 더 어려운 조건으로 협상을 추진할 것이다.

재택근무로의 전환은 지금까지 상업용 부동산 업계에 이상하리만큼 별 영향을 미치지 않았다. 사무실은 확실히 예전보다 덜 붐빈다. 사무실 보안 업체인 캐슬(Kastle)에 따르면 미국의 사무실 입주율은 코로나 이전의 절반 정도라고 한다. 그러나 사무실 임대 기간이 길기 때문에 공실률의 상승 속도는 느리다. 골드만삭스는 2024년에 사무실의 12%에 갱신 시기가 도래할 것으로 예상하는데 이는 2023년보다 두 배 이상 많은 수치다.

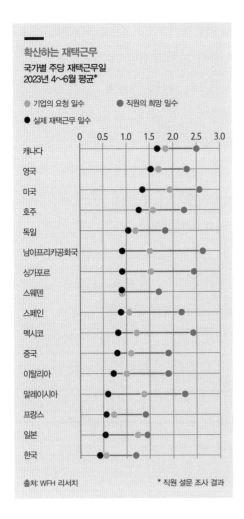

확산하는 재택근무

국가별 주당 재택근무일
2023년 4~6월 평균*

● 기업의 요청 일수 　● 직원의 희망 일수
● 실제 재택근무 일수

	0	0.5	1.0	1.5	2.0	2.5	3.0
캐나다							
영국							
미국							
호주							
독일							
남아프리카공화국							
싱가포르							
스웨덴							
스페인							
멕시코							
중국							
이탈리아							
말레이시아							
프랑스							
일본							
한국							

출처: WFH 리서치　　　　　　* 직원 설문 조사 결과

금융 기관의 분석에 따르면 재택근무로 미국에서 430만 제곱미터의 사무실 공간이 추가로 공실화될 것이라 예상한다. 이는 2022년에 새로 만들어진 모든 사무 공간과 같은 면적이다. 강화된 환경 기준에 맞는 멋진 사무실은 찾는 기업이 많지만 오래된 건물에 있는 사무실은 비어 있을 가능성이 매우 높다. 이 중 어느 것도 건물주에게 반가운 소식은 없다. 금리가 상승함에 따라 그들의 재융자 비용도 증가했다. 미국에서 대부분의 상업용 부동산 대출은 소규모 은행에 의존하고 있었는데, 이들은 특히 실리콘밸리 은행의 파산 이후 어려움을 겪고 있다.

그리고 인기 없는 사무실 공간에 대한 금융 비용은 여전히 더 높을 것이다. 예를 들어 상업용 모기지 담보 증권의 수익률은 '프라임' 부동산보다 저품질 사무실 공간이 더 높다.

　이러한 건물이 할인된 가격으로 판매되어 개조되거나 철거되는 것을 더 많이 보게 될 것이다. 조명이 충분하고 배관 시설이 잘 되어 있는 사무실은 주택으로 변경할 수 있다. 주택으로의 전환은 금융 비용 측면에서 남는 게 없지만 런던과 뉴욕과 같은 곳에서는 전환하는 경우가 늘어나고 있다. 맨해튼의 워터 스트리트 25번지는 전에 신문사와 은행이 있던 빌딩이었지만 지금은 1,300개의 아파트, 스파, 수영장, 그리고 공동 사무 공간이 있는 주거용 단지로 개조되고 있다. 전염병은 끝났지만 재택근무 혁명은 2024년에도 사람들이 일하고 즐기는 방식과 장소를 계속 변화시킬 것이다.

불확실한 여행 업계

———

수요가 공급보다 더 빠르게 회복되고 있어 공급 지연과 가격 상승이 예상된다

토머스 리 데블린(Thomas Lee-Devlin) 〈이코노미스트〉 글로벌 비즈니스 통신원

어렵게 얻은 휴가를 공항에서 몇 시간 동안 비행기를 기다리면서 낭비하는 것을 좋아하는 사람은 아무도 없을 것이다. 하지만 2024년에는 많은 여행자들이 이런 상황에 직면하게 될 것 같다.

이제 사람들은 전 세계를 여행하려는 욕구를 회복했다. 유엔 세계 관광기구(UN World Tourism Organization)는 전염병 이후의 '보복 관광(revenge tourism)' 붐에 힘입어 여행객 수가 2022년 전염병 이전 수준의 63%에서 2023년에는 95%에 도달할 것으로 추정한다. 비즈니스 여행도 예상보다 빠르게 반등하고 있다. 글로벌 비즈니스 여행 협회(Global Business Travel Association)는 전에 2026년으로 예상했던 것보다 빠른 2024년에 비즈니스 여행 지출이 전염병 이전 수준으로 돌아

갈 것으로 예상한다.

그러나 항공 산업의 경우 수송 능력을 회복하는 것이 쉽지 않다. 전염병으로 인한 대량 해고 후 다시 인원을 확충하려면 시간이 걸린다. 항공편에 대한 수요가 공급을 초과하면서 인플레이션 증가율보다 항공권의 가격이 더 빠르게 상승해 항공사의 이익을 증가시켰다. 그러나 운영이 여의치 않아서 미국에서는 지연되는 항공편의 비율이 계속 증가하고 있다.

2024년의 여행객들에게는 비행만이 유일한 고통거리가 아니다. 전 세계 도시들은 에어비앤비를 통해 발생하는 단기 임대를 단속하고 있다. 9월에 뉴욕에서 발효된 새로운 법률에 따르면 집주인은 시 정부에 등록하고 임차인과 함께 숙소에 머물러야 한다. 에어비앤비는 이 조치를 '사실상의 금지법(de facto ban)'이라고 불렀다. 베를린, 파리, 로마도 제한 조치를 시행했으며 비엔나를 포함한 다른 국가들도 2024년에 비슷한 조치를 내릴 것으로 예상된다. 시 정부는 이러한 규제가 주민들의 임대료와 주택 가격의 상승 압력을 억제할 것으로 예상한다. 결국 여행자들에게는 선택의 폭이 줄어들고 비용만 높아질 것이다.

중국이 어디로 튈지 아직은 모른다. 관광 업계의 이익 단체인 세계 여행 및 관광 협의회(World Travel and Tourism Council)는 2019년의 절반이었던 2023년 중국의 해외여행 및 관광 지출이 2024년에는 약 10분의 9 수준으로 회복할 것으로 예측한다. 그러나 중국 경제가 침체되면 회복이 늦어질 수도 있다. 그것은 중국 수요에 의존하는 기업들에게는 나쁜 소식일 것이다. 그러나 다른 관광객들에게는 주요 관광지가 덜 붐빈다는 의미일 것이다.

투자 확보

투자 부진이 인도 경제를 잡고 있다
2024년은 다를까?

톰 이스턴(Tom Easton) 뭄바이, 〈이코노미스트〉 남아시아 비즈니스 및 금융 부문 편집자

주요 경제 지표의 엄청난 성장과 글로벌 생산의 중심지로서 중국을 대체할 가능성으로 인도에 대한 기대치가 높아졌다. 인도는 세계에서 다섯 번째로 큰 경제 대국이며 2025년까지 독일보다 더 커질 것으로 예상되므로, 국내외 기업들이 현금을 쏟아붓는 것은 당연하다고 간주되었다. 아이폰, 풍력 발전 및 배터리를 생산하는 새로운 공장은 인도의 가능성을 보여주는 증거다.

그러나 경제 지표 뒤의 현실은 그렇게 낙관적이지만은 않다. 바클레이스 은행(Barclays bank)에 따르면 2008년에 40%를 초과했던 인도의 GDP 대비 투자율은 현재 34%에 불과하다. 자금은 공장, 연구 및 기타 민간 부문이 아니라 정부가 참여하는 인프라에 투입되었다. 최근의 한 추정치에 따르면 은행 승인 자금의 36.5%는 도로와 교량에, 나머지 20%는 전력 부문에 사용된다고 한다. 일반적으로 광범위한 제조업의 지표인 화학 제품의 생산은 지난 10년 동안 3.4%에서 2.3%로 감소했다. 외국인 포트폴리오 투자는 2년 이상 감소한 끝에 최근에야 플러스로 바뀌었고, 외국인 직접 투자는 2023 회계연도에 16% 감소한 710억 달러를 기록했다.

기업이 대출을 줄이고 은행의 재무 건전성이 대폭 개선되어 서구의 은행보다 더 큰 이익을 내고 있지만 투자는 늘지 않았다. 기업과

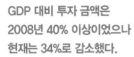

개인 모두 대출을 받을 여력이 있다. 바
클레이스 은행은 인도가 상승과 하락의
'기로'에 서 있다고 주장한다.

그럴지도 모른다. 2023년 초에 새로운 프로젝트에 지출된 자금
이 급증하자 그 예측이 맞는 것처럼 보였지만, 그 수치는 인도의 두
대형 항공사의 대규모 일회성 항공기 주문으로 인해 왜곡된 것으로
판명되었다. 그 이후에 나온 새로운 발표에 따르면 20년 만에 투자
가 최저치로 떨어졌다. 이를 두고 인도 경제 모니터링 센터(Center for
Monitoring Indian Economy)의 메하시 비야스(Mahesh Vyas) 센터장은
'애니멀 스피릿(animal spirit)'이 부족해서 그렇다고 결론 지었다.

투자를 주저하는 원인에 대해서는 여러 다양한 의견이 있다. 나렌
드라 모디 총리와 그의 행정부는 투자를 적극적으로 추진해왔다. 14
개 부문은 생산과 연계해 직접 정부로부터 인센티브를 받기도 한다.
전반적으로 세금이 삭감되었으며 향후 제조업의 중요한 기반을 제공
하기 위한 새로운 교량과 도로가 건설 중이다. 정부는 이러한 노력이
아직 진행 중이기 때문에 아직 초기 단계라고 말한다.

이에 반대로 여건이 개선되었지만 인도의 비즈니스 환경이 여전
히 어렵다는 주장도 있다. 홍보된 감세 정책에는 단계가 너무 많고
무시무시한 세무 공무원의 손에 너무 많은 재량권이 주어졌다. 관세
는 언제 또 바뀔지 모른다. 그리고 몇몇 지역 거물들이 시스템 조작
에 가입했다는 소문이 돌면서 운동장은 기울어진 것처럼 보인다.

2023년 3월 말까지 완료될 예정이었던 1,200억 달러 규모의 프로
젝트 중 720억 달러만 집행되었다. 3분기에 완성된 가장 큰 프로젝
트는 2003년에 건설을 시작한 제철소였다. 이 모든 것은 인도의 돌

파구가 언젠가는 올 수 있음을 시사한다. 그러나 기업들은 여전히 인도에 대한 투자를 신중하게 생각하고 있다.

엎치락뒤치락하는 전기차 업계

운신의 폭을 넓히는 자율주행차

사이먼 라이트(Simon Wright) 〈이코노미스트〉 산업 부문 편집자

자율주행 자동차의 광범위한 도입을 위해 고성능 센서가 필요한 것은 아니다. 제너럴 모터스(GM)는 과거에 2019년까지 다수의 자율주행 차량을 출시하겠다고 발표한 적이 있다. 포드 자동차와 승차 공유 회사인 리프트(Lyft)는 2021년까지는 그렇게 하겠다고 발표했다. 지난 10년 동안 일론 머스크는 완전한 자율주행 테슬라 차량이 1년 후에 출시될 것이라고 대대적으로 선언했다. 하지만 지루하고 긴 운전 중 핸들을 놓고 낮잠을 자는 것은 여전히 요원한 꿈이다. 그럼에도 2024년에 자율주행차는 더욱 광범위하게 도입될 것이다.

2024년에는 로보택시가 테스트 구역을 벗어나 주행을 할 것이며 강력한 자율주행 기능이 더 많은 운전자에게 제공될 것이다. 자율주행차 제조사는 세 그룹으로 나뉜다. 완전한 자율주행 로보택시를 개발하는 회사, 다양한 형태의 운전자 보조 시스템에 초점을 맞춘 자동차 제조 업체, 그리고 자체 계획이 있는 테슬라다.

우선 로보택시가 보다 일반화될 것이다. 알파벳 소유의 웨이모

(Waymo)와 GM의 자회사 크루즈(Cruise)는 오랫동안 차량을 테스트해왔다. 이제 샌프란시스코에서는 안전운전 요원 없이 24시간 내내 자율주행 택시가 돌아다닌다. 2024년에는 이미 로스앤젤레스, 오스틴 및 피닉스에서 운행 중인 로보택시와 아마존의 죽스(Zoox) 무인 택시가 시애틀, 애틀랜타 및 마이애미를 포함한 여러 미국 도시에서 나타날 것이다.

베이징 및 기타 도시에서 소규모 운영을 하는 자율주행 택시 회사를 보유한 중국의 빅테크 기업인 바이두(Baidu)와 포니에이아이(Pony.ai)도 유사한 확장 계획을 가지고 있다. 바이두의 경우 2025년까지 65개 도시로 서비스를 확장할 예정이다.

로보택시 사업을 구축하려면 여러 해에 걸친 투자가 필요하며 전망은 여전히 불투명하다. 많은 자동차 제조 업체들은 일반 자동차에 자율주행 기술을 추가하는 것이 수익을 내는 더 빠른 방법이라고 생각한다. 조향, 브레이크 및 차선 변경이 가능한 '레벨 2' 시스템을 보유한 회사는 많다. 그중 메르세데스 벤츠가 지속적인 감독이 필요 없는 '레벨 3' 시스템인 드라이브 파일럿(Drive Pilot)으로 선두를 달리고 있다. 독일에서 출시된 이 시스템은 2024년에 일부 고급 모델에 한해 연간 2,500달러의 구독 옵션으로 미국 몇몇 주에서 출시될 예정이다. 중요한 사실은 드라이브 파일럿을 작동시키는 동안에는 벤츠가 모든 법적 책임을 진다는 것이다.

다른 자동차 제조 업체도 뒤처지지 않고 있다. 포드, 스텔란티스(Stellantis) 및 여러 다른 회사들도 2024년에 유사한 시스템을 출시할 것으로 예상된다.

마지막은 테슬라다. 많은 홍보에도 불구하고 테슬라의 자율주행 시스템은 '레벨 2'로 지속적인 감독이 필요하며 핸들에서 손을 떼서는 안 된다. 일론 머스크는 2024년에 출시 예정인 다음 버전이 훨씬 더 높은 수준의 자율성을 제공할 것이라고 주장한다. 아마도 그럴 가능성이 높을 것이다. 어떤 식으로든 운전자 없는 자동차 여행이 점점 더 가까워지고 있다.

의식적인 디커플링

미국과 중국을 묶는 첨단 기술 공급망이 해체될 수 있을까?

마이크 버드(Mike Bird) 〈이코노미스트〉 아시아 비즈니스 및 금융 부문 편집자

기네스 팰트로(Gwyneth Paltrow)는 2014년 크리스 마틴(Chris Martin)과 이혼하면서 '의식적 결별(conscious uncoupling)'이라는 개념을 처음 세상에 소개했다. 그러자 많은 비웃음이 뒤따랐다. 그러나 2024년에 이 말은 관계가 점점 더 냉담해지면서 무리 없이 상호 의존적인 관계에서 벗어나고자 하는 배우나 록스타에게만 한정

되지 않는다. 미국과 중국이 이제 그러한 상황에 직면하고 있다.

가장 일반적인 용어는 디커플링(decoupling, 탈동조화)이지만, 미국 정부는 디리스킹(derisking, 탈위험)을 더 선호하며 몇 가지 첨단 제조업 분야에만 한정시켜 적용한다. 그러나 무엇이라 부르든 무리 없는 디커플링이 어렵다는 것만은 확실하다.

어떤 면에서 디커플링은 이미 진행 중이다. 컨설팅 업체인 로디움 그룹(Rhodium Group)은 2019년부터 2022년 사이에 미국에 대한 중국 기업의 신규 투자 규모가 10억 달러 미만으로 떨어졌다고 밝혔다. 이는 노르웨이와 스페인의 투자 금액보다 규모가 적다. 2023년에는 멕시코가 중국을 제치고 과거의 위치를 되찾아 미국의 최대 무역 파트너가 되었다.

미국은 일부 반도체 생산을 국내로 가져오려고 기업의 투자를 지원하고 있다. 또한 보다 우호적인 아시아 국가로 공급망을 옮기려 하지만 현실은 만만치 않다.

예를 들어 태양 전지판 생산을 보자. 미국이 중국의 태양 전지판 제조 업체에 높은 관세를 부과하자 구매자들은 동남아시아 제품으로 전환했다. 그러나 미국으로 수출되는 태양 전지판의 부품은 여전히 중국산인 경우가 많다. 8월 미국 상무부는 5개의 대형 중국 회사가 동남아시아로 생산지를 돌려 관세를 피하고 있다고 밝혔다.

대규모 저마진 위탁 생산 업체의 재편도 디커플링의 어려움을 보여준다. 애플, 델 및 HP와 같은 고객을 보유하고 중국에 공장을 둔 대만의 거대 업체인 폭스콘(Foxconn)은 원래 인도로 사업을 확장할 계획이었다. 그러나 7월 인도 구자라트에 약속했던 200억 달러 규모의 반도체 제조 합작 투자 계획을 철회했다.

폭스콘은 베트남에 대규모 투자를 하고 있지만 중국에서도 계속 성장하고 있다. 2023년에는 허난성에서 추가 생산을 위한 토지를 취득하고 다른 2개 부지에서 생산을 시작했다. 중국에 공장이 있는 또 다른 대만 제조 업체인 위스트론(Wistron)은 15년 만에 인도에서 자체 사업을 종료하고 인도 대기업인 타타(Tata)에 사업을 매각했다. 위스트론은 공장 설비 이전 사유를 발표하지 않았지만

미국은 우방국 위주로 공급망을 구축하고 싶어 한다.

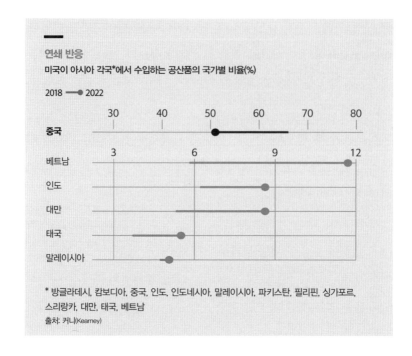

연쇄 반응
미국이 아시아 각국*에서 수입하는 공산품의 국가별 비율(%)

2018 ●── 2022

* 방글라데시, 캄보디아, 중국, 인도, 인도네시아, 말레이시아, 파키스탄, 필리핀, 싱가포르,
스리랑카, 대만, 태국, 베트남
출처: 커니(Kearney)

인도 언론은 인건비가 낮음에도 불구하고 수익을 내는 것에 어려움을 겪은 데 원인이 있다고 보도했다.

여러 서방 기업들은 자신들을 대신해 디커플링 정책을 펴는 이런 위탁 생산 업체에 의존하고 있다. 이러한 기업들이 공급망을 재정비하는 능력에 따라 성공적인 디리스킹이냐, 아니면 지저분한 반쪽 분리가 될 것이냐가 결정될 것이다.

베트남과 같은 동남아시아 국가들은 이익을 얻을 것이다. 이들은 중국과의 무역 및 투자 흐름을 제한할 의사가 없기 때문에 중국과 미국 모두의 관심을 끌고 있다. 이 무역 전쟁에서 당사자는 모두 패배하고 제삼자가 큰 승리를 거둘 수도 있다.

AI 분야에는 이른바 'AI의 여름'과 'AI의 겨울'이 반복된다. AI의 여름이란 모든 뉴스의 헤드라인이 집중되고 이 분야에 대한 자금 지원이 풍부한 시대를 말한다. AI의 겨울은 여름에 남발한 과도한 약속이 지켜지지 않아 실망하는 시기다. 우리는 현재 역사상 가장 뜨거운 AI의 여름에 와 있는지 모른다. 'AI'라는 단어만으로도 스타트업은 15~50% 더 많은 투자금을 확보할 수 있다.

하지만 과거의 다른 여름들과 마찬가지로 현재는 이러한 시스템을 구축해서 이익을 얻는 사람들과 지배적인 패러다임에서 연구를 수행할 수 있는 연구원들에게만 'AI의 여름'이다. AI 업계에 있는 많은 사람들, 예를 들어 이러한 시스템을 구동하는 데 필요한 데이터를 공급하고 데이터에 라벨링을 지정하는 노동자부터 유해 콘텐츠를 필터링하는 콘텐츠 심사자, AI를 이용한 과도한 감시를 받고 있는 국가의 소외된 주민들에게까지 AI는 끝이 보이지 않는 악몽이다.

세계 각국의 여러 국가가 AI 관련 규제를 제정하기 위해 노력하고 있으며 일부 국가에서는 법률을 통과시켰다. 많은 사람이 AI의 매력과 그 지지자들이 약속하는 유토피아를 보고, 또는 인류에게 가져올 파멸에 대한 헤드라인을 보고 무언가 조치를 취해야 한다고 압박감을 느끼고 있다.

다가오는 AI 유토피아 또는 종말에 대한 근거 없는 주장을 반복하는 그룹은 실리콘밸리의 엔지니어와 과학자를 배출했던 명문 대학의 학생들을 세뇌시켰고 다자 간 기구와 정부에까지 영향을 미쳤다. 그

분산형 AI 연구소의 **팀닛 게브루(Timnit Gebru)**는 노동 운동이 핵심적인 역할을 해야 한다고 주장한다.

초대석
유해한 AI 차단

**현재 사이클은
이익을 누리는 자들에게만
'AI의 여름'이다.**

러나 그들이 아직까지 영향을 미치지 못한 그룹은 노동 운동 분야다.

챗GPT나 달리와 같은 시스템을 훈련시키거나 평가하기 위해 반복적인 작업을 하는 사람들은 모든 것을 아는 기계가 곧 출현할 것이라고 생각하지 않는다. 그들은 이러한 시스템을 구동하는 데 자신의 노동이 얼마나 많은 역할을 하는지를 숨기는 것이, 다국적 기업이 기술의 잠재력을 과대평가하고 전 세계 수백만 명의 사람들을 착취하는 데 도움이 된다는 것을 분명히 알고 있다. 이런 노동자들이 작업 환경을 개선하고 유해한 AI 시스템의 개발과 배치를 억제하기 위해 뭉치고 있다. 실례로 2023년 메타, 오픈AI 및 바이트댄스와 같은 기업의 인력 외주 업체에 고용되어 있던 노동자들이 아프리카 최초의 콘텐츠 심사자 노조를 설립했으며 외주 업체 사마(Sama)를 노조 탄압 행위로 고소했다. 아마존의 택배 기사였던 에이드리엔 윌리엄스(Adrienne Williams)가 더 나은 작업 환경을 위한 시위를 했듯이 기업이 착취할 수 있는 노동력이 적을수록 유해한 AI 시스템을 개발하기가 더욱 어렵다. 비용 대비 효율적이지 않기 때문이다.

더 높은 임금을 받는 기술 노동자들도 낮은 임금을 받는 동료들과 합심해 더 나은 근로 조건을 쟁취하고 조직이 유해한 AI 시스템을 개발하는 것을 막기 위해 노력하고 있다. 정부와 협조해 드론 전쟁용 컴퓨터 비전 기술에 관여한 것을 항의하는 구글 직원들부터 구글과 아마존 직원들과 제휴해 시작된 '인종차별을 위한 기술 반대(NoTechForApartheid)' 캠페인에 이르기까지 기술 노동자들은 해로운 기술을 만드는 데 자신의 노동이 사용되는 것을 반대하고 있다.

유해한 AI 시스템의 확산에 대한 노동계의 반발은 기술 노동자에게만 국한되지 않는다. AI 시스템의 사용으로 인해 영향을 받는 많은 산업도 이 싸움에 합류했다. 2023년 할리우드 작가와 배우들의 역사적인 스트라이크의 주요 원인은 AI였다. 컨셉 아티스트들은 로비스트를 고용해서 동의나 보상 없이 자신들의 작품을 훈련용 데이터로 사용해서 'AI 아트'를 만든 회사를 대상으로 집단 소송을 제기했다. 작가들은 자신들의 작품이 생성형 AI 시스템을 훈련하는 데 사용될 수 있다고 규정한 영화사의 조건을 받아들이지 않았다. 결국 AI가 그들의 일자리를 빼앗거나 노동 가치를 떨어뜨릴 수 있다고 생각했기 때문이다.

빅테크 억만장자들은 그 어느 때보다 더 엄청난 부를 축적하겠지만 전 세계적으로는 불평등이 확대되고, 기후 변화로 점점 더 많은 사람이 고통받게 되며, 난민들의 수는 점차 늘어날 것으로 예상된다. 따라서 노동 운동은 2024년에도 중요성이 더욱 커질 것이며 유해한 AI 시스템의 개발을 억제할 수 있는 핵심적인 방법 중 하나로서 더욱 중요한 입지를 다질 것이다.

THE WORLD AHEAD 2024

노동을 저장하는 기업들의 증가

부국의 노동 시장은 경기 침체가 일어나더라도 강세를 유지할 것이다

캘럼 윌리엄스(Callum Williams) 샌프란시스코, 〈이코노미스트〉 경제 담당 선임 기자

2021년 봉쇄가 해제된 후에 부국의 노동 시장은 어느 누가 예상했던 것보다 빠르게 다시 살아나 활기를 되찾았다. 2022년과 2023년에 강세를 지속해 그 과정에서 기록을 경신했다. 2024년의 경제 전망은 불확실하다. 팬데믹 후의 경기 확장이 끝날 것인가? 그렇지만 세계가 경기 침체에 빠진다 해도 노동 시장은 강세를 유지할 것을 예상하라. 일자리를 찾는 일이 그렇게 쉬운 적은 거의 없었을 것이다.

부국 전체에 걸쳐 실업률은 5%가 안 되어 역사적으로 최저 수준이다. 노동 시장의 건전성의 광범위한 척도로 16~64세 연령의 인구 가운데 실제로 일하는 사람의 비율을 고려하라. 이런 '근로 연령 고

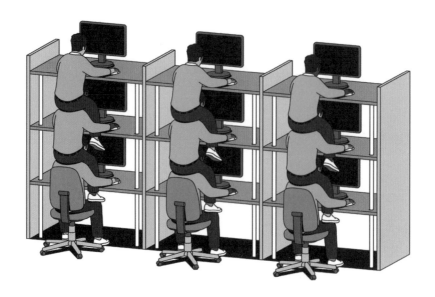

용률(working-age employment rate)'은 OECD 회원국 가운데 대략 절반의 국가에서 사상 최고 수준이다. 이탈리아와 포르투갈과 같이 높은 실업률에 아주 친숙한 국가에서조차 고용률은 기록을 갈아치우고 있다. 노동 시장은 최근의 경제사에서 거의 어떤 때보다 더 큰 정도로 근로자들, 특히 저소득과 미숙련 기능을 가진 근로자의 기대에 부응하고 있다.

이런 강세는 많은 경제학자를 혼란에 빠뜨린다. 회사들이 AI와 로봇을 배치하면서 일자리가 수백만 개가 사라지면 '일자리 혼돈(jobspocalypse)'이 있는 것이 아니었던가? 사실 가장 최근의 연구에 따르면 많은 경우에 반대 현상이 일어나고 있을 수 있다. 기술을 채택하는 회사들은 흔히 해고하는 것이 아니라 더 많은 근로자를 고용하게 된다. 아마도 시장 점유율을 높일 수 있고, 그러므로 주문에 대응하기 위해 더 많은 사람이 필요하기 때문일 것이다. 최근의 한 논문은 1978

년과 2017년 사이의 일본 제조업을 살펴보고 근로자 1,000명당 로봇 1대의 증가는 기업의 고용을 2.2% 높인다는 것을 발견했다.

세 가지의 구조적인 요소가 이 같은 일자리 붐의 배경이 되고 있다. 첫째는 인구 변화와 관련된다. 부국의 인구는 빠르게 고령화되고 있다. 노인들은 평균적으로 젊은 사람들보다 실업자로 등록될 가능성이 감소했다. 부분적으로 그들의 숙련도가 높아졌기 때문이다. 그들은 일하지 않는 것에 대해 수치스럽게 생각할 수 있다. 두 번째 요소는 정책이다. 최근 몇 십 년 사이에 정부는 실업 수당을 축소했으며 어떤 경우에는 최대한 줄였다. 그러므로 일자리를 찾음으로써 얻는 수익이 상대적으로 더 높다. 그리고 셋째로 인디드(Indeed)와 링크드인(LinkedIn)과 같은 플랫폼과 같은 기술 발달이 사람들이 자신에게 적합한 일을 찾는 것을 쉽게 만들었다.

이렇게 준비된 노동 시장은 2021년에서 2023년까지 엄청난 수의 새로운 일자리를 배달할 수 있었다. 소비자들은 정부의 경기 부양을 위한 지급과 축적된 저축으로 지갑이 두둑해진 데다 잃어버린 시간을 보상하려고 해 호텔, 레스토랑, 오락과 같은 노동 집약적인 서비스에 돈을 펑펑 지출했다. 부국 전체에 걸쳐 노동에 대한 총수요는 이용 가능한 근로자의 공급을 빠르게 앞질러서 채워지지 않은 빈 일자리와 노동 부족에 대한 고용자의 아우성이 급격히 증가했다. 부국 전체에 걸쳐 임금 상승은 몇 개월 동안 전년 동기 기준으로 거의 5% 수준에서 맴돌았다.

수요와 공급은 여전히 제대로 맞지 않아서 일자리 시장에 진정으로 충격을 미치려면 아마도 깊은 경제 침체가 있어야 할 것이다. 노동 수요는 최근 몇 개월 사이에 썰물처럼 빠져나갔으나 지금까지 이

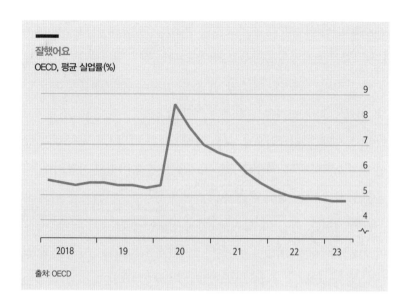

잘했어요
OECD, 평균 실업률(%)

출처: OECD

것은 대체로 고용 감소보다는 빈 일자리의 감소를 초래했다. 호주에서 인디드상의 빈 일자리는 정점으로부터 20% 넘게 떨어졌다. 그러나 근로 연령 고용률은 새로운 기록적인 수준으로 계속 상승하고 있다. 빈 일자리는 역사적으로 정상적인 수준에 도달하기 전에 떨어질 길이 아직도 멀었다. 데이터가 있는 평균적인 부국에서 채워지지 않은 일자리는 팬데믹 이전보다 아직도 약 3분의 1 정도 더 많다.

노동 시장의 강세가 지속할 것으로 예상하는 또 다른 이유가 있다. 봉쇄의 심연에서 많은 회사는 근로자를 해고해 경제가 다시 열렸을 때 그들을 재고용하는 데 어려움을 겪었다. 경영자들은 똑같은 실수를 두 번 반복하기를 원하지 않는다. 그래서 비록 그들이 정말로 그렇게 할 여유가 없다고 하더라도 침체가 상당히 완만할 것으로 가정하고 그들은 근로자들을 저장하려고 하는 경향이 있을 수 있다.

이와 같은 '노동 저장(labour hoarding)' 이론은 데이터와 일치하는 데, 그것은 부국 세계 전체에 걸쳐 실업이 현재의 경제 성장률에서 예상보다 더 낮다는 것을 보여준다. 2023년에 독일과 뉴질랜드 등 일부 부국은 실제로 짧고 얕은 침체에 빠졌다. 노동 시장이 갈라졌다는 신호가 있는가? 거의 없다.

기업들은 만일 그들이 그렇게 할 수 있으면 근로자들을 유지할 또 다른 이유가 있을 것이다. 베이비 붐 세대가 은퇴하면서 이용 가능한 노동 자원이 급속히 줄어들고 있다. 일하기를 원하고 할 능력이 있는 사람은 점점 더 귀해지는 상품이다. 즉 노동 부족은 시간이 흐르면서 일시적 현상에서 영속적인 현상으로 전환할 수 있다는 것을 의미한다. 2024년에 무슨 일이 일어나든 간에 아주 뜨거운 노동 시장의 세계는 지속될 것 같다.

역외는 이제 존재하지 않는다

———

글로벌 최저 법인세가 시행될 것이다

마크 존슨(Mark Johnson) 〈이코노미스트〉 국제 통신원

130개국이 넘는 국가가 2021년에 대규모 회사들에 대해 과세하는 방식을 변경하고자 하는 역사적인 거래에 합의했다. 이 합의에서 국가들은 다국적 회사의 이윤에 과세하는 권리를 배분하는 방식을 변경할 것을 약속했다. 이와 함께 어떠한 대규모 기업도 그들의 이윤을 어디서 회계장부 처리하든지 간에 15%보다 낮은 세율로 세금을 낼

수 없다는 것을 법으로 정했다['글로벌 최저세(global minimum tax)'로 알려진 아이디어]. 그러나 팡파르가 아직도 해결해야 할 핵심 사항이 많다는 것을 덜 중요해 보이게 만들었다. 2024년에 이 같은 대형 거래의 일부 요소가 마침내 영향을 미치기 시작할 것이다.

가장 빠르게 다가올 변화는 글로벌 최저세와 관련된다. 2024년에 그것을 더 가깝게 가져올 법률이 EU, 영국, 일본 등에서 시행될 것이다. 그들 가운데 대다수 국가는 이미 회사들에 대해 15% 이상을 과세한다. 그러나 이제부터 그들은 또한 더 낮은 세율을 부과하는 카리브해의 조세 회피처와 같은 곳으로 이윤을 이전하고자 법적 허점을 이용하는 대형 회사들로부터 '추가세(top-up tax)'를 거두기 시작할 것이다. 몇 년 동안 각국 정부가 투자를 끌어들이려 법인세를 낮춰온 '하향 경주'를 중단하려는 것이다. 비록 처음에는 소수의 대규모 국가들만이 최저세를 실시하려 하겠지만 더 많은 국가가 뒤따를 것이다.

그러나 글로벌 최저세에 대한 계획이 2024년에 진전되어도 대형의 국제적인 조세 거래의 또 다른 중요한 부분이 갈라질 수 있을 것이다. 각국 정부는 몇 년 동안 대형 외국 회사가 그들이 과세할 수 있는 현지 건물을 설치하지 않은 채, 급속히 증가한 디지털 제품과 서비스 판매로 시민들로부터 떼돈을 벌었다고 불평했다. 이런 문제를 처리하기 위해 2021년의 합의는 각국 정부에 세계의 최대 회사들이 그들의 시장에서 물건을 판매하는 것으로부터 벌어들이는 이윤의 부분에 대해 과세하는 확고한 권리를 부여했다. 그 대신 각국은 국경을 넘어서 비즈니스를 하는 것을 더 복합적인 것으로 만드는 빅테크에 대한 그들 국가만의 새로운 세금 부과 계획을 철회하기로 합의했다.

　문제는 이런 규정의 영향을 받는 대다수 회사가 미국 국적이며 미국 의회가 외국인에게 자국의 기업들에 과세하는 권리를 더 많이 부여하기를 원하지 않는다는 것이다(비록 조 바이든 행정부가 글로벌 거래를 주선하는 데 중요한 역할을 했다고 해도). 만일 이것이 2024년 말까지 사실로 남아 있다고 하면 약 30개국이 새로운 관세를 강행할 수 있다. 그것은 성난 미국 정치인들이 그들만의 관세로 보복하는 것을 촉발할 수 있다. 2024년이 끝나가면서 값비싼 충돌을 피하려는 노력은 더 우려스러운 것이 될 것이다.

불확실한 또 다른 한 해

지정학적 긴장이 채무 재조정 과정을 얼어붙게 했다

세리안 리치먼드 존스(Cerian Richmond Jones) 〈이코노미스트〉 국제 경제 통신원

20년 전에 채무 재조정(debt restructuring)은 다자주의의 승리였다. 정부와 은행은 국제통화기금(IMF)의 감시를 받으며 함께 작업해 외채를 상환할 수 없는 나라들의 채무를 감축했다. 그 대신 빈국들은 그들의 채권자들을 번성하게 해준 자유 시장 개혁에 동의했다. 공식적인 '과다 채무 빈국(Heavily Indebted Poor Countries, HIPC)' 계획은 거대한 범위의 채무 상각을 일상적이며 상대적으로 고통스럽지 않게 만들었다. 재조정은 세계화가 잘 진행되고 있는 것과 키를 잡은 부국의 선행을 증명하는 것이었다.

이제 그렇지 않다. 2024년에 그런 체제의 붕괴는 지속될 것이다. 중국이 채무를 상각하는 거래에 동의한 이후 적어도 3년이 지났다. 세계의 분열하는 지정학이 이제 각 채권자 회의에서 축소판으로 전개되고 있다. 베이징은 서구 금융인의 규칙에 따라 행동하는 것을 거부하지만 세계 최대의 채권국으로서 중국은 너무나 커서 무시할 수 없다. 최소한 21개국이 채무 불이행 상태에 있거나 재조정을 하려고 했으나 잠비아만이 중국과 관련된 거래를 종료할 수 있었다.

많은 다른 빈국은 그들의 채권국 간의 관계가 날카로워지면서 교착 상태에 있게 될 것이다. 각국 정부는 민간 채권자가 협상을 시작할 수 있기 전에 거래에 합의해야 한다. 스리랑카의 최대 공식 채권

국인 중국과 인도는 같은 방에 앉기를 거부한다. 한때에는 행정적인 형식 절차였던 각 단계는 이제 몇 개월이 걸린다. 진전이 계속 느려지거나 완전히 중단될 것이다. 레바논, 모잠비크와 베네수엘라는 모두 3년이 넘도록 채무 불이행 상태에 있었다. 어느 나라도 협상을 시작하는 것조차 하지 못했다.

더 많은 나라가 이제 그들 자신의 은행과 국민으로부터 자국 통화로 돈을 빌린다. 스리랑카와 잠비아는 그들의 국제 거래가 진전하는 것을 유지하기 위해 이런 국내 부채를 재조정하는 엄청난 도전에 직면하고 있다. 아마도 이런 요건은 중국, IMF, 월스트리트가 합의할 수 있는 국제 금융에서 유일한 것이다. 가볍게 다루는 것은

IMF를 만족시키지 않을 것이다. 너무나 과중해 은행 제도가 붕괴할 것이다.

그래서 파키스탄과 스리랑카와 같이 재조정 직전에 있는 많은 국가가 흔히 중국이나 중동 산유국이 그들의 중앙은행에 예치한 불안정한 달러를 갖고서 그들이 할 수 있는 한 지급 능력이 있는 척하는 것에 매달리고 있다. 그러나 개발도상국 세계는 1980년대 이후 세계 최악의 채무 위기에 둘러싸여 있다. 지급 불능을 무시하는 것은 비싼 대가를 치르게 된다. 재조정이 이뤄질 때마다 그것을 더 고통스럽게 만든다. 그러나 재조정이 얼어붙어 있어서 2024년에 그것은 많은 국가에 치러야 할 대가일 것이다.

롤러코스터 타기

———

격렬한 상승과 하락으로 당신이 시작했던 원점으로 되돌아가는 때

앨리스 풀우드(Alice Fulwood) 〈이코노미스트〉 월스트리트 통신원

19 32년에 존 뷰컨(John Buchan)이 쓴 소설 《커튼의 틈(The Gap in the Curtain)》에서 어느 과학자는 장래 1년 후 미래에 발행되는 신문의 1면에 등장하는 다섯 명의 주인공을 선택한다. 책의 제목으로 선정된 커튼의 틈은 시간의 커튼의 비유적인 틈을 말한다. 두 명은 그들 자신의 사망 기사를 보고 운명을 막으려는 노력으로 미친 듯이 날뛰면서 그다음 해를 보낸다. 운명의 날이 도래하자 한 명

은 자신이 잘못 선택됐다는 것을 깨닫는다. 그것은 그의 사망 기사가 아니라 동명의 다른 사람의 것이었다.

괴짜 헤지펀드 매니저인 휴 헨드리(Hugh Hendry)는 이 소설을 '여태까지 쓰인 것 중 최고의 투자 교과서'라고 불렀다. 그것이 그에게 자산 가격의 목적지뿐 아니라 여정에 대해 걱정하는 것을 가르쳐줬기 때문이다.

2023년 10월 미국의 주식은 S&P 500의 수준을 기준으로 측정할 때 대략 4,100포인트에서 맴돌고 있다. 만일 그녀가 커튼의 틈으로 들여다볼 수 있었다면 당신의 문의에 답장을 쓰는 사람은 2021년, 2022년과 2023년의 여러 시점에서 2023년 말의 주식이 당시 수준과 대체로 변함없으리라 내다봤을 것이다.

그러나 그것은 그 과정에서 주가의 상승과 하락에 대해 많은 것을 드러내지 않았을 것이다. 2021년에 강세장이 요란한 가운데 투자자들은 조용한 정체기를 가정했을 수 있다. 2022년에 이자율이 상승했을 때 떨어지는 칼처럼 주식이 급락하면서 그들은 통화 긴축이 멈추는 것을 생각했을 수 있다. 그 대신 미국 주식의 3년 도표는 지속적인 상승과 격렬한 하강을 하는 롤러코스터와 같다.

이제 상황은 심지어 과학 소설이 예측할 수 있는 것보다 더 기이하다. 2023년 봄에 여러 개의 중간 규모 은행의 도산을 초래한 이자율의 극단적이고 지속적인 상승에도 불구하고 실업률은 아직 3.8%에 불과하다. 그리고 계속되는 강한 경제 성장에도 불구하고 인플레이션은 훨씬 더 관리할 수 있는 수준이 됐다. 2023년 동안 시장은 비록 그 과정에서 일부 사나운 변동이 없지는 않았지만 강한 성장, 완만한 인플레이션과 상승하는 이자율이라는 이런 특이한 조합을 받아들였다.

그러나 목적지는 이야기의 절반일 따름이다. 여정이 그만큼 중요하다. 훨씬 더 높은 이자율이 아마도 경제 성장을 망쳐놓을 만큼 충분히 미국의 금융 제도에서 더 많은 것을 부숴버리지 않을 것이라고 상상하기는 어렵다. 이미 상업 부동산 부문에서 경종이 울리고 있으며, 이자율이 상승하면서 많은 은행 자산의 가치가 2023년에 더 떨어졌을 것이다. 기업 대출 부문에서 급성장한 이른바 '그림자 은행(shadow bank)'은 경제 성장이 느려지기 시작하면 고전할 수 있다.

게다가 이런 위험의 많은 부분은 이미 분명하다. 어떤 것도 성장이나 투자자 열기를 아직 수그러들게 하지 않았다. 과도하게 낙관적인 이야기는 성장이 견실하고 인플레이션이 부드럽게 내려앉으며 미국 연준이 2024년이나 2025년에 이자율을 높은 수준으로부터 인하하기 시작할 수 있는 '연착륙'의 이야기다. 이 같은 시나리오는 확실히 사상 최고 수준의 급상승에 기름을 부을 것이다(주식은 지금 대략 그 수준에 13% 정도 미치지 않는다).

2021년이나 2022년에 커튼을 통해 2023년 10월까지를 들여다보는 것은 투자자가 팬데믹 이후에 금융 시장의 뜻밖의 예측 불가능성을 이해하는 것을 도와주지 않았을 수 있다. 2024년에 시장은 마침내 새로운 영역을 개척할 수 있을지도 모르겠다.

새로운 벽을 쌓기

보호주의의 맹공은 무역을 변화시킬 것이나 그것을 축소하지는 않을 것이다

세리안 리치먼드 존스

세계 무역에 무슨 일이 진행 중인가? 2023년은 재앙이었어야 한다. 미국과 중국은 수출 금지, 수입 관세와 투자 제한으로 전면적인 무역 전쟁에 들어갔다. 유럽은 1조 달러의 보조금과 세제 유인으로 제조업의 시동을 거는 미국의 실행 계획인 IRA에 대한 대응에 대해 고심했다. 인도는 서둘러 자체적인 수입 금지를 만들어냈다. 우크라이나 전쟁은 곡물 공급과 운송을 엉망으로 만들었다. 도널드 트럼프하에서 미국의 이탈로 취약해진 세계무역기구(WTO)는 공포에 질려 구경만 했다. 무역의 종언에 대한 예측이 빗발쳤다.

그러나 세계는 2023년 첫 9개월 동안 이전 어떤 해의 같은 기간보다 GDP 대비 중국으로부터 더 많이 구매하게 됐다. GDP의 부분으로서 중국은 2022년에 매입했던 것만큼 나머지 세계로부터 매입했다. 인도의 GDP 대비 제조업 비중은 5년 만에 처음으로 상승했다. 중간재를 포함해서 미국은 이전의 5년 동안 매입했던 것만큼 GDP 대비 중국으로부터 매입했다. 2024년에 정책과 실제는 계속해서 간격이 벌어질 것이다. 보호주의가 계속 번창할 것이지만 기업과 국가는 후퇴하지 않고 적응해갈 것이다.

먼저, 더 많은 중개 무역을 예상하라. 미국과 유럽의 반도체 수입의 65%의 원천인 대만에 대한 긴장뿐 아니라 AI의 군사적 사용과 희

아직 항해 중

토류 금속의 공급 전쟁에 대한 우려로 서구와 중국 간의 경제적 해빙이 가능하게 될 것 같지 않다. 그러나 중국을 공급망에서 제외하는 법률로 인해 서구의 기업들은 초조해하며 열심히 대안을 찾으려고 할 것이다. 중국의 기업들은 서구의 무역 장벽을 회피하는 방법을 찾고 있다. 양측은 모두 양측에 우호적이나 어느 측과도 연합하지 않은 국가들을 선정할 것이다. 중국 또는 중국 기업에 의해 제조된 더 많은 재화가 베트남과 같은 국가를 통해 교역될 것이다. 그 결과 베트남은 이미 번성하고 있다.

녹색 혁명의 하드웨어를 건설하는 경주로 인해 적응할 필요성이 증가할 것이다. 2023년 인도네시아는 2020년에 녹색 배터리의 중요한 부품인 니켈에 대해 유사한 금지를 한 후 알루미늄을 만드는 데 필요한 보크사이트의 수출을 금지했다. 불안정한 나라로 가기를 원하는 외국 회사는 거의 없을 테지만 2024년에 다른 나라들이 뒤를 따를 것이다.

기업과 국가는 후퇴하지 않고 적응할 것이다.

6월에 워싱턴 DC의 정책 입안자들은 수출국이 미국과 자유 무역 협정을 맺고 있는 한 IRA의 관세 체계로부터 녹색 광물을 제외해줬다. 더 많은 개발도상국이 유사한 협의를 협상하는 것을 시작할 수 있을 것이다. 중국의 경제 둔화로 그런 상품에 대한 수요가 계속 냉각된다면 서구는 세계 가격의 하락으로부터 이익을 얻을 수 있을 것이다(비록 대중국 수출에 크게 의존하는 투르크메니스탄과 잠비아와 같은 가난한 생산국들이 고통받을 수 있다고 해도).

많은 것은 변하지 않을 것이다. 중국은 오랫동안 자국의 반도체 생산자와 자동차 산업을 보호했으나 무역은 지속했다. 서구의 새로운 산업 정책은 성과를 나타내는 데 몇 년이 걸릴 것이다. 유럽이 중국의 자동차, 특히 전기차에 대한 의존을 축소하려는 의욕은 성과를 나타내기까지 시간이 걸릴 것이다. 미국의 러스트 벨트에 있는 새로운 공장들이 반도체와 전기 자동차를 생산할 때까지 시간이 좀 걸릴 것이다. 그것은 2024년의 무역에는 좋은 소식이다. 그러나 그것은 또한 국가 안보 논리가 논쟁의 경제적 장점과 관계없이 몇 년 동안 무역을 지배할 수 있다는 것을 의미하고 있다.

중앙은행 디지털 통화는 죽었는가?

그것들은 문제를 거의 해결하지 못하고 새로운 문제를 만들어내고 있다

아르준 라마니(Arjun Ramani) 〈이코노미스트〉 글로벌 비즈니스 및 경제 통신원

새로운 기술은 과거에 여러 번 화폐의 본질을 바꿨다. 리디아 사람들은 기원전 7세기에 주화를 발명했으며 지폐는 기원후 7세기의 중국에서 출현했다. 신용카드와 직불카드는 지폐와 수표로부터의 전환을 촉진했다. 2010년대에 스마트폰 기반의 지급이 급격히 늘어났다. 현금 사용은 이제 추락하고 있다. 컨설팅 기관인 맥킨지에 따르면 2011년에서 2021년까지 세계 최대 시장 가운데 10개 시장에서 소매 거래의 현금 사용 비중이 4분의 3에서 2분의 1로 하락했다.

세계가 현금 없는 사회로 이행하면서 중앙은행가들은 화폐의 다

음 진화를 생각하고 있다. 일부는 중앙은행 디지털 통화(Central Bank Digital Currency, CBDC)를 주시하고 있다. 대다수 화폐는 이미 디지털이다. 그러면 CBDC의 변별점은 무엇인가? 그것은 상업은행이 아니라 한 나라의 중앙은행 부채다. 그래서 CBDC는 상업은행의 인출 쇄도 위험이 따라오지 않는다. 그러나 모두가 같은 것은 아니다. 중국의 e-CNY는 프로그램화할 수 있는 규칙을 갖고 있다. 브라질의 CBDC는 소매용으로만 사용된다. 그러나 모든 주요한 CBDC는 상업은행에 의해 중개되어 중앙은행에 대한 관리 부담을 완화하고 있다.

2016년에는 CBDC가 거의 중앙은행의 의제에 있지 않았다. 그러나 상황이 두 가지 이유로 바뀌었다. 첫째, 2019년에 페이스북이 리브라(Libra)로 불리는 글로벌 디지털 통화를 발표하고 비트코인과 같은 암호화폐가 증가하면서 은행 기반의 금융 제도가 디지털 대체 수단에 영향력을 빼앗길 수 있다는 중앙은행가들의 우려가 촉발됐다.

둘째, 많은 국가가 수수료를 낮추고 심지어 달러를 회피하기 위해 즉각적으로 결제하는, 국경을 넘는 CBDC 지급 아이디어에 반하게 됐다. 서구가 우크라이나 침공에 대해 러시아에 제재를 가한 후 새로

전통적인 디지털 지급 시스템이 이미 CBDC의 이익 가운데 대부분을 제공하고 있다.

운 국경을 넘는 지급 방식을 구축하는 것에 관한 관심이 증가했다. 싱크 탱크인 대서양 위원회에 따르면 이제 세계 GDP의 98%를 넘는 수준을 대표하는 130개국이 CBDC를 탐구하고 있다.

그러나 보다 최근에는 반대의 소리가 있었다. 5월에 미국 미니애폴리스 연준의 총재인 닐 카시카리(Neel Kashkari)는 "CBDC가 어떤 실제적인 문제를 해결할 것인가?"라고 질문했다. 리브라는 규제 당국의 반발로 폐기됐으며, 암호화폐는 광범위한 채택을 얻는 데 실패했다. 국경을 넘는 CBDC 프로젝트는 전통적인 자본 시장의 외부에서 유동성의 원천을 찾는 데 고전하고 있으며 시범 운영 단계에 머무르고 있다.

스웨덴과 덴마크에서 일본에 이르는 중앙은행가들은 자신들의 과제를 수행한 후에 회의적인 견해를 표시했다. 스웨덴의 중앙은행인 릭스방크(Riksbank)는 3월에 900페이지의 보고서를 발행하고 기존의 선진화된 지급 제도를 인용하면서 CBDC에 대한 논거가 약하다고 주장했다. 주요 중앙은행의 한 이코노미스트는 디지털 지급 시스템이 이미 CBDC의 이익 가운데 대부분을 제공하고 있는 것으로 관찰하고 있다.

CBDC는 또한 새로운 문제를 제기한다. 예를 들어 만일 그것이 상업은행 예금보다 더 안전하다면 고객들은 스트레스의 시기에 CBDC로 몰려갈지 모르며 그것은 금융 불안정을 높일 수 있다. 이것이 주요 CBDC가 보유액에 한도를 설정하고 이자를 제공하지 않는 이유이며, 그래서 CBDC가 강등되고 있다. 기술 혁신은 계속될 것이며 일부의 새로운 개선된 유형의 CBDC가 중요해질 수 있다. 그러나 그것은 2024년에 일어날 것 같지 않다. CBDC를 둘러싼 포모(Fear of Missing Out, FOMO)가 계속 약해지는 것을 예상하라.

지붕을 뚫다
—
원자재 트리오가 2024년에 아주 뜨거울 수 있다

매튜 파바스

2023년의 많은 기간 동안 상품 시장은 제자리걸음을 하고 있었다. 코로나19로 인한 공급망 혼란 이외에 러시아의 우크라이나 침공으로 2022년에 원자재 가격이 급등했다. 그러나 경제 전망 악화로 붐비는 시장은 지루해졌다. 2023년 후반에 원유 가격이 상승하면서 일부 열기가 돌아왔다. 그러나 수요에 대한 우려로 지수는 바닥에서 유지됐다.

2024년에 공급 문제는 되살아나는 수요와 함께 3개 시장이 날아오를 수 있게 할 수 있을 것이다. 첫 번째가 원유다. 대다수 분석가는 새로운 공급이 원만한 경제 성장과 결합해 유가는 2023년 9월의 배럴당 90달러가 넘는 수준에서 2024년 동안 80달러 이하로 점진적으로 하락하게 될 것으로 예상한다. 그러나 그것은 세계 최대 생산국인 사우디아라비아가 7월에 채택한 세계 수요의 1%에 해당하는, 일일 100만 배럴 감축을 훨씬 넘는 생산 축소를 발표하는 것을 촉발할 수 있을 것이다. 이란의 생산이 또한 제재 또는 운송 문제로 차질을 빚을 수 있다. 그것은 경제 성장이 돌아올 때 유가 압박의 배경이 될 수 있을 것이다.

일부 금속 시장도 취약해 보인다. 2022년에 모든 사람의 레이더에 잡힌 2개의 녹색 금속인 코발트와 리튬 시장은 잘 공급되고 있는 것 같다. 그 대신 중국의 저성장으로 2023년에 가격이 하락한 구리를 살펴보라. 모든 금속 시장 가운데 가장 뜨거운 것은 초니치(ultra-niche) 시장인 우라늄일 수 있다. 지속적인 저탄소 발전의 원천에 대한 탐색과 우크라이나 전쟁은 쿠데타와 충돌이 우라늄 생산에 지장을 주었던 것처럼 각국이 원자 에너지를 갈망하도록 만들었다. 이미 10년 동안 최고 수준에 있는 금속 가격은 여전히 시장에서 부족하기 때문에 더 상승할 수 있을 것이다.

살펴봐야 할 세 번째 영역은 곡물 시장이다. 러시아의 우크라이나 침공은 오랫동안 시장을 심하게 흔들지 않았다. 2022년 3월에 부셸당 12달러인 밀 가격은 가을에 5달러를 기록했다. 그러나 세계의 다섯 번째로 많은 곡물 수출국인 우크라이나의 수출량은 이제 35% 줄어들었다. 러시아의 대풍작이 부족액을 보충했으나 악천후와 긴장 고조로 그것이 위험해질 수 있을 것이다. 대형 수출업자의 재고가 몇 년 동안 감소하고 있다. 충격에 대한 완충이 빈약하다.

민주주의의 왜곡

2024년에 사용될 선거 조작 수법에 대한 글로벌 가이드

로버트 게스트(Robert Guest) 〈이코노미스트〉 부편집장

16세기 부도덕한 왕자들의 조언자였던 니콜로 마키아벨리 (Niccolò Machiavelli)는 인간은 "힘보다는 사기를 통해 더 큰 부를 축적한다"라고 주장했다. 닉 치즈먼(Nic Cheeseman)과 브라이언 클라스(Brian Klaas)의 책《선거를 조작하는 방법(How to Rig an Election)》에서 현대의 통치자들도 비슷한 조언을 찾을 수 있다. "전 세계 많은 국가에서 권력을 유지하는 기술은 선거 조작의 기술이 되었다"라고 두 학자는 주장한다(분명히 해두자면, 두 사람은 그런 경향에 찬성하지 않는다).

중국과 **에리트레아** 등 소수의 독재 정권만이 선거를 완전히 생략하고 있다. 대부분은 최소한 유권자에게 선택권을 주는 척하면서 야

당이 이길 수 없게 만들고 있다. 이것은 영리한 전략이다. 치즈먼과 클라스가 '위조 민주주의'라고 부르는 것을 실천하는 정권은 순수한 독재 정권보다 더 오래가는 경향이 있다. 선거를 치르는 것이 그런 정권들이 더 합법적으로 보이게 만들어주므로 국제적으로 배척당할 가능성이 좀 더 작다. 그리고 야당을 허용하는 것은 그들에게 악마화할 대상을 만들어준다.

2024년에 있을 여러 선거는 이런 슬픈 진실을 보여줄 것이다. 어떤 경우에는 속임수가 명백할 것이다. **르완다**의 폴 카가메(Paul Kagame) 대통령은 지난 대선에서 99%의 득표율을 얻었기 때문에 8월에 재선될 것이 확실하다. **말리**에서는 2월에 예정된 선거가 '기술적인 이유'로 연기되었다. 지하드의 괴롭힘을 당하고 있는, 이 나라의 광범위한 지역에서 투표가 불가능하며 2021년에 권력을 장악한 군사 정권이 물러날 것으로 예상하는 사람은 거의 없다.

대부분의 선거 조작자들은 더 교묘하다. 그들은 이길 수 있을 만큼만 부정행위를 하고 싶어 하지 국가의 평판이 급락할 정도로까지 그런 일을 하고 싶어 하지는 않는다. 선거 당일에 투표함을 조잡하게 채우는 대신 다양한 방법으로 미리 경기장을 기울이고자 한다.

그런 일은 경찰과 군대에 돈을 많이 줘서 충성심을 확보하고, 판사를 매수하고, 공영방송을 선전용 확성기로 바꾸고, 쓸모없는 세무 조사로 선거 감시 단체들을 파산으로 몰아넣는 등 선거와 직접 관련이 없는 조치들에서부터 시작된다. **엘살바도르**와 **러시아**에서처럼 일부 지도자들은 임기 제한을 피하기 위해 난해한 법적 주장을 전개한다.

이 모든 것이 2단계를 위한 배경이 된다. 바로 선거 자체를 무력화하는 것이다. 통치자는 선거구 경계를 조작함으로써 야당의 득표수를 줄일 수 있다. 선거인 명부를 갱신하지 않음으로써 죽은 사람을 계속 명부에 등록된 채로 남게 할 수도 있다(그리고 죽은 사람은 일반적으로 여당에 투표한다). 야당 집회 허가는 처리하는 데 수개월이 걸리지만, 여당 집회는 차질 없이 진행된다. 일부 정권은 현직 후보에 반대하는 표를 분열시키기 위해 가짜 야당 후보를 조용히 후원하기도 한다. 2024년 러시아에서도 이런 일이 많이 일어날 것으로 예상된다.

제대로 된 야당들은 수많은 관료적 압박으로 곤궁에 처한다. 2023년 **짐바브웨**에서는 엄격하지만 선별적으로 시행된 선거 비용 제한과 갑작스러운 후보 등록비 20배 인상으로 인해 야당은 선거 운동을 위한 현금이 거의 없었다. 하지만 대통령은 헬리콥터를 타고 다니며 유유히 유세를 펼쳤다. 선거 당일에는 야당 텃밭에서 투표 용지가 부족해 유권자들이 새벽까지 줄을 서야 했다. 여당 텃밭 지역에서는 이러한 지연이 발생하지 않았고, 맹렬한 '자원봉사자들'(실제로는 보안 기관에서 일하는 사람들)이 투표소 밖에 앉아 신분증을 확인하고 모든 사람이 대통령에게 투표했는지 확인하기 위해 '출구 조사'를 실시했다. 이 모

소수의 독재 정권만이 선거를 완전히 생략하고 있다.

든 수법은 2024년에 다른 사람들에 의해 모방될 것이다.

인기 있는 야당 후보들은 출마가 금지되는 경우가 많은데, 서류조차 제대로 작성하지 못하는 후보들이 얼마나 많은지 놀라울 정도다. 물론 정치적 이유가 아닌 사기 등 일반 범죄로 인해 수감된 사람들도 있다. 알렉세이 나발니(Alexey Navalny)는 러시아에서 30년형을 선고받고 복역 중인데, 그의 혐의 중 하나가 사기다. **인도**의 주요 야당 지도자인 라훌 간디(Rahul Gandhi)는 2023년 명예훼손 혐의로 징역형을 선고받고 공직을 수행할 수 없게 되었다. 2024년 세계 최대 규모의 선거에 맞춰 판결을 유예받았지만, 그는 선거 운동에 사용할 수 있었던 몇 달의 시간을 낭비했다.

방글라데시가 2024년에 공정한 선거를 치른다면 칼레다 지아(Khaleda Zia)가 이끄는 야당이 승리할 가능성이 크다. 하지만 지아는 부패 혐의로 유죄 판결을 받은 후 가택 연금 중이며 여당이 승리할 것으로 예상된다. 지난번 **벨라루스** 대선에서는 자격을 박탈당하고 수감된 야당 지도자의 부인이 큰 차이로 승리했지만, 독재자인 현직 대통령 알렉산드르 루카셴코(Alexander Lukashenko)는 그렇지 않았다고 말했고, 총과 블라디미르 푸틴 모두 그의 편을 들었다. 2024년 2월에 있을 다음 선거는 "미국의 선거와는 달리 공정할 것"이라고 루카셴코는 말한다.

많은 사람이 기술, 특히 AI가 선거 조작을 더 쉬운 일로 만들 것이라고 우려한다. 2024년에는 야당 지도자가 입에 담을 수 없는 일을 하는 가짜 동영상의 양과 그럴싸함이 증가할 것이 분명하며, 특히 **인도**와 **파키스탄**처럼 문맹률이 낮고 언론의 자유가 감소하는 국가에서는 일부 유권자가 흔들릴 수 있다. 하지만 집권당은 이미 허위 정보를 퍼뜨릴 수 있는 충분한 도구를 가지고 있기 때문에 그 효과는 크지 않을 수 있다.

제도가 더 중요하다. 2020년에 **미국**에서 보았듯, 민주주의적 습관이 뿌리 깊고 견제와 균형이 강력한 나라에서는 박빙의 승부에서도 대통령이 결과를 바꾸기 어렵다. 하지만 제도가 살아남으려면 유권자들이 제도에 관심을 가져야 한다. 2024년에 미국인들이 2020년 선거 결과를 뒤집으려 했던 인물을 재선한다면, 그 결과는 고스란히 유권자들이 감당해야 할 것이다.

구워진 알래스카

2024년에 지구 평균 기온이 중대한 임계치를 초과할 수 있다

캐서린 브라익(Catherine Brahic) 〈이코노미스트〉 환경 부문 편집자

연평균 지구 기온이 산업화 이전 수준보다 1.5°C 이상 상승한 첫해는 언제일까? 지구 평균 기온이 이 임계값을 초과한 날은 개별적으로 있었지만, 지금까지 평균적으로 그렇게까지 더웠던 한 해는 단 한 번도 없었다. 이것이 2024년에는 바뀔 수 있다. 100년에 걸친, 온실가스 배출로 인한 꾸준한 기온 상승이 거의 10년 만에 처음으로 자연적인 주기적 온난화 양상과 겹쳐지기 때문이다.

기상 기관들은 연평균 지구 표면 온도를 결정하기 위해 전 세계 곳

이번 엘니뇨는 강력할 것으로 예상되어 극단적인 현상이 발생할 가능성이 더 커질 것으로 보인다.

곳에서 연중 내내 온도 데이터를 수집한다. 매년 1월에 발표되는 이 수치는 20세기 초부터 상승하고 있지만, 체계적으로 상승한 것은 아니었다. 선이 지그재그로 표시된 것에서 알 수 있다(도표 참조). 이는 온실가스로 인한 지구 온난화가 지구 기후 시스템상의 자연적인 변화와 동시에 일어나고 있으므로 어떤 해는 다른 해보다 더 덥거나 더 추워지기 때문으로 보인다.

가장 큰 혹한과 혹서 주기는 적도 태평양 해역에서 시작되어 열대 지역과 그 너머의 날씨에 영향을 미치는 패턴인 엘니뇨 남방 진동(ENSO)이다. ENSO는 세 가지 상태로 번갈아 나타나는데, 라니냐, 중립, 그리고 엘니뇨다. 두 극단 상태는 일반적으로 평균보다 더 춥고(라니냐) 더운(엘니뇨) 날씨를 나타내며, 두 상태 모두에서 극단적인 기상 현상이 발생할 확률이 높아진다.

2020년 중반부터 2023년 초까지 ENSO는 라니냐 형태였다. 2022년 파키스탄에서 발생한 기록적인 홍수 등 기상 이변을 악화시켰을 뿐만 아니라, 이 이례적으로 긴 라니냐는 일시적으로 지구 평균 기온을 낮춰 산업 배기가스 배출로 인한 온난화를 일부 감추기도 했다. 2024년에는 이러한 유예가 없을 것이다. 2023년 6월 ENSO가 오랫동안 예상해온 엘니뇨 상태로 전환되면서 지구 온난화는 더욱 심화할 것이다. 게다가 이번 엘니뇨는 강력한 엘니뇨가 될 것으로 예상되어 극단적인 현상이 발생할 가능성이 더 커질 것으로 보인다.

그런 상황을 마지막으로 경험한 것은 2015~2016년이었다. 2016년에는 지구 기온이 사상 최고치를 기록했으며, 이는 여전히 연간 최

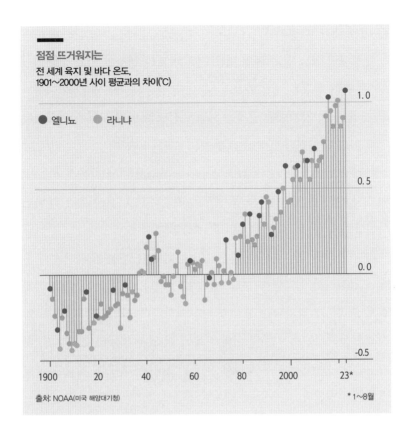

점점 뜨거워지는

전 세계 육지 및 바다 온도,
1901~2000년 사이 평균과의 차이(℃)

● 엘니뇨   ● 라니냐

1.0

0.5

0.0

-0.5

1900   20   40   60   80   2000   23*

출처: NOAA(미국 해양대기청)

* 1~8월

고 기록으로 남아 있다. 두 가지 가능성이 존재한다. 엘니뇨는 북반구의 여름 후반에 시작되어 크리스마스와 새해의 절정에 이르는 연말 현상이다(엘니뇨라는 이름은 따뜻한 태평양 기온이 멸치를 더 깊고 차가운 바다로 몰아가는 현상을 발견한 페루 어부들이 아기 예수의 이름을 따서 붙인 것이다). 전형적으로 엘니뇨가 발생한 다음 해가 기록적인 해다. 하지만 2023년 북반부의 여름은 해양과 대기 모두에 심각한 기후적 열기를 가져왔다. 7월부터 일일 기온이 최고치를 기록했다. 그 결과 1월에 모든 데이터가 집계되어 발표되면 2023년이 역대 가장 더운 해였다는 사실이 밝혀질 수도 있다. 그렇지 않다면 2024년은 거의 확실하게 가장 더운 해가 될 것이다.

그렇다면 어느 한쪽 해의 평균 기온이 파리 협정의 임계치를 넘어설까? 파리 협정은 '산업화 이전'에 비해 상승한 기온에 관해 이야기한다. 물론 이 임계값을 넘기는 시점은 산업화 이전 평균이 얼마였는지에 따라 달라진다(이제 기온은 증기기관 이전의 평균을 추정하는 데 활용된 대용품들에는 가능하지 않았던 정밀도로 측정된다). 따라서 어떤 이들은 2024년이 그 임계치를 넘는 해가 될 것으로 예측하고, 다른 이들은 엘니뇨 사이클이 한 번 더 걸릴 수 있다고 예측한다.

하지만 파리 협정 서명국들은 기술적으로 1.5°C를 초과하는 수준에 도달하기까지 조금 더 시간이 걸릴 것이다. 이 합의는 여러 해에 걸쳐 모호하게 정의되는 장기 평균을 의미한다. 따라서 이 평균이 임계값을 초과하기까지는 몇 번의 기복이 더 있을 것이다. 그렇지만 많지는 않을 것이다. 기후 모델에 따르면 2030년대에는 게임이 끝날 것으로 전망된다.

풀 메탈 잭팟
———
에너지 전환은 놀라운 곳에서 새로운 부를 만들어낼 것이다

매튜 파바스

글로벌 넷제로(탄소 중립) 경제는, 만약 그것이 실현된다면 단순한 탄소 중립이 아닐 것이다. 원자재 소비량도 훨씬 줄어들 것이다. 하지만 한곳에서 다른 곳으로 이동하는 것에는 많은 원자재가 필요하다. 향후 수십 년 동안 이러한 원자재를 공급하는 것은 새로운 부를 창출할 것이다.

좀 더 청정한 에너지 체제로 나아가기 위해서는 지구에는 여전히 더러운 연료가 필요하다. 그리고 석유 소비가 정점에 달하더라도 저비용으로 고품질 원유를 생산할 수 있는 국가들은 시장 점유율과 가격 결정력이 함께 상승하면서 그 입지가 약화되기보다는 오히려 강화될 것이다. 사우디아라비아와 아랍에미리트와 같은 걸프 지역의 거대 국가들이 분명 수혜자가 될 것이다. 반면 2028년까지 전 세계 공급량의 1.1%에 해당하는 하루 120만 배럴을 채굴할 수 있는 유전이 최근 발견되어 전 세계 어느 나라보다 1인당 석유 생산량이 많은 가이아나는 상대적으로 덜 주목받고 있다.

화석 연료 발전소에서 석탄을 대체할 수 있는 청정 연료인 천연가스에 대한 수요는 더 오래갈지도 모른다. 유럽이 러시아산 가스에 대한 의존도를 줄이면서 액화 형태의 연료 생산량을 늘리고 있는 미국, 호주, 카타르가 수익을 챙길 것이다. 하지만 아르헨티나도 마찬가지일지 모른다. 그리고 한편 아프리카 국가들은 2050년까지 세계 가스 시장에서 차지하는 비중이 두 배로 증가할 수 있다.

지구가 새로운 저탄소 인프라를 구축하는 데 필요한 수십억 톤의 금속을 수출함으로써 더 오래가는 부를 얻을 수 있을 것이다. 칠레와 페루는 이미 전 세계 구리의 대부분을 공급하고 있으며, 전선부터 풍력 터빈에 이르기까지 이런저런 친환경 제품들의 출시가 붉은 금속에 대한 수요를 증대시킴에 따라 막대한 매장량을 활용하게 될 것이다. 하지만 노후화된 광산의 광석 내 구리 함량이 감소하면서 비용이

광석이 풍부한
전 세계 매장량 중 비중(%), 2023년 1월

■ 아시아 태평양　■ 유럽　■ 라틴아메리카　■ 북아메리카　□ 아프리카

리튬 — 총 2,600만 톤
미국 / 캐나다 / 중국 / 호주 24% / 기타 / 칠레 36 / 아르헨티나 10

구리 — 8억 9,000만 톤
러시아 / 미국 / 호주 11% / 페루 9 / 멕시코 / 기타 / 칠레 21

니켈 — 1억 200만 톤
기타 / 브라질 16% / 러시아 / 인도네시아 21 / 호주 21 / 미국 / 뉴칼레도니아

출처: USGS(미국 지질조사국)

상승하고 광부들은 더 위험한 지역으로 내몰리고 있다. 캐나다 회사인 배릭 골드(Barrick Gold)는 파키스탄과 이란 사이 불안정한 국경 지대의 구리 관련 초대형 프로젝트에 70억 달러를 투자하고자 한다.

콩고민주공화국은 전기 자동차 배터리에 사용되는 코발트를 세계에서 가장 많이 공급하는 국가로 잘 알려져 있다. 하지만 코발트가 다른 광물을 추출할 때 나오는 부산물이라는 사실은 잘 알려지지 않았다. 최근 몇 년 동안 또 다른 배터리 금속인 니켈의 최대 수출국인 인도네시아가 코발트의 대규모 공급국이 될 수 있었던 것도 이 때문이다. 그런데 세계에서 네 번째로 큰 니켈 생산국은 태평양에 있는, 인구 30만 명의 프랑스 영토인 뉴칼레도니아로 전 세계 매장량의 7%를 보유하고 있다.

배터리 금속의 왕인 리튬의 경우 라틴아메리카, 호주, 중국이 확실한 승리자로 보인다(라틴아메리카에만 알려진 매장량의 60%가 존재한다). 하지만 그들은 예상치 못한 경쟁에 직면할 수도 있다. 2023년 3월 이란은 세계에서 두 번째로 큰 매장지를 발견했다고 발표했다. 호주 회사인 애틀란틱 리튬(Atlantic Lithium)은 가나 최초의 리튬 광산을 개발하고 있다. 그리고 9월에는 미국 네바다주와 오리건주 경계선 근방에서 거대한 매장지가 발견되었다. '친환경' 금속에 대한 수요는 예측하기 어려운 방식으로 전 세계 채굴 지도를 다시 그릴 것이다.

담 안의 더 많은 브릭스 국가들

———

브릭스 그룹은 2024년 역대 최대 규모의 정상 회의를 개최할 예정이다

존 맥더모트(John McDermott) 〈이코노미스트〉 아프리카 선임 통신원

2024년 10월 러시아에서 열리는 브릭스(BRICS) 회의는 그 어느 때보다 더 큰 무대가 필요할 것이다. 브라질, 러시아, 인도, 중국, 남아프리카공화국 등 브릭스라는 이름을 만들어준 5개국 지도자들에 추가로 6개국의 지도자들이 합류할 예정이다. 아르헨티나, 이집트, 에티오피아, 이란, 사우디아라비아, 아랍에미리트의 합류는 세계가 다극화되고 중견국들이 서방 주도의 질서에 도전하는 등 지정학이 어떻게 변화하고 있는지를 반영할 것이다. 그러나 이번 정상 회의는 이질적인 '글로벌 사우스(Global South)'가 달성할 수 있는 것의 한계도 보여줄 것이다.

2010년대에 브릭스는 서방에서 조롱의 대상이 되었다. 중국과 인도의 경제는 빠르게 성장했지만, 다른 국가들의 경제가 정체되면서 브릭스는 실적이 저조한 신흥 시장의 대명사가 되었다. G20(Group of

브릭스는 목적의식이 부족했다. 하지만 더는 그렇지 않다.

20)과 같은 다른 포럼들은 까다로운 전 세계적 이슈를 논의하기에 더 좋은 장소였다. 브릭스는 목적의식이 부족했다.

더는 그렇지 않다. 서방과 중국 간의 긴장이 고조되고 러시아의 우크라이나 침공으로 인해 신흥 강대국들은 브릭스를 보다 독립적인 외교 정책의 수단으로 보고 있다. 브릭스는 확장의 원동력으로 기능하고 있는 중국에는 G7(Group of Seven)에 대한 잠재적인 균형추 역할을 한다.

그 모임은 브리지에소스(BRISIESAUCE)●가 되는 것을 포기하고 브릭스라는 이름을 유지할 것이다. 그것은 언뜻 보기에는 세계 인구의 46%, GDP의 29%를 차지하는 막강한 조직처럼 보인다. 거기에는 세계 3대 산유국 중 두 나라와 걸프만, 라틴아메리카, 아프리카에서 가장 강력한 국가가 포함될 것이다. 더 커진 브릭스는 서구 중심의 질서를 비판하는 목소리를 더 크게 낼 것이다.

하지만 그 모임은 통화 연합이나 자유 무역 지역을 수용하기에는 경제적으로 너무 다양하다. 또한 회원국들은 서로 다른 정치 체제와 상반된 전략적 목표를 가지고 있다. 따라서 9월 뉴욕에서 열리는 유엔 안전보장이사회 연례 회의에서 논의될 유엔 안전보장이사회 개혁과 같은 사안에 대해 통일된 입장을 취하기는 어려울 것이다. 결국 브릭스는 맨체스터 유나이티드나 파리 생제르맹의 지정학적 버전과 같다. 각 부분의 합보다는 작은 11명의 선수라 할 것이다.

● 각국의 영문 첫 글자를 따서 만든 조어.

아주 깊고 더러운

심해 광부들이 일을 시작할 예정이다

할 호드슨

심해 채굴은 전망이 매우 매력적이다. 심해 채굴은 수확 기계인 콤바인 크기의 로봇 진공청소기를 태평양 심해의 심연 아래로 수천 미터 내려보내는 일이다. 로봇들은 해저를 따라 움직이며 망간, 구리, 코발트, 니켈과 같은 세계 경제에 활기를 불어넣는 데 필수적인 작은 금속 덩어리들을 빨아들인다. 그런 덩어리들은 지구상에서 가장 고요한 곳 중 하나인 해저에서 수백만 년 동안 금속 입자가 축적된 덕분에 해저에 부착되지 않은 채로 존재한다. 태평양 해저의 클라리온 클리퍼톤 해구(CCZ)에 있는 덩어리들에는 그런 금속들의 모든 육지 매장량과 거의 맞먹는 양의 금속이 함유되어 있다.

그런 금속들을 채굴하려면 1994년에 설립된 유엔 기구인 국제해저기구(ISA)를 거쳐야 한다. 하지만 이 기구는 지난 30년 동안 채굴 규칙을 검토만 해왔다. 2024년에 두 가지 중 하나가 일어날 가능성이 크다. ISA가 7월에 열리는 회의에서 규칙을 발표하는 것이 가능성이 큰 한 가지이고, 기업들이 규칙 없이 작업을 진행하기로 하는 것이 또 다른 한 가지다.

특히 메탈스 컴퍼니(The Metals Company, TMC)라는 이름의 회사는 채굴을 시작할 준비가 되었다고 말한다. 시험에서 이미 수천 톤의 덩어리들을 채취하기도 했다. 이 회사는 ISA가 규칙을 확정하는 데 주

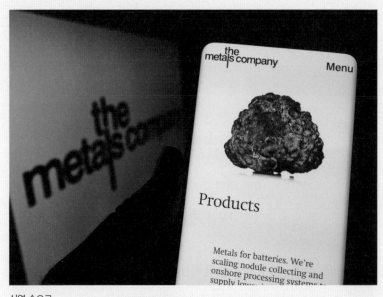
심연 속으로

어진 2년의 기한을 지키지 못하자 2023년 7월부터 CCZ 해구 채굴을 신청할 수 있는 권리를 보유하게 되었다. 2024년에 이러한 규칙이 마련되지 않으면 TMC는 어쩔 수 없이 행동에 나설 것이다. 덩어리들의 공급과 그에 따른 수익이 없으면 TMC는 자금이 동날 것이다.

TMC는 새로운 규칙이 적용되든 안 되든 7월 회의가 끝난 후 채굴 신청서를 제출할 것이라고 밝혔다. 어떤 결과가 나오든 갈등이 생길 것이다. 환경 단체들은 친환경 금속에 대한 접근이 심해 생태계에 대한 피해를 정당화할 수 없다고 주장하며 심해 채굴을 전면 금지하기를 원한다. 하지만 육지에서 금속을 채굴하는 것도, 예를 들어 인도네시아 열대우림에서처럼 피해를 초래한다. 채굴이 해양에 미치는 영향을 고려할 때, ISA는 육지에서 금속을 조달하는 일의 해로움도 고려해야 할 것이다.

새로운 핵 시대?

———

3대 강대국 중 한 나라가 핵실험을 하면
새로운 군비 경쟁이 시작될 수 있다

안톤 라과디아(Anton Laguardia) 〈이코노미스트〉 외교 부문 편집자

러시아 북극 지역에 있는 노바야젬랴(Novaya Zemlya)나 중국 신장 지역의 롭 누르(Lop Nur)에서 지진이 아닌 지하 핵폭발로 인해 전 세계의 지진 감지기가 곧 떨릴지도 모른다. 그리고 얼마 지나지 않아 미국 네바다주의 국가 안보 구역(Nevada National Security Site)에서 폭발이 일어날지도 모른다.

포괄적 핵실험 금지 조약(CTBT)이 협상된 1996년 이후 3대 강대국 중 어느 나라도 핵 장치를 폭발시킨 적이 없다. 하지만 위성 사진에 따르면 이들 나라들의 실험장에서 활발한 활동이 포착되고 있다. 어느 곳에서든 핵 장치가 폭발하면 냉전 시대보다 더 위험한 군비 경쟁이 시작될 수 있다.

2002년 미국이 탄도탄 요격 미사일 조약(AMT, 미사일 방어를 제한하는 조약)에서 탈퇴한 이후 핵 군비 통제가 약화하고 있다. 하지만 러시아의 우크라이나 침공과 핵무기 사용 위협으로 핵 위험은 더욱 심각해졌다. 미국과 러시아는 양측의 장거리 '전략' 핵무기를 제한하는 '신 전략 무기 감축 협정(New start Treaty)'에 따른 정보 교환을 중단했다. 러시아는 벨라루스에 전술 핵무기를 배치하고 있고 2023년 말에는 CTBT 비준을 되돌릴 준비가 된 상태다. 미국 국방부에 따르면 중국의 핵무기 비축량은 현재 500탄두에서 2030년까지 1,000탄두 이상

으로 늘어날 것으로 예상된다.

　미국과 러시아는 여전히 '신 전략 무기 감축 협정'의 한계를 준수하고 있다(예: 각자의 총 비축량 5,000탄두 중 최대 1,550탄두를 전략 탄두로 배치함). 하지만 수십 년 동안 이어진 양측 간의 핵 안정화 이후, 새로운 3자 간 경쟁("미국이 준비되어 있지 않은 실존적 도전"이라고 한 초당파적 전문가 위원회는 말한다)은 바이든 대통령에게 미국의 비축량을 늘리라는 압력을 가할 것이다. 현재 그의 행정부는 기존 군대를 현대화하고 있다. 공화당 후임자는 더 빠르지는 않더라도 '신 전략 무기 감축 협정'이 만료되는 2026년 2월 이후면 핵 실험을 실시하고 무기고를 확장할 수 있다.

핵실험의 가능성은 얼마나 될까? 컴퓨
터 시뮬레이션은 이전 실험의 데이터를 사용해 많은 일을 할 수 있
다. 하지만 확실성을 제공하지는 않는다. 미국은 1,030건, 러시아는
715건의 실험을 수행한 데 비해 중국은 45건에 불과해 새로운 데이
터에 대한 욕구가 가장 높다.

러시아는 아마도 무기를 실험하고자 하는 가장 큰 정치적 동기가
있는 나라일 것이다. 러시아는 CTBT를 철회하는 이유가 미국을 따
라 하기 위해서라고 말한다. 그렇다면 러시아는 미국이 실험을 자제
한다면 실험에 참여하지 않을 것이다. 하지만 푸틴 대통령도 새 무기
에 대한 탄두는 시험이 필요할 수 있다고 말한다. 결정적인 요인은
우크라이나 전쟁일 수 있다. 러시아군이 전장에서 더 나쁜 성과를 올
릴수록 푸틴 대통령이 핵무기를 사용할 가능성은 커진다. 지하 실험
은 덜 위험한 형태의 확전이 될 것이다.

새로운 군비 경쟁은 멈추기 어려울 것이다. 핵 협정들은 일반적으
로 동등성을 기반으로 한다. 러시아와 중국은 각각 미국과의 동등성
을 주장할 것이다. 하지만 미국은 두 나라가 합쳐진 것을 막아내기
위해 둘 중 하나보다 더 많은 것을 원할 수 있다.

탄두를 세는 것만 해도 충분히 어려운 일이다. 하지만 탄두 수에
대한 제한이 사라지면 극초음속 미사일, 대위성 무기, AI와 같은 다
른 기술을 통제하기가 더 어려워질 것이다. 군비 경쟁이 과열될 수
있다.

AI 규제와 관련한 과제

———

AI를 감독할 전 세계적 기관을 설립하는 것은 그 기술 자체만큼이나 복잡하다

루트비히 지겔레

국제기구들은 종종 작은 것에서부터 시작한다. 1944년에 설립된 국제민간항공기구(ICAO)는 항공 교통 규칙을 정하기까지 수십 년간 논의를 거쳤다. 유럽 입자물리 연구소(CERN)는 1952년 코펜하겐대학교의 사용하지 않는 사무실에서 시작되었다. 그리고 세계적인 핵 감시 단체인 IAEA는 1979년까지 빈의 한 호텔에 본부를 두고 있었다.

강력한 기술을 관리하는 각기 다른 방식을 구현하는 이 세 기관은 이제 새로운 전 세계적 단체에서 선호하는 템플릿(template)으로 기능한다. ICAO는 주로 표준을 제정하는 기관이고, CERN은 연구 기관이며, IAEA는 핵 관련 경찰이다. 2024년에 세계 각국 정부는 또 다른 기술인 AI를 규제할 전 세계적 기구가 어떤 모습을 띨지 결정할 것으로 예상된다.

AI에 대한 논의는 종종 세 가지 유형의 위험을 흐릿하게 만든다. AI 기반 소프트웨어는(예를 들어 의료 관련 이미지를 해석하는 AI 기반 소프트웨어는) 완벽하게 정확하지 않을 수 있다. 챗GPT와 같은 '생성형 AI' 서비스를 구동하는 거대 언어 모델(LLM)은 편견이나 편향성을 나타낼 수 있다. 또한 어떤 이들은 가장 강력한 '프런티어 모델'이 사이버 무기나 병원균을 만드는 데 사용될 수 있으며, 인류의 생존을 위협할 수 있는 초인적인 '범용 AI'로 이어질 수 있다고 우려한다.

한 국가의 국내법은 간단한 AI 애플리케이션과 LLM을 다룰 수 있지만, 프런티어 모델에는 전 세계적인 규칙이, 그리고 그것을 감독할 국제기구가 필요할 수 있다. 예를 들어 마이크로소프트는 ICAO와 유사한 기관을, 오픈에이아이는 '초지능을 위한 IAEA'를 주장하고 있으며, 많은 AI 연구자들은 CERN과 유사한 기관에 더 깊은 관심을 보인다. 한 가지 절충안은 전 세계적 지구 온난화 관련 연구 동향을 파악하고 그 영향을 측정하는 방법을 개발하는 '기후 변화에 관한 정부 간 협의체(Intergovernmental Panel on Climate Change)'와 유사한 기구를 만드는 것이다. EU 집행위원회 위원장인 우르줄라 폰 데어 라이엔(Ursula von der Leyen)은 여러 테크 기업 임원들과 마찬가지로 이 아이디어를 지지했다.

하지만 그것으로 마무리가 될 것 같지는 않다. 일각에서 부르는 이름인 'AI 안전에 관한 정부 간 협의체'가 다른 국제기구의 창설로 이어질 수 있다. 최근 연구 논문의 저자들은 다른 주요 기술로 인해 생겨난 국제기구들에 관한 연구를 바탕으로 여러 기구가 이루는 구성을 떠올린다. 여기에는 위험 연구를 위한 'AI 안전 프로젝트'부터 중요한 질문에 대한 합의를 도출하기 위한 '프런티어 AI 위원회'에 이르기까지 다양하다. 저자들 중 한 명인 스탠퍼드대학교의 마거릿 레비(Margaret Levi)는 다음과 같이 말한다. "한 기관이 모든 것을 할 수는 없습니다." 앞으로 더 많은 약어의 의미를 익혀야 할 것으로 예상된다.

2023년 우리의 예측은 어떠했나

얼마간은 맞췄고, 얼마간은 틀렸다

톰 스탠다지

오래된 농담이 있다. 경제학자들은 지난 5번의 경기 침체 중 9번을 성공적으로 예측했다는 게 그것이다. 《2023년 세계대전망》에서 가장 잘못 예측한 것은 서방 경제에 대해 지나치게 우울한 전망을 내놓았다는 점이다. 우리는 2023년 동안 미국에서는 짧은 경기 침체가,

EU에서는 깊은 경기 침체가, 영국에서는 긴 경기 침체가 있을 것으로 예측했다. 하지만 유럽의 온화한 겨울(이것은 높은 에너지 가격으로 인한 경제적 타격을 완화했다)과 미국의 노동 시장의 강세는 우리가 틀렸다는 것을 의미했다. 물론 2024년에도 경기 침체가 발생할 수 있

다. 하지만 경기 침체에 대한 예측은 결국에는 현실이 되게 되어 있다는 게 그 농담의 요지다. 고로 타이밍이 중요하다.

2022년 12월 중국이 갑작스럽게 '제로 코비드' 정책을 폐지한 것도 우리를 당황하게 했다. 2023년에 일부 완화될 것으로 예상했지만, 정책을 완전히 뒤집지는 않을 것이라고 우리는 예상했었다(와일드카드로서 'WHAT IF?' 란을 활용해 그럴 수도 있음을 제시하긴 했지만). 10월 하마스의 이스라엘에 대한 기습 공격도 예측하지 못했다.

다른 부분에서는 나은 모습을 보였다. 우크라이나 전쟁은 실제로 교착 상태에 빠졌고, 러시아는 서방의 지원이 무너지기를 희망하며 전쟁을 질질 끌고자 했다. 이 전쟁은 재생 에너지 채택을 가속화해 청정에너지 전환을 5~10년 정도 앞당겼다. '피크 차이나(Peak China)'에 대한 말이 많았고, 미국 정치는 바이든과 트럼프의 재대결로 굳어졌으며, 브릭스가 새로운 회원국을 받아들였고, 'ESG'에 대한 논쟁이 격화되고, 임비(YIMBY)가 자리를 잡는 등 우리가 예상한 대로였다. (약어들!)

선거와 관련해 우리는 터키에서는 레제프 타이이프 에르도안 (Recep Tayyip Erdogan)이 승리할 것이고, 나이지리아에서는 피터 오비 (Peter Obi)가 패배할 것이라고 예상했다. 물론 다른 결과가 나오길 바라긴 했지만, 안타깝게도 우리 예상은 모두 맞았다. 우리는 수단 대통령과 부통령 사이의 긴장이 "문제를 일으킬 수 있다"고 지적했고, 실제로 4월에 내전이 발발했다. 아르헨티나의 경우 우리는 하비에르 밀레이(Javier Milei)를 주목하라고 했었는데, 실제로 그는 11월에 있을 결선 투표에 올랐다.

기술 분야에서는 예상대로 애플이 헤드셋인 비전 프로를 출시했지만 '메타버스'라는 단어를 사용하지 않고 대신 '공간 컴퓨팅'이라는 용어를 사용했다. 하지만 AI에서의 '아이폰 모먼트(2022년 11월 말에 챗GPT가 출시되어 갑자기 문화적 주류로 부상하게 된 일)'를 예상하지 못했다.

그렇다면 우리는 챗봇에게 2024년에 대한 예측을 물어본 적이 있을까? 없다. 왜냐하면 지금으로서는 인간의 전문성이 기계 학습보다 우위에 있다고 생각하기 때문이다. 하지만 미래에는 어떤 일이 일어날지 누가 알겠는가?

AI 연구의 다음 단계

2024년 AI는 어디까지 발전할 것인가

애비 버틱스(Abby Bertics) 〈이코노미스트〉 과학 통신원

20 22년 11월 가장 유명하고 대표적인 챗봇인 챗GPT가 출시되자, 구글 검색 엔진에서 '인공지능'이라는 키워드의 검색 건수가 거의 4배나 늘었다. 2023년 8월 매킨지 글로벌의 가장 최근 조사에 따르면 응답자의 3분의 1은 자신이 속한 조직이 적어도 한 가지 모델 이상의 생성형 AI를 사용하고 있다고 답했다.

2024년에는 기술이 어떻게 발전할까? AI 연구자들은 크기, 데이터, 응용 등 크게 세 가지 측면에서 모델을 개선할 수 있겠다.

크기부터 살펴보자. 지난 몇 년간 AI 연구계에서는 클수록 좋다는 게 정설이었다. 컴퓨터는 성능이 강력해질수록 크기가 작아졌지만, 수십 억 내지 수조 개의 '매개 변수'를 기준으로 하는 LLM의 크기는

그렇지 않았다. 연구 및 컨설팅 회사인 세미애널리틱스(SemiAnalytics)에 따르면 챗GPT의 디럭스 버전을 지원하는 LLM인 GPT4는 1만 6,000개 이상의 전용 GPU칩이 필요했고, 훈련에 몇 주가 걸렸으며, 비용이 1억 달러 이상 들었다. 칩 제조 업체 엔비디아에 따르면, 이제 훈련된 모델이 사용자의 질문에 응답하도록 하는 추론 프로세스 비용이 어떤 크기의 모델이든 LLM을 활용하기 위한 훈련 비용보다 더 많이 든다.

AI 모델이 상품화됨에 따라 성능은 유지하되 더 작고 빠르게 만드는 데 점점 더 중점을 두는 추세다. 그 한 가지 방법은 더 많은 데이터를 사용해 더 작은 모델을 훈련하는 것이다. 예컨대 구글 딥마인드가 2022년에 개발한 LLM인 '친칠라'는 오픈AI의 GPT3와 비교해 4분의 1의 크기임에도(4배의 데이터로 훈련되었다) 성능은 더 뛰어나다. 또 다른 접근 방식은 모델을 구성하는 매개 변수의 수치 정밀도를 축소하는 것이다. 워싱턴대학교의 한 연구팀은 GPU칩 하나에 친칠라 크기의 모델을 성능 저하 없이 집어넣는 것이 가능함을 밝혀냈다. 결정적으로 소형 모델은 나중에 실행하기에 비용이 훨씬 저렴해지며, 잘하면 노트북이나 스마트폰에서도 실행 가능할 것이다.

다음으로는 데이터다. AI 모델은 더 많은 데이터를 학습할수록 효과를 잘 발휘하는 예측 기계다. 하지만 여기서도 '양보다 질' 쪽으로 초점이 옮겨가는 추세다. 특히 더 많은 훈련 데이터를 찾는 데 점점 한계에 이르고 있다 보니 더욱 그러하다. 2022년 한 분석에 따르면 훈련에 사용할 양질의 새 텍스트가 향후 몇 년 내로 바닥날 수 있다고 한다. 기존 모델의 출력 값을 가지고 미래 모델을 교육하면 모델의 성능에 발전이 없을지도 모른다. 따라서 LLM을 채택하면 인터넷은 훈련 데이터의 원천으로서 가치가 떨어진다. 하지만 양이 전부는 아니다. 훈련 데이터의 적절한 조합을 알아내는 일은 여전히 과학이라기보다는 기예에 가깝다. 그리고 모델은 점점 자연어, 컴퓨터 코드, 이미지, 심지어 동영상 등 혼합된 데이터 유형에 대한 훈련을 더 많이 받고 있는데, 이런 식으로 새로운 역량을 갖춰나갈 수 있다.

새로운 응용 분야로는 어떤 것이 있을까? AI에는 다소 '과잉(overhang)'의 측면이 있다. 다시 말해 사람들이 활용하는 속도보다 기술의 발전 속도가 더 빠르다는 의미다. 이전에는 가능성에 집중했다면 이제는 실용성에 관심이 모이는 추세다. 앞으로는 모델 자체의 질적 발전보다 모델을 보다 효과적으로 사용하는 방법의 발전이 더 중요해질 것이다.

현재로서는 모델을 사용하는 방법으로 크게 세 가지가 있다. 첫 번째는 '프롬프트 엔지니어링'으로, 주어진 여건에서 최적의 프롬프트

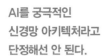

AI를 궁극적인 신경망 아키텍처라고 단정해선 안 된다.

를 제공하는 것이다. 여기에는 모델이 원하는 출력 값을 생성하도록 유도하는 입력 문구나 질문을 작성하는 작업이 포함된다. 두 번째는 특정 작업에서 성능을 향상시키기 위해 모델을 '미세 조정'하는 것이다. 여기에는 해당 작업에 맞게 범위를 좁힌 데이터 세트를 사용해 기존 모델에 추가 훈련을 제공하는 것이 포함된다. 예컨대 LLM은 의학 저널의 논문을 사용해 건강 관련 질문에 대답을 더 잘할 수 있도록 미세 조정될 수 있다. 세 번째 접근 방식은 LLM을 더 크고 강력한 아키텍처에 장착하는 것이다. LLM은 마치 엔진과도 같아서, 특정 응용 프로그램에 사용하려면 이에 맞춰 자동차를 제작해야 한다.

한 가지 예는 LLM에 추가 소프트웨어, 특정 주제에 관한 지식 데이터베이스를 결합해 거짓을 도출할 가능성을 줄이는 기술인 '검색 증강 생성'이다. 이 시스템은 질문을 받으면 먼저 데이터베이스를 검색한다. 관련된 내용을 찾으면 사실이 담긴 정보와 함께 질문을 LLM에 전달해, 제공된 정보를 바탕으로 답변을 생성하도록 요청한다. 이런 식으로 소스를 제공하면 사용자는 응답의 정확성을 더욱 신뢰할 수 있다. 또한 사용자가 자신의 지식 데이터베이스를 제공할 수 있는 구글의 노트북LM처럼 LLM을 개인 맞춤형으로 이용할 수도 있다.

AI의 상업적 잠재력에 관심이 집중되는 가운데 일반 AI에 대한 탐색도 계속되고 있다. LLM을 비롯해 그 외 생성형 AI는 퍼즐의 한 조각이거나 앞으로 나아가는 과정 중 하나일 뿐 최종 답은 아닐 수도 있다. 스탠퍼드대학교의 크리스 매닝(Chris Manning) 교수가 말했듯이 "이것을 궁극적인 신경망 아키텍처라고 믿거나 더 이상의 발전은 절대 없을 것이라고 단정해선 안 될 것"이다.

비만 치료의 시대

―――――

2024년에는 비만 치료제의 전성기가 열릴 것이다

나타샤 로더(Natasha Loder) 〈이코노미스트〉 보건 부문 편집자

수십 년 동안 체중 감량 약물은 효과가 없거나 심지어 위험한 부작용을 일으키는 등 소비자의 기대에 미치지 못했다. 따라서 최근 효과 좋고 안전한 치료제가 등장한 것은 의학계에 획기적 분기점이라 할 만하다. 앞으로 장기적으로는 비만이 치료 가능하다는 이야기도 나오고 있다. 이는 결코 무시할 수 없는 주장이다. 전 세계적으로 비만 인구는 약 11억 명으로, 전체 인구의 무려 14%에 해당할 만큼 엄청난 비율을 차지한다.

시장을 선도하는 양대 산맥인 노보 노디스크(Novo Nordisk)와 일라이 릴리(Eli Lilly)는 새해에 2030년까지 770억 달러 규모의 시장을 선점하기 위한 싸움을 시작할 것이다. 그들이 각각 내놓은 치료제 위고비[Wegovy, 세마글루타이드(semaglutide)]와 마운자로[Mounjaro, 티르제파타이드(tirzepatide)]는 거대한 블록버스터가 될 것이다. 시장 규모가 막대하다 보니 많은 기업이 앞다퉈 경쟁과 혁신에 뛰어들고 있다. 의학 뉴스 사이트인 STAT에 따르면, 다른 비만 치료제도 70여 종 넘게 개발되는 중이다. 그들 중 대부분은 동일한 방식, 즉 GLP-1(글루카곤 유사 펩티드-1) 작용제를 제조하고 있다. 이는 식사 후 신체가 생성하는 호르몬과 유사하게 혈당을 조절하므로, GLP-1 약물은 당뇨병 치료에 효과를 발휘해왔다.

하지만 의외로 GLP-1 약물은 체중 감량에도 효과가 있다. 이는 '음식이 위에서 배출되는(gastric emptying)' 속도를 늦추고 더 오랫동안 포만감을 유지하게 하는 원리 때문이다. 또한 배고픔을 조절하는 뇌의 시상하부에도 영향을 미친다. 그리고 지방 분해도 촉진하는 것으로 보인다. 대부분 기업은 앞으로도 GLP-1에 집중해 신약 개발에 몰두할 가능성이 높지만, 일부 기업은 체지방 감소에 더욱 효과적인 약물을 만들기 위해 다른 표적 세포도 연구하고 있다.

스트럭처 테라퓨틱스(Structure Therapeutics)의 CEO 레이 스티븐스(Ray Stevens)는 환자들이 부작용 없이 쉽게 복용할 수 있는 약을 만드는 것이 관건이라고 말한다. 그 외에도 많은 회사가 경구용 GLP-1 약물을 개발하고 있다. 그들은 경구용 치료제의 제조 및 유통 비용이 더 저렴해질 것이며, 스스로 주사 놓기를 꺼리는 환자들이 비교적 거부감 없이 받아들일 수 있으리라 확신한다. 노보 노디스크는 이르면 2024년에 경구용 세마글루타이드 치료제를 출시하기를 희망하고 있다.'

이들 치료제는 워낙 인기가 높아 항상 수요량이 공급량을 웃돌아왔다. 2024년에는 공급이 나아질 것으로 예상되지만, 수급난은 여전할 것으로 예상된다. GLP-1 약물은 일반적으로 안전하다고 여겨지지만 췌장염, 장 폐색 등 위장관 합병증의 위험이 있다. 또 다른 단점은 체중 감량을 위해서는 약을 꾸준히 복용해야 한다는 점이다. 효과가 오래가는 신약을 개발 중인 암젠(Amgen)은 2024년에 임상 2상 결과를 얻을 예정이다.

비만 쥐에서 23%의 체중 감소를 유발한 일회성 GLP-1 유전자 치료제에 대한 임상 시험도 2024년에 시작될 것이다. 매사추세츠주 렉싱턴에 본사를 둔 바이오 기업 프랙틸 헬스(Fractyl Health)는 이 약물을 쥐의 췌장에 주입해 쥐가 스스로 GLP-1 작용제를 생성할 수 있게 했다. 이러한 연구가 인간에게도 안전하고 효과적인 것으로 입증되려면 수년이 걸릴 것이다. 또한 유전자 치료는 환자가 복용을 중단할 수 있는 약물 치료와 달리 원치 않는 부작용이 생겨도 중단할 수 없다는 난점이 있다.

의사들의 관심을 불러일으키는 한 가지는 비만이 점점 미용상의 문제가 아닌 의학적 문제로 인식되고 있다는 점이다. 최근 위고비에 관한 한 논문에 따르면 위고비가 뇌졸중, 심장마비 등 주요 심혈관 질환의 위험을 20% 줄일 수 있는 것으로 나타났다. 크게 보면 체중 감량 주사가 수십만 미국인의 심부전을 예방할 수 있는 셈이다. 전 세계적으로도 이러한 약물이 국민의 건강을 변화시킬지 모른다. 2024년에는 비만 치료제가 건강에 미치는 영향에 관해 더 많은 데이터가 쌓임으로써 이러한 약물 처방의 정당성을 강화할 것이다.

임페리얼 칼리지 런던의 대사 수술 부교수 아메드 아메드(Ahmed Ahmed)는 신체 자체의 내장 펩타이드 시스템을 강화하거나 증폭시키는 곤약 섬유질 등 기능성 식품에 소비자의 관심이 급증할 것으로 예상한다. 그는 운 좋게 GLP-1 약품을 처방받을 수 있었던 사람들이

"극적인 체중 감량을 기대하는 사람이 아닌 이상 다들 꽤 만족하고 있다"라고 말한다. 하지만 문제는 계속 복용해야 한다는 것이다. 아메드는 꾸준히 복용해야 하는 심리적 부담을 진통제 중독에 비유한 한 환자의 일화를 언급했다. 그러나 언젠가는 저렴해진 경구용 약을 매일 복용하는 것이 널리 일상이 될지도 모른다. 현재로서 혁명은 이제 막 시작 단계다.

경이로운 의학 발전

2024년에 출시될 치료법은 유전자 가위와 기타 새로운 기술을 사용하게 될 것이다

나타샤 로더

두 유전적 혈액 질환인 낫 적혈구병과 베타 지중해 빈혈을 치료하는 신약이 2024년에 헤드라인을 장식할 것이다. 이들 치료제는 2023년 12월 최초의 크리스퍼(CRISPR) 유전자 편집 약물이 출시된 이후에 승인될 것이다. 유전자 편집은 분자 가위를 사용해 DNA를 편집하는 기술이다. 이는 활동 중인 유전자를 바이러스 벡터로 세포에 주입하는 기존 유전자 치료술보다 더 정밀하게 유전자를 변형한다. 유전자 편집은 제약 업계의 무수한 단계를 거친 신약 후보군을 통해 놀라울 정도로 빠르게 발전했다. 이는 개발이 느리고 어려웠던 유전자 치료법보다 훨씬 빠른 속도다.

낫 적혈구병의 경우 크리스퍼 테라퓨틱스(Crispr Therapeutics)와 버

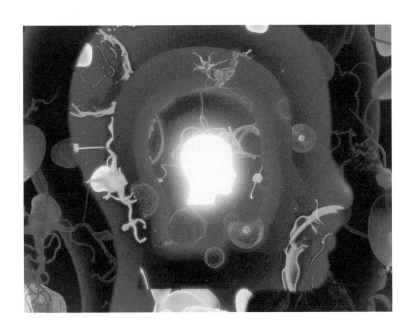

텍스(Vertex)가 개발한 유전자 편집 치료제 엑사셀(exa-cel)이, 블루버드 바이오(Bluebird Bio)의 유전자 치료제 로보셀(lovo-cel)보다 한발 앞서 승인될 가능성이 높다. 둘 다 먼저 환자의 몸에서 줄기세포를 추출한다. 그다음 편집되거나(엑사셀) 바이러스 벡터로 형질 감염시킨 후(로보셀), 신체에 다시 집어넣음으로써 유전적 결함을 교정한다. 그 효과는 평생 지속된다고 한다.

그러나 가격은 환자 한 명당 200만 달러가 넘는다. 미국 환자들조차 이 치료제를 구하기가 쉽지 않을 것이다. 겸상 적혈구 빈혈 환자가 특히 많은 가난한 국가 사람들에겐 아예 그림의 떡일 것이다.

유전자 편집 기술은 융통성이 뛰어나고 비유전적 질병을 표적으로 삼는 능력이 있다는 점에서 특히 미래가 밝다. 새해에는 시판용 암 치료제를 개발하려는 크리스퍼 테라퓨틱스와 카리부 바이오사이

언스(Caribou Biosciences)의 노력도 진전을 보일 것이다.

면역 체계의 일꾼인 T세포는 제공자의 몸에서 채취된 후 유전자 편집을 통해 재프로그래밍되어 암을 치료하고 신체의 면역 거부 반응을 방지하는 데 쓰일 수 있다. 이 접근 방식은 강력한 CAR-T 치료제를 더 이상 각 환자에게 개별적으로, 고비용을 들여 제조할 필요가 없음을 의미한다. 크리스퍼 테라퓨틱스는 췌장에서 대체 인슐린 생성 세포를 만들어내는 유사한 기술을 개발하고 있다. 또한 유전자 편집 치료제를 지질 나노입자에 싸서 체내로 전달할 수 있도록 '생체 내' 유전자 편집 기술을 개발하려는 노력도 진행 중이다.

유전자 편집 기술은 다른 방식으로도 발전하고 있다. 버브 테라퓨틱스(Verve Therapeutics)는 DNA 분자 자체를 손상하지 않고 더욱 정밀하게 게놈의 단일 염기를 변경할 수 있는 '염기 편집' 기술로 심혈관 질환 치료제를 중점 개발하고 있다. 또 그들은 2024년에 콜레스테롤 수치를 낮추는 치료제에 대한 초기 단계 연구 소식도 전할 수 있을 것이다. 한편 유전자 편집 기술을 이용해 신체에 감염된 HIV를 제거하는 목표를 세운 유전자 치료제 기업 엑시전(Excision)은 또 다른 치료 물질인 EBT-101을 가지고 첫 임상 시험에 참여할 환자 등록을 마칠 예정이다.

2024년에 주목할 또 다른 주요 소식으로, 대개 기존 항생제에 내성을 보이는 요로 감염증에 새로운 항생제가 개발될 예정이어서 뜨거운 기대를 모으고 있다. 광범위한 혈청형의 수막구균성 수막염을 예방하는 '5가' 백신도 두 종류가 나올 것이다. 또한 녹내장 환자에게는 미량의 약물을 지속적으로 방출하는 장치를 안구에 이식하는 혁신적인 '미세 침습' 기술도 있다. 이는 환자들이 눈에 넣는 걸 종종 잊어버리기 쉬운 안약보다 훨씬 나은 결과를 보장할 것이다. 이것도 2024년에 새롭게 주목해야 할 또 하나의 흥미로운 치료법으로 꼽을 사람도 있을 것이다.

더 높은 비상을 위해

2024년에 주목할 만한 로켓, 프로젝트, 발사 소식이 기다리고 있다

알록 자(Alok Jha) 〈이코노미스트〉 과학 부문 편집자

우주 비행사들은 2024년 말 반세기 만에 처음으로 달 탐사를 재개할 예정이다. 이번에는 착륙까진 아니지만 나름대로 비슷하긴 하다. NASA의 아르테미스 2호(Artemis II) 임무를 수행하고자 리드 와이즈먼(Reid Wiseman), 빅터 글로버(Victor Glover), 크리스티나 코크(Christina Koch), 제러미 핸슨(Jeremy Hansen) 등 네 명의 우주 비행사는 달 표면에는 착륙하지 않고 달 궤도를 빙 돌아 7,400킬로미터를 여행한 후 지구로 돌아올 계획이다. 그들은 열흘간 항행하면서 그다음의 임무를 준비하기 위해 우주 발사 시스템(SLS) 로켓과 오리온 우주선을 테스트할 것이다. 이들 네 명은 1972년 아폴로 17호 이후 달 근처에 도달한 최초의 인간이라는 의미도 있지만, 글로버는 지구 궤도를 벗어난 최초의 흑인, 코크는 최초의 여성, 핸슨은 최초의 비미국인이라는 기록을 각각 남기게 된다.

아르테미스 2호의 발사 시기는 가장 이르면 11월이나 늦으면

2025년으로 연기될지도 모른다. 중국의 다음 달 탐사 프로그램(창어 계획이라고도 함)은 5월로 예정되어 있어 확실히 아르테미스 2호보다 앞설 것이다. 2020년 창어 5호(Chang'e 5)와 마찬가지로 창어 6호도 로봇 착륙선을 달 표면에 보내 몇 킬로그램의 암석을 모아 지구로 가져오는 것을 목표로 하고 있다. 목표 위치는 지구 반대쪽인 달의 뒤편으로 잡고 있으며, 이 임무 수행에 프랑스, 이탈리아, 파키스탄, 스웨덴산 장비도 사용될 것이다.

일본은 9월에 화성의 두 위성인 포보스(Phobos)와 데이모스(Deimos)를 연구하기 위한 화성 위성 탐사 계획(Martian Moons Exploration, MMX) 임무를 시작해 화성 탐사 대열에 합류하려 할 것이다. 화성 위성들은 너무 작아 우주선이 중력에 포획되기 어려우므로, 대신 MMX는 주위의 '준위성 궤도'에 진입할 예정이다. 이 우주선은 2025년에 포보스에 착륙해 암석 샘플을 채취한 후 2030년 전까지 지구로 돌아올 예정이다.

NASA는 10월에 목성의 한 위성에 거주 가능성을 연구하는 탐사선인 유로파 클리퍼(Europa Clipper)를 발사할 계획이다. 2012년 유로파 남극 근처에서 수증기가 관찰되면서 행성 과학자들은 목성과 토성의 주요 위성을 연구하는 데 다시 관심을 쏟기 시작했다. 이 위성들은 지하 바다가 숨겨져 있는 것처럼 보여, 외계 생명체의 거주 가능성도 제기되고 있다. 유로파 클리퍼가 2030년 유로파에 도착하면 25킬로미터에서 2,700킬로미터까지 고도를 달리하면서 달 주위를 45번 돌며 유로파의 자기장과 얼음막, 그리고 그 밑의 물과 암석을 연구할 예정이다.

아폴로의 후계자들

　인도 우주 연구 기구는 2023년 8월에 달의 남극 근처에 우주선을 착륙시킨 찬드라얀 3호(Chandrayaan-3)의 성공에 힘입어, 12월 슈크라얀(Shukrayaan)을 금성으로 발사하는 것을 목표로 하고 있다. 이는 2010년 일본의 아카츠키(Akatsuki) 이후 지구의 '사악한 쌍둥이'로 불리는 금성을 탐사하는 첫 임무가 될 것이다. 과학자들은 금성의 대기 성분부터 용암의 흐름까지 모든 것을 연구하고, 포스핀(phosphine, 일반적으로 생명체의 존재 가능성과 관련이 있는 것으로 추정되는 분자)의 여부를 밝혀내기를 희망하고 있다.

더 뜨거운 쟁점을 일으키는 이슈로, 민간 기업들이 새로운 로켓을 테스트할 예정이다. 제프 베이조스(Jeff Bezos)가 설립한 블루 오리진(Blue Origin)은 2024년에 뉴 글렌(New Glenn) 로켓을 처음으로 시험 발사할 듯하다. 뉴 글렌은 재사용 가능한 중형 로켓으로 지구 저궤도에 45톤의 화물을 쏘아 올릴 수 있다. 참고로 스페이스X의 팰컨 헤비(Falcon Heavy)는 68톤, 소모성 로켓 SLS는 95톤을 지구 저궤도에 배치할 수 있다. 스타트업 로켓랩은 재사용이 가능한 뉴트론이라는 로켓의 첫 발사를 준비 중이다. 아리안그룹(ArianeGroup)의 소모성 로켓인 아리안 6호도 2024년에 첫 비행을 앞두고 있다.

이 모든 로켓도 인상적이기는 하나 재사용 가능한 스페이스X의 스타십(Starship)이야말로 결국 스포트라이트를 한 몸에 받을 것이다. 스타십은 150톤의 화물을 싣고 궤도까지 오를 수 있다. 2024년에는 이 거대한 우주선의 시험 발사를 더 자주 볼 수 있을 것으로 예상된다.

 WHAT IF?

천체의 신비는 때로 지상의 속인들에게 깨달음을 준다. **우주의 무수한 입자가 밀려와 물리학 지식의 새 지평을 연다면 어떻게 될까?** 초신성 폭발로 2024년 지구에 방사선이 부딪친다면 하늘이 밝아질 뿐 아니라 지하 동굴과 만년설 밑에서 중성미자를 찾는 특수 탐지기에 중성미자가 대거 포착될 것이다. 또한 아마 신비한 암흑 물질의 흔적도 발견될 것이다. 새로운 지식이 깊은 수면 아래에서 모습을 드러낼지 모른다.

지구가 어둠에 휩싸이는 날

2024년 놓칠 수 없는 이벤트 중 하나를 기대하시라

제프리 카(Geoffrey Carr) 〈이코노미스트〉 과학 · 기술 부문 수석 편집자

개기 일식은 신비로운 현상이다. 달이 태양 앞으로 지나가며 지구를 뒤덮는 그림자의 궤적은 수천 년 전에 미리 계산할 수 있다. 그러나 그 그림자가 드리워지는 위치는 바다나 사람이 거의 살지 않는 지역이 되기도 하는 등 복불복이다.

2000년 이후 17번의 개기 일식 중 두 번은 남극 대륙과 그 주변 바다에서만 볼 수 있었다. 또 대여섯 번은 북극에서만 보였고, 네댓 번은 '사람이 거주하는 지역 중 가장 외딴곳'이라는 타이틀을 놓고 트리스탄 다 쿠냐와 비등비등한 이스터섬에서 절정을 이뤄 전 세계 여행객들을 이곳으로 불러 모았다.

일식 관찰을 즐기는 일부 모험가들은 이 모든 경험을 도전의 기회로 여겨, 평소 같으면 갈 일 없는 머나먼 지역으로 기꺼이 여행하길 즐긴다. 그러나 대부분의 사람들은 일식이 오기를 가만히 기다리는데 만족한다. 따라서 〈이코노미스트〉 독자의 절반이 북미에 거주하는 만큼, 4월 8일에 일식이 다가오고 있다는 것은 특히 본시 독자들에게 희소식이 되겠다.

그리고 이것은 좋은 일식이다. 그래서 이번 일식을 가리켜 '북미 거대 일식(Great North American eclipse)'이라고 부른다. 개기 일식의 그림자는 멕시코의 태평양 쪽 연안에 있는 마사틀란 부근에서 현지 시

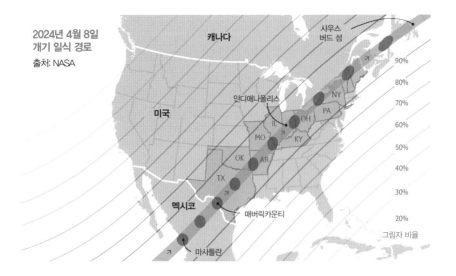

2024년 4월 8일
개기 일식 경로
출처: NASA

각 11시 7분에 드리우고 4분 27초 동안 지속된다. 두랑고 지방에서
는 단 1초 정도 더 길게 머물다가 서서히 줄어들기 시작한다. 개기 일
식은 멕시코에서 국경 넘어 텍사스주 레이더 베이스 근처까지 이동
함에 따라 시간이 4분 26.9초로 단축된다. 인디애나폴리스를 지날 무
렵에는 정확히 4분간 지속되고 계속 줄어들다가 현지 시각 17시 13
분 46.9초에 뉴펀들랜드 해안 부근에 있는 사우스 버드 섬의 남쪽 끝
을 스칠 것이다. 여기서는 2분 53.5초 동안 지속된다.

　한때 일식은 두렵고 불길한 사건으로 간주되었다. 하지만 이제는
파티를 열기 위한 좋은 구실이 되었다. 멕시코인, 미국인, 캐나다인들
은 각지의 바닷가에 모여 손에 맥주를 들고 멋진 광경을 감상할 것이
다. 일식을 더 이상 불길하다고 생각하는 사람은 없지만 여전히 굉장
한 건 마찬가지다. 필자는 그동안 이스터섬과 남극 등지에서 14번 관
찰한 바 있다. 삼삼오오 모인 군중은 기대감에 와자지껄 떠들다가도,
태양이 사라지면서 하늘에 뚫린 블랙홀을 보는 순간 다들 넋을 잃은

채 할 말을 잊게 된다.

농작물에도 팬데믹이 온다면

식물병이 전 세계적으로 확산하고 있다
이를 막으려는 더 많은 연구가 필요하다

케이틀린 탤벗(Caitlin Talbot) 〈이코노미스트〉 소셜 미디어 부문 편집자

진균성 식물병의 일종인 밀 도열병이 세계의 곡창 지대를 희뿌옇게 망쳐놓을 태세다. 브라질에서 아르헨티나, 잠비아, 방글라데시까지 지난 10년간 이 병이 퍼져나간 거리는 1만 5,000킬로미터가 넘는다. 밀 생산량 2위 국가인 인도까지 도달할지도 모른다.

농작물을 죽이는 질병이 빠르게 퍼지고 있다. 밀 도열병을 일으키는 균류는 매년 6,000만 명이 먹을 수 있는 분량의 쌀도 해친다. 물곰 팡이의 일종인 감자 역병균이 초래하는 손실은 매년 최대 100억 달러에 달한다. 감자는 세균성 질병인 흑각병과 감자 Y 바이러스에 의해서도 피해를 입는다. 이러한 병원체들은 안 그래도 전쟁, 기후 변화, 수출 금지로 약해진 식량 시스템에 혼란을 가중한다.

식물 전염병은 세계를 대규모 기근으로 몰아넣을 수 있다. 2024년에는 그 가능성이 더욱 커질 듯하다. 대부분 농부들은 효율적이지만 병충해에 취약한 단일 재배에 의존한다. 즉 한 식물이 감염되면 전체 작물이 피해를 입을 수 있다. 일부 병원균은 비가 오면 더욱 활개 치므로, 몬순 주기가 점점 불규칙해져가는 인도 같은 국가들의 시름을

조류 독감은 기록을 추적해 이에 대비할 청사진을 마련한다.

더욱 깊어지게 한다. 또한 지구 온난화로 병원균이 생존 가능한 지역이 넓어지면서 병원균의 확산을 부채질하고 있다.

균류는 바람을 타고 수백 킬로미터를 이동할 수 있다. 바이러스와 박테리아는 곤충을 매개체로 삼아 이동한다. 가장 대대적인 확산은 인간을 거쳐 이뤄진다. 일단 병원균이 들판에 침투하면 교활한 방법으로 공격을 시작한다. 도열병균은 특유의 감염 세포를 사용해 자동차 타이어의 약 40배에 달하는 엄청난 압력을 생성함으로써 잎의 표피를 망가뜨린다. 한번 감염된 어린싹은 나흘 만에 말라 죽는다.

곡물은 수출입 시 검역 절차를 거치지만 어떻게든 병원균은 통과될 수 있다. 진균성 질병인 커피 녹병은 미국 당국의 검역을 뚫고 하와이까지 퍼졌다. 살충제로 어느 정도 예방할 수는 있지만 가격이 비싸고 에너지가 많이 소비된다.

지금까지 질병을 막는 가장 좋은 방법은 저항성 작물을 유전적으로 조작하는 것이었다. 영국의 식물 과학 연구소인 존 이네스 센터(John Innes Centre)의 과학자들은 밀 도열병에 대한 저항성을 부여하는 유전자 두 개를 발견했다. 이를 이용해 재배한 작물은 안전하다. 그러나 시간이 지나면 병원균도 변이를 통해 이를 극복할 것이다.

더 광범위한 연구가 필요하다. 인류의 건강을 위협하는 조류 독감은 기록을 추적해 이에 대비할 청사진을 마련한다. 과학자, 양계농가, 그리고 뜻있는 사람들이 모두 협력해 조류 독감의 확산을 막도록 노력하고 있다. 식물병도 비슷한 감시 체계를 마련하지 않으면 재난이 닥쳤을 때 밀밭은 속수무책이 될 것이다.

탄소는 모든 생명체의 주된 구성 요소다. 또한 우리가 입는 옷의 실, 집에서 쓰는 물건, 자동차에 동력을 공급하는 연료에도 들어가는 주성분이다. 동시에 우리가 직면한 가장 심각한 환경 문제의 원인이기도 하다.

무엇보다 탄소는 지구를 뜨겁게 달구는 강력한 온실가스인 이산화탄소로 잘 알려져 있다. 대기를 떠도는 탄소의 대부분은 화석 연료 생산, 석유 정제, 금속 제조와 같은 산업 공정의 부산물로, 이는 전 세계 공급망이 더욱 탄소에 의존하게 하는 악순환을 낳는다. 이러한 탄소 중심의 선형 경제는 불균형을 초래한다. 필요하긴 해도 한 번 쓰고 버리는 물건을 만드느라 재생 불가능한 자원을 추출하는 에너지 집약적 산업에 의존하기 때문이다. 현재의 '취하고, 만들고, 버리는' 시스템은 사회에 깊숙이 자리 잡고 있지만 마냥 지속될 순 없다.

우리는 이처럼 추출하고 채굴하는 탄소 선형 경제를 순환 모델로 재구성해 지구의 생명체를 보호해야 한다. 탄소를 잔뜩 함유한 온갖 폐기물은 그동안 어쩔 수 없이 피해를 감수해야 할 골칫거리였다면, 이제는 이를 가치 있고 풍부한 자원으로 혁신해야 한다. 쓰고 금세 버릴 물건을 만들기 위해 미발굴 화석을 자꾸 캐내고 탄소를 유발하는 대신, 이미 땅 위에 있는 기가톤급의 탄소를 포집하고 재사용함으로써 탄소 배출량을 줄이고 더욱 지속 가능한 제품을 만들면 된다.

필자가 속한 란자테크 등 몇몇 기업은 이러한 탄소 순환 경제를 현실화하기 위해 탄소 재활용 기술을

란자테크(Lanzatech)의 CEO **제니퍼 홈그렌(Jennifer Holmgren)**은 2024년이 순환 경제를 진지하게 생각해야 할 해가 될 것이라 말한다.

초대석
탄소 경제의 재창조를 위해

우리는 탄소 선형 경제를 순환 모델로 재구성해야 한다.

제공한다. 산업 폐기물에서 나온 탄소를 원천적으로 포집해 대기로 유입되는 것을 방지하는 것이다. 그리고 이를 천연 화석 탄소에서 추출되어 다양한 일상용품의 핵심 성분으로 쓰이는 에탄올 등 더 지속 가능한 화학 물질로 변환한다. 란자테크가 생산하는 생물 반응기는 정유소, 제철소, 매립지를 포함해 탄소 폐기물을 생성하는 모든 시설에 설치할 수 있다. 상업 시설 네 군데에서 이미 설치해 운영 중이며, 2024년까지 두 곳에서도 추가로 가동될 예정이다. 이 여섯 곳의 시설을 합치면 매년 50만 톤의 탄소를 줄일 수 있다.

그러나 우리 산업의 현주소는 진정한 탄소 순환 경제와는 거리가 멀다. 이 막중한 숙제를 풀기 위해서는 기가톤급의 해결책이 필요하다. 그러려면 소비자, 기업, 정부의 협력을 통해 체계적인 변화를 실행해야 한다. 시간이 촉박하지만 2024년에는 상당한 진전을 이룰 수 있다.

2024년에 우리 모두가 어떤 결정을 내리느냐에 따라 현재의 탄소 경제를 빨리 재편할 수 있을지 판가름 날 것이다. '기존의 비즈니스 관행'을 답습하면 온난화는 앞으로 몇 년간 더욱 심각해질 테고, 2023년에 우리가 겪은 폭염과 자연재해는 더욱 빈번해질 것이다. 탄소를 유독 많이 배출하는 부국들은 온난화의 여파에 불공평하게 시달리는 빈국들을 위해 비용을 부담해야 한다.

우리가 현재 시스템에서 벗어나기로 결정한다면 순환 기술 확장에 투자함으로써 그 돈이 나중에 재난 구호에 쓰일 일을 막을 수 있다. 미래를 중시하는 국가들은 이미 투자를 시작했다. 예컨대 EU는 지속 가능한 순환 섬유를 생산하기 위한 로드맵을 제시했고, 미국은 IRA에서 탄소 포집 및 활용 등의 기술에 보조금을 주기로 했다. 인도 등 신흥 경제국들은 국내 자원과 공급망을 더 잘 관리하기 위한 탄소 재활용을 모색하고 있다.

갈수록 소비자들이 환경 영향을 고려해 쇼핑하는 추세인 만큼 소비자 교육은 우리 사회가 순환 경제로 전환하는 데 매우 중요하다. 소비자의 선택은 기업이 더욱 지속 가능한 제품을 생산하게 하는 유인이 된다. H&M 무브, 자라, 아디다스 등 글로벌 브랜드는 이미 탄소를 재활용해 만든 제품을 판매하고 있으며, 2024년에는 제품군을 더 확대해 출시할 예정이다.

에너지 집약적 산업 중에도 새로운 순환 기술을 받아들이고 지역에 관련 일자리를 창출하는 기업들이 있다. 다른 기업들은 배출한 탄소를 저장하는 데만 집중함으로써 선형적인 현상 유지에 집착할 것이다. 소극적인 업계를 몰아붙이려면 더욱 친환경적 비즈니스 모델로의 전환을 촉구하게끔 다양한 솔루션을 지원해야 한다.

탄소 순환 경제를 활성화하려면 우리는 늘 하던 대로 하고픈 욕구를 억제해야 한다. 지금의 위기를 초래한 기술로는 위기에서 벗어날 수 없다. 현재의 시스템을 진지하게 다시 생각한다면 2024년 이후에는 탄소 순환 경제를 향해 의미 있는 진전을 이룰 수 있다. 당장 행동에 옮기는 것이 중요하다.

THE WORLD AHEAD 2024

어느 AI 시대에…

AI는 할리우드와 그 밖의 현장에서
스토리텔링의 모든 측면을 바꿔놓을 것이다

알렉산드라 스위치 배스(Alexandra Suich Bass) 〈이코노미스트〉 문화 부문 편집자

오 랜만의 재회는 얼마나 많은 변화가 있었는지 되돌아보는 기회를 제공한다. 2024년 할리우드에서 〈히어(Here)〉가 개봉하는 날 〈포레스트 검프〉의 배우, 감독, 작가가 40년 만에 이 새로운 영화를 위해 한자리에 모일 것이다. 한 방에서 수십 년에 걸쳐 벌어지는 일들을 다룬 〈히어〉는 '지금 여기서 행복하기'에 관한 영화다. 주연 배우인 톰 행크스(Tom Hanks)와 로빈 라이트(Robin Wright)는 새로운 AI 기술의 도움으로 '젊어질' 것이다. 배우들은 일부 장면에서 젊은 시절로 돌아가고 감독은 촬영하면서 실시간으로 배우들의 변신을 확인할 수 있다.

이제 생성 AI를 이용해 몇 초 만에 이미지를 만들어내는 것이 가

능해졌다. 이미 사망했거나 현재 살아 있는 가수들의 스타일대로 새 노래를 만들 수도 있다. 아마존에서 팔리는 3,000권 이상의 책에 챗 GPT가 저자 또는 공동 저자로 이름을 올리며 '대필작가'라는 용어 가 새롭게 정의되고 있다.

아직 초기 단계이긴 하지만 2024년은 앞으로 일어날 일에 대한 예 고편이 될 수 있다. 세 가지를 눈여겨봐야 한다. 첫 번째는 스토리텔 링이 보다 개인화되고 양방향으로 이뤄짐에 따라 새로운 유형의 스 토리텔링에서 AI를 어떻게 활용할 것인가 하는 것이다. 영화는 변화 할 것이며, 이용자가 영화 관객보다 더 쉽게 자신의 모험을 선택할 수 있는 게임 산업도 변화할 것이다. 즐길 수 있는 엔터테인먼트의 양 또한 확 늘어날 것이다.

인터넷의 등장으로 소셜 미디어와 유튜브에 게시된 '사용자 제작 콘텐츠'가 폭발적으로 증가했듯이, 생성 AI로 인해 온라인에서 수많은 동영상과 다양한 자료가 빠르게 퍼질 것이다. 2025년 무렵에는 온라인 콘텐츠의 무려 90%가 AI로 만들어질 것이라는 전망도 나온다. 큐레이션과 쓸 만한 검색 도구가 꼭 필요할 것이며, AI가 만든 콘텐츠에 라벨을 붙일지, 또 붙인다면 어떤 라벨을 붙일지를 두고 논쟁이 벌어질 것이다.

스토리텔링의 본질이 어떻게 바뀔지는 아무도 확신할 수 없지만 바뀌는 것만은 분명하다. 영화사학자 데이비드 톰슨(David Thomson)은 생성 AI를 음향의 출현에 비유한다. 영화에 음향이 입혀지자 플롯이 그려지는 방식과 관객들이 캐릭터에 느끼는 친밀도가 바뀌었다. 창작 분야에 AI 기반 소프트웨어 도구를 제공하는 회사 런웨이엠엘(RunwayML)을 운영하는 크리스토발 발렌수엘라(Cristóbal Valenzuela)는 AI가 '새로운 유형의 카메라'와 같으며 '스토리란 무엇인지 재해석할 수 있는 새로운 기회'를 제공한다고 말한다. 둘 다 맞는 말이다.

할리우드 작가들의 파업으로 'AI가 대본을 쓸 수 있을까'라는 물음에 관심이 모아졌다. 일단 제작사들은 양보하기로 합의했으며 챗GPT를 이용하기 위해 작가실을 빙 돌아가지는 않을 것이다. 오롯이 AI만으로 장편 블록버스터를 제작하기까지는 몇 년 더 걸릴 것이다.

두 번째로 주목해야 할 큰 발전은 시간을 줄이는 도구로 AI를 활용하는 방법일 것이다. 생성 AI는 더빙, 영상 편집, 특수효과, 배경 디자인 같은 복잡한 작업을 자동화하고 단순화할 것이다. 2023년 아카데미 작품상을 수상한 영화 〈에브리씽 에브리웨어 올 앳 원스〉를 보면 그 미래를 엿볼 수 있다. 이 영화에는 런웨이엠엘이 제공한 '로토스코핑(rotoscoping)' 도구를 이용해 배경의 녹색 스크린을 지우고, 말

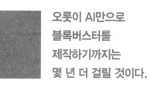

오롯이 AI만으로 블록버스터를 제작하기까지는 몇 년 더 걸릴 것이다.

하는 바위를 더욱 사실적으로 표현한 장면이 등장한다. 이 도구를 이용하면 며칠이 걸리는 영상 편집 작업을 몇 시간 만에 끝낼 수 있다.

세 번째로 눈여겨봐야 할 것은 창작자(저작권자)와 AI 플랫폼 운영자의 극적인 충돌이다. 2024년에는 작가, 음악가, 배우, 예술가들이 자신의 말, 음악, 이미지가 동의나 대가 없이 AI 시스템을 학습시키는 데 사용됐다는 이유로 줄소송을 제기할 가능성이 있다. 아마도 AI 관련 기업들이 자사의 모델을 학습시키기 위해 저작권자에게 콘텐츠 비용을 지불하는 일종의 라이선스 계약을 맺을 가능성이 높다. 하지만 그에 앞서 격렬한 법적 다툼을 치러야 할 것이다. AI는 스토리의 미래와 집단적 스토리텔링의 본질에 더 큰 질문을 던진다. 예컨대 생성 AI는 단순히 이전 히트작을 모방하기만 할까? 그래서 독창적인 스토리와 예술 형식을 추구하기보다는 모방 블록버스터 영화와 팝송에 대한 깊이 없는 해석만 쏟아낼까? 또 엔터테인먼트가 갈수록 개인화하는 시대에 인류의 집단의식에 스며들어 함께 이야기를 나눌 수 있는, 많은 사람을 감동시키는 스토리가 여전히 존재할까?

창작자들이 AI의 진보와 씨름할 때 기술에 대한 불안감이 작품에 투영될 것이다. 인간과 기계 사이의 더 많은 '터미네이터'식 충돌을 경계해야 할 수도 있다. 삶은 예술을 모방하고 예술은 삶을 모방한다.

박물관이 살아 있다

서울의 로봇에서 고고 음악과 셰익스피어에 이르기까지

이모젠 화이트(Imogen White) 〈이코노미스트〉 문화 부문 코디네이터 편집자

팬데믹은 전 세계 10만 4,000개 박물관을 위기에 빠뜨렸다. 이제 마스크를 벗었고 봉쇄도 풀렸지만 치솟는 생활비와 값비싼 여행 비용 탓에 업계 관계자들이 말하는 '관광업의 롱코비드(long covid)●'로 많은 문화 기관이 여전히 고충을 겪고 있다.

런던의 대영 박물관과 테이트 모던 같은 대규모 행사장의 2022년 방문객 수는 2019년 최고치를 훨씬 밑돌았다. 이런 암울한 상황에서도 일부 국가들은 거뜬히 회복했다. 폴란드와 덴마크의 박물관은 관람객 수가 팬데믹 이전 수준으로 반등했다. 서울의 국립중앙박물관은 2019년보다 2022년에 더 큰 인기를 누렸다.

서울의 문화 애호가들은 2023년 계획됐다가 1년 미뤄진 국내 최초 로봇인공지능과학관 개관 소식에 마음이 설렐 것이다. 이 건물을 설계한 멜리케 알티니시크 아키텍츠(Melike Altinisik Architects)는 로봇을 이용해 2,500제곱미터 넓이의 구체 모양 박물관을 짓고 있다. 한국의 또 다른 소식도 있다. 단색 추상 미술인 단색화의 창시자 박서보 화백을 기리는 새로운 미술관이 2024년 제주도에서 관람객을 맞을 예정이다. 한편 일본에서는 교토에 있는 닌텐도 옛 공장이 닌텐도

● 코로나 장기 후유증.

교토에 있는 옛 닌텐도
공장이 닌텐도 역사박물관으로
다시 문을 열 것이다.

역사박물관으로 다시 문을 열 것이다.

2024년 브라질 출신 큐레이터인 아드리아노 페드로사(Adriano Pedrosa)는 라틴아메리카인 최초로 세계에서 가장 중요한 현대미술 행사인 베네치아 비엔날레를 지휘할 것이다. 그 덕분에 라틴아메리카 지역 갤러리들이 호황을 누리고 있다. 3월에는 아르헨티나의 부에노스아이레스 라틴아메리카 미술관이 에스코바르에 두 번째 전시관을 열 예정이다. 2024년 말에는 1억 8,000만 헤알(3,600만 달러)을 들여 확장한 상파울루 미술관이 3분의 2만큼 더 넓어진 규모를 자랑할 것이다.

2024년 2월에는 작지만 강력한 박물관이 워싱턴 DC에 문을 열 것이다. 이 도시의 흑인 사회 역사와 밀접한 연관이 있는 고고(Go-Go) 음악 전용 박물관이다. 최근 몇 년 동안 소음에 불만을 제기하는 젠트리파이어들(gentrifiers)●이 고고 음악의 생존을 위협해왔다. 10만

기록된 시간의 마지막 순간까지 ●●

달러도 안 되는 예산으로 지어진 이 공간은 시끄럽고 당당하게 반격을 시작할 것이다.

대서양 건너 런던에서는 셰익스피어(Shakespeare) 애호가들이 그를 기리는 새로운 몰입형 박물관을 관람할 수 있을 것이다. 이곳은 새로 발굴된 커튼 플레이하우스(Curtain Playhouse) 터에서 봄에 문을 열 예정이다. 커튼 플레이하우스는 1590년대 후반 〈로미오와 줄리엣〉이 상연된 극장이었다. 그곳에 가면 기발한 장치와 AI의 속임수를 이용해 대문호의 삶을 탐험해볼 수 있을 것이다. 그야말로 전 세계가 무대다.

로봇, 러시아, 로맨스

2024년 대작 도서에서 기대할 수 있는 것

레이첼 로이드(Rachel Lloyd) 〈이코노미스트〉 문화 부문 부편집자

2023년 베스트셀러 목록은 팬데믹의 여파에 따른 의학 서적과 기후 변화에 경종을 울리는 과학 서적들로 채워졌다. 2024년에는 다른 주제들이 주도권을 잡으면서 뚜렷한 변화가 있을 것이다.

● 　빈민가를 고급화해 젠트리피케이션을 일으키는 사람들.
●● 　셰익스피어의 비극 《맥베스》 5막 5장에 나오는 맥베스의 대사.

　AI도 그중 하나다. AI로 세상이 어떻게 바뀔지 탐구한 책이 여러 권 나올 것이다. 구글 딥마인드에 몸담았던 베리티 하딩(Verity Harding)의 'AI 시대를 위한 휴머니스트 선언문'인 《AI는 당신이 필요하다(AI Needs You)》, MIT 인공지능 연구소 소장인 다니엘라 러스(Daniela Rus)의 《심장과 칩: 로봇과 함께하는 우리의 밝은 미래(The Heart and the Chip: Our Bright Future with Robots)》, 컬럼비아대학교 영문학과의 데니스 이 테넌(Dennis Yi Tenen) 교수가 우리가 읽고 쓰고 생각하는 방식에 AI가 미치는 영향을 고찰한《로봇을 위한 문학 이론(Literary Theory for Robots)》등이 있다.

지정학도 출판계의 신간 목록을 점령할 것이다. 국제관계학 교수 데일 코플랜드(Dale Copeland)는 상업이 미국의 외교 정책을 어떻게 형성해왔는지 기록할 것이다. CNN의 짐 스시우토(Jim Sciutto)는《강대국의 귀환: 러시아, 중국, 그리고 다음 세계대전(The Return of Great Powers: Russia, China and the Next World War)》을 탐구할 것이다. 여러 작가들이 유럽에서 벌어진 전쟁에 초점을 맞출 것이다. 우크라이나에서 태어난 유진 핀켈(Eugene Finkel)은 '러시아가 민간에 저지른 폭력의 내밀한 역사'를 소개할 예정이다. 마틴 식스미스(Martin Sixsmith)는《푸틴과 역사의 귀환(Putin and the Return of History)》에서 푸틴 침략의 맥락을 밝히기 위해 천 년이 넘는 역사를 돌아볼 것이다. 피터 포메란체프(Peter Pomerantsev)는《정보 전쟁에서 승리하는 법(How to Win an Information War)》에서 제2차 세계대전 당시 한 선전가의 시각을 현 분쟁에 적용할 것이다.

몇 시간짜리 기분 전환을 원하는 사람들이 기대할 만한 소설도 풍성할 것이다. 베스트셀러 작가 퍼시벌 에버렛(Percival Everett), 얀 마텔(Yann Martel), 데이비드 니콜스(David Nicholls), 카일리 리드(Kiley Reid), 콜름 토이빈(Colm Toibin), 에이모 토울스(Amor Towles) 등이 2024년 새로운 소설로 돌아올 예정이다. 제임스 패터슨(James Patterson)은《쥬라기 공원》의 작가 마이클 크라이튼(Michael Crichton)이 남긴 미완성 원고를 완성할 것이다.

2014년 사망한 가브리엘 가르시아 마르케스(Gabriel Garcia Marquez)의 미완성 작품도 공개될 예정이다. 150쪽이 안 되는 중편소설

《8월까지(En Agosto Nos Vemos)》에서 노벨문학상 수상작가인 마르케스는 한 중년 여성의 불륜 이야기를 들려준다. 그의 자녀들은 이 책의 출판을 반대했었지만 지금은 이 책에 작가의 트레이드마크인 '창의력, 시적 언어, 매혹적인 스토리텔링'이 담겨 있다고 말한다. 마르케스의 가장 유명한 작품인《백 년의 고독》을 각색한 작품도 넷플릭스에서 제작 중이므로 어쩌면 그 자신도 부활을 즐길지도 모른다. 환상적인 이야기를 원한다면 콜롬비아의 마술적 사실주의의 대가인 마르케스의 작품만 한 것이 또 있을까?

노래하고 춤추고

———

2024년 새로운 뮤지컬들이 잇따라 무대에 오르며 삶을 응원할 것이다

레이첼 로이드

뮤지컬이 다시 리듬을 타고 있다. 2년간의 침체기 끝에 브로드웨이와 웨스트엔드에서는 관람객 수가 팬데믹 이전 수준에 근접하거나 그 수준을 넘어서고 있다. 극장들이 뉴욕과 런던의 경제에 다시 한 번 활력을 불어넣고 있다. 세련되지 못하다고 오랫동안 조롱당하던 뮤지컬 장르가 20세기 중반 총천연색 뮤지컬에서 영감을 얻은 2023년 최고 히트 영화 〈바비〉 덕분에 다시 활기를 띠고 있다.

2024년에는 많은 작품이 무대에 오를 예정이다. 그중에는 기존 영화나 소설을 각색한 작품도 있을 것이다. 텔레비전 퀴즈쇼를 소재로

한 데이비드 니콜스(David Nicholls)의 소설 《스타터 포 텐》은 2006년 영화로 제작돼 히트했다. 이번에는 뮤지컬로 제작돼 영국 브리스톨 올드 빅 극장에서 선보일 예정이

다. 미국에서는 영화 〈노트북〉과 〈워터 포 엘리펀트〉의 팬이라면 브로드웨이에서 노래하고 춤추는 버전의 작품을 감상할 수 있을 것이다. 〈오즈의 마법사〉에서 영감을 받았고, 멕시코 민속 음악이 가미된 뮤지컬이라고 알려진 이중 언어 작품 〈또 다른 오즈(El Otro Oz)〉도 오프브로드웨이에서 개막한다.

한편 보스턴에서는 뮤지컬 〈위대한 개츠비〉가 개막할 것이다. F. 스콧 피츠제럴드(F. Scott Fitzgerald)가 쓴 부와 거짓말, 욕망에 관한 고전적인 이야기를 뛰어난 제작팀이 각색했다. 영국 인디밴드 플로렌스 앤 더 머신(Florence and the Machine)의 플로렌스 웰치(Florence Welch)와 오스카상 후보에 올랐던 작곡가 토머스 바틀릿(Thomas Bartlett)이 곡을 썼고, 2018년 퓰리처상을 수상한 마티나 마이옥(Martyna Majok)이 대본을 썼으며, 토니상 수상자인 레이철 챠브킨(Rachel Chavkin)이 연출을 맡았다.

실존 인물들도 다가오는 공연에 영감을 줬다. 〈알리(Ali)〉는 주인공의 고향인 켄터키주 루이빌에서 가을에 초연할 예정이다. 이 작품은 링 안에서의 최고 권투선수 알리와 링 밖에서의 인권 운동가 알리의 삶을 연대순으로 보여준다. 영화 〈블론드〉, 뮤지컬 버전의 〈뜨거운 것이 좋아〉, 제임스 엘로이(James Ellroy)의 소설 《매혹하는 사람들(The Enchanters)》 등 마릴린 먼로(Marilyn Monroe)와 관련된 최근 미디어 물결은 브로드웨이 뮤지컬 〈스매시(Smash)〉로 이어질 것이다. 다소 혼

란스러울 수 있지만, 이 작품은 먼로의 삶을 담은 브로드웨이 뮤지컬 제작을 소재로 2012~2013년에 방영된 텔레비전 시리즈를 원작으로 삼고 있다.

보다 초현실적인 이야기를 원한다면 봄에 영국 샐퍼드에서 공연하는 〈42개의 풍선(42 Balloons)〉 티켓을 예매해도 좋을 것이다. 눈이 나빠 파일럿이 되지 못한 래리 월터스(Larry Walters)가 1982년 자기 집 간이의자에 헬륨 풍선을 매달고 비행의 꿈을 실현한 실화를 재구성한 작품이다. 그는 1만 6,000피트 상공까지 올라갔으며, 캘리포니아 상공에서 45분간 표류하다가 무사히 지상으로 내려왔다. 월터스는 "그 일은 내가 꼭 해야만 하는 일이었다"고 말했다.

전 세계가 경기 둔화와 정치적 불안정에 직면하면서 2024년에는 탈출에 대한 열망이 많은 사람의 공감을 얻을 것이다. 어려운 시기에는 무대나 스크린에서 뮤지컬이 제공하는 환상이 사람의 마음을 끈다. 대공황이 시작된 1929년 미국에서 가장 높은 수익을 올린 영화 10편이 모두 뮤지컬 영화였다. 예전에 누군가가 부른 유명한 노래가 있다. "방에 혼자 앉아 뭐 하나요? 음악이나 들으러 오세요."●

●　뮤지컬 영화 〈카바레〉(1972년)의 타이틀곡.

건축의 진보

서아프리카 건축의 새로운 시대를 보여주는 세 개의 건축물

클레어 매큐(Claire McQue) 〈이코노미스트〉 문화 부문 부편집자

식민 지배 역사는 서아프리카 도시들 곳곳에 여전히 우뚝 서 있다. 베냉의 정치인들은 프랑스인이 지은 저택에서 법안을 통과시킨다. 가나에 현대적 건축을 도입한 장본인은 영국 식민지 개척자들이다. 공공 건물이 한 나라의 정체성 형성을 돕는다면 이 지역 국가들이 새로운 건물을 원하는 것은 당연한 일이다. 2024년에는 서아프리카 전역에서 다양한 대규모 프로젝트가 마무리되면서 민주주의, 현대성, 지속 가능한 발전을 대표하는 건축의 새로운 시대가 열릴 것이다.

베냉의 수도 포르토노보에 새로운 국회의사당이 들어서 도시를 빛내고, 세네갈의 수도 다카르에서는 독일 문화원(Goethe-Institut)을 위한 멋진 문화 센터가 완공될 것이다. 두 곳 모두 명망 있는 건축 상인 프리츠커상을 수상한 최초의 흑인 건축가 프랑시스 케레(Francis Kéré)가 설계했다. 나이지리아인들도 감탄할 만한 문화 공간을 갖게 될 것이다. 나이지리아 주요 종족인 요루바족의 문화를 기념하는 화려한 존 K. 랜들 센터(JRC)가 라고스에서 방문객에게 개방될 예정이다. 경사진 지붕 위에 잔디를 얹은 이 건물은 1957년 이후 나이지리아 최대 도시 라고스에서 문을 여는 첫 번째 공립 박물관일 것이다.

이런 건축 프로젝트들은 디자인을 통해 식민지 이전의 전통과 식

고국에서 활약하는 건축가들

민지 이후의 현대성을 접목한다. 케레는 베냉의 새로운 국회의사당을 지을 때 전형적인 만남의 장소인 '토론의 나무(바오밥나무)'에서 영감을 찾았다. 요루바족의 전통적인 마을에 기반을 둔 JRC의 전면부는 직조된 철강이 쓰였고 이는 전통 공예품을 연상시킨다.

새 건물들은 문화 외교의 공간도 제공할 것이다. 이 프로젝트를 진행한 건축가 세운 오두올레(Seun Oduwole)는 대영 박물관과 다른 서구 기관에서 대여한 요루바 유물을 관람객들이 JRC에서 드디어 볼 수 있을 것이라고 말한다. 케레는 독일이 운영하는 독일 문화원이 '갈등 없이 아이디어를 교환할 수 있는 장터' 같은 곳이라고 설명한다. 세네갈의 회복 탄력성을 상징하는 바오밥나무 한 그루가 그 한가운데 서 있다.

이 건축물들은 아프리카 건축에 관심이 급증하고 있음을 반영한다. 서구에서 교육받은 아프리카 건축가들이 주요 건축 프로젝트를 따내고 저명한 상을 거머쥐고 있다. 2023년 베네치아에서 열린 건축 비엔날레에서는 참가자 절반 이상이 처음으로 아프리카와 아프리카계 디아스포라 출신이었다. 특히 기후 변화의 영향으로 아이디어가 양방향으로 흐르는 추세다. 덥고 건조한 아프리카 지역의 고대 건축 방식이 전 세계의 극심한 더위로부터 도시 거주자들을 보호하려는 건축가들에게 영감을 주고 있다.

아프리카 대륙에서 건축 관련 인재 파이프라인을 구축하는 데는 시간이 걸릴 것이다. 최근 몇 년 동안 아프리카에서 새로운 건축학교가 문을 열긴 했지만 인구 규모에 비해 학교 수가 턱없이 부족하다. 베네치아 비엔날레를 감독한 레슬리 로코(Lesley Lokko)는 건축을 둘러싼 문화가 아직 뿌리내리지 못했다고 설명한다. 자금 조달은 영원한 장벽으로 남아 있다. 하지만 이런 장벽을 뛰어넘은 건축가들이 서아프리카의 빠르게 성장하는 대도시에서 이름을 떨치고 있다. 앞으로 더욱 혁신적인 건축물들이 등장하리라 기대한다.

내 포효를 들어라

중국에서 여성 록스타들이 갈수록 인기를 끌고 있다

익명 베이징, 프리랜서 통신원

10월 중순 중국 북부 도시 스자좡에서 열린 음악 축제에서 군중 속의 한 팬이 '모든 여성이 더 크고 무한한 꿈을 꾸게 하라'고 적힌 현수막을 손에 들고 흔들었다. 그 열성이 일부 밴드의 격앙된 태도와 살짝 충돌하긴 했지만, 분명 그 자리에 모인 많은 사람의 마음에 닿는 메시지였다. 일렉트로닉 록밴드 노바 하트(Nova Heart)의 리드싱어인 45세의 헬렌 펭(Helen Feng)이 무대 위로 성큼성큼 걸어 나오자 무대 전면 구역에 있던 남녀 관객들이 "니우 비, 니우 비(niu bi, niu bi)"라고 외쳤다. 가장 점잖게 번역해도 '넌 나쁜 X야'라는 뜻의 비속어다.

마오쩌둥 시대 이후 1980년대와 1990년대 중국 음악계는 남성 아티스트들이 주도했다. 그 뒤에는 박자에 맞춰 춤추는 깜찍한 보이 밴드들과 어리바리한 걸 밴드들이 주류를 이뤘다. 이제 여성 뮤지션과 여성으로만 구성된 밴드가 자신들의 목소리를 내고 있다. 오늘날의 중국 음악계를 지켜보는 이들은 2024년에 거침없는 여성 뮤지션들이 더 큰 주목을 받을 것으로 예상하고 있다.

당연히 그들은 고정관념을 깨고 여성의 자율권에 관한 노래를 쓴다. 최근 펭은 한 음악 버라이어티쇼에서 "난 아름다워질 수 있어. 변하기만 하면 돼"라고 노래했다. "젠장, 난 정말 변하고 싶지 않아." 그녀는 계속 노래를 불렀고 관중은 환호했다. 남서부 도시 청두 출신으로, 여성으로만 구성된 밴드인 '호르몬즈(Hormones)'는 최근 한 인터뷰에서 "우리는 밖으로 나가서 더 큰 목소리를 내야 합니다. 보다 많은 여성이 참여할수록 여성 밴드를 둘러싼 부정적인 시각이 줄어들 겁니다"라고 말했다.

하지만 중국에서는 누구나 그렇듯이 뮤지션들도 정치를 경계해야 한다. 시진핑 주석이 시민 사회를 엄중히 단속하면서 검열이 강화됐다. 가수들은 공연 전에 가사와 발언 내용을 미리 제출해 승인받아야

하는 경우도 더러 있다. 여성들이 특히 감시의 눈초리를 받고 있다. 2015년에는 여성 혐오 문제로 공산당에 도전한 페미니스트 운동이 탄압받았다. 그 이후로 중국 당국은 여성 그룹이 사회적 안정을 해칠까봐 그들을 예의 주시하고 있다. 현재는 음악에 어느 정도 재량이 주어졌지만 악동 록스타들은 아슬아슬한 줄타기를 하고 있다.

PART
2

THE WORLD AHEAD 2024

아마겟돈 선거

조 바이든과 도널드 트럼프의 분열적인 비호감 경쟁이 다가온다

이드리스 칼룬(Idrees Kahloon) 워싱턴 DC, 〈이코노미스트〉 워싱턴 지부장

미국 유권자들의 속내를 들여다보면 미국 통합의 실상이 비정상적으로 암울하다는 사실을 알게 될 것이다. 2023년 9월 퓨 리서치 센터가 미국인들에게 자국의 정치 상황에 대한 생각을 물었을 때 응답자의 65%는 항상 또는 대개 피로감을 느낀다고 답했고, 55%는 보통 분노가 치민다고 답했으며, 겨우 10%가 종종 희망이 떠오른다고 답했고, 4%만이 자주 기대감을 느낀다고 답했다. 정치를 한 단어로 표현해 달라는 요청에 많은 이들이 분열이나 부패, 혼란, 부도덕 등을 선택했다. 2024년에는 불만이 훨씬 더 커질 가능성이 높다.

대선 캠페인에서 모든 징후가 80대인 바이든 대통령과 전임자 트럼프의 재대결을 가리키고 있다. 이번 선거의 주요 쟁점은 경제나 외

교 정책 같은 통상적인 이슈가 아니라, 둘 중 어떤 사람이 대통령직을 수행하기에 적합한지가 될 것이다. 1년간 이어지는 비호감 경쟁에서 바이든 대통령은 트럼프가 공화당에 실존적 위협이라고 주장할 것이다. 2021년 1월 6일의 반란 시도나 자신이 맞닥뜨린 많은 형사 소송에도 부끄러워하지 않는 트럼프는 바이든 대통령이 미국의 문제를 처리하기에는 너무 늙고 약하다고 주장할 것이다. 두 사람은 상대방을 나라 종말의 전조로 묘사할 것이며, 그들 정당의 대다수 당원들은 이렇게 경합하는 종말론에 동의할 것이다.

바이든 대통령은 '바이든노믹스(Bidenomics)'를 선전하고 인프라에 대한 막대한 지출로 노동자들의 삶이 나아졌다고 주장할 것이다. 트럼프는 바이든 대통령 취임 이후 미국인들의 실질 가처분 소득을 갉아먹은 인플레이션에 대한 불만과 눈덩이처럼 불어난 국가 부채 규모를 꼬집을 것이다. 트럼프의 정책 제안이 미국의 재정 상태를 개선할 것 같지는 않다. 그는 세금을 내리고 모든 수입품에 10% 관세를 부과해 전 세계와 무역 전쟁을 촉발하면서 사회보장 수급 프로그램은 그대로 두는 것을 목표로 하고 있다. 하지만 두 사람은 백악관으로 가는 길이 불만을 품은 노동자 계층 유권자들을 뚫고 나가는 길이라고 정확하게 인식하고 있다. 두 사람의 경제 공약은 실제 실현 가능성과 별개로 노동자 계층 환심을 사는 데 중점을 둘 것이다.

'정책통'과는 거리가 먼 트럼프는 공화당원들을 열광의 도가니로 몰아넣는 전략을 쓸 것이다. 그의 선거 유세에서는 바이든 대통령이 남부 국경을 지키는 데 실패했고, 범죄나 약물 과다 복용으로 인한 사망을 줄이지 못했으며, 미국을 임신중절 지지자, 범죄자, 다양성-평등-포용의 요식 체계, 트랜스젠더 등의 불경한 피난처로 만들려는 민주당 좌파 진영에 굴복함으로써 나라를 파괴할 위기에 처해 있다고 주장하면서, 자신의 첫 취임 연설에서 언급했던 '미국인 대학살'을 거듭 강조할 것이다. 트럼프는 2020년 대선 패배를 인정하기보다 선거를 도둑맞았다고 대다수의 지지자를 설득하는 데 성공했다. 대통령 집무실에 복귀하지 못하면 감옥에 갈 가능성이 높은 상황에서 2024년 그가 내뱉는 말들은 한층 더 극단적이고 민주주의를 갉아먹을 것이다.

물론 두 사람의 정책에는 실질적인 차이가 있지만 그 차이는 대체로 많은 미국 유권자들이 도외시하는 분야에 존재한다. 두 사람은 미국의 외교 정책을 완전히 다른 방향으로 이끌 것이다. 두 사람 모두 확고한 보호주의자이지만 바이든 대통령은 트럼프와 같은 고립주의자는 아니다. 미국 우선주의 운동에 빠져 있는 공화당은 러시아에 맞선 우크라이나의 전쟁에 대한 자금 지원을 포기할 심산인 것 같다.

트럼프는 공화당원들을 열광의 도가니로 몰아넣을 것이다.

양당 모두 중국에 대한 강경책에서는 서로 앞지르려고 하지만, 트럼프가 대만을 방어하기 위해 미군을 투입할지는 불분명하다. 유럽의 동맹국들은 나토에서 미국의 중추적 역할이 영구적으로 약화할까봐 우려하고 있다.

트럼프의 맹공격에 맞서 싸우려면 기력이 좋아야 하는데 바이든 대통령은 기력이 부쳐 보인다. 선거가 끝날 무렵에는 아마도 더 힘이 부칠 것이다. 바이든 지지자들의 희망은 트럼프가 형사재판이 걸린 1월 6일 사건을 끊임없이 상기시키고 낙태 등의 이슈에 대한 공화당의 비호감 입장을 고수하며 자멸하는 것이다. 미국은 선거의 표차가 크지 않은 편이므로 양당 구성원들이 느끼는 실존적 불안감이 더욱 커지고 있다. 1년 뒤의 결과는 예측할 수 없다. 하지만 피로감과 분노를 느끼는 국민의 비율이 늘어날 가능성이 매우 높아 보인다.

2024년 주목해야 할 인물들

―――

일부는 잘 알려졌지만 그렇지 않은 중요 그룹도 있다

제임스 베넷(James Bennet) 워싱턴 DC, 〈이코노미스트〉 렉싱턴 칼럼니스트

미국 정치에서 전율을 느끼게 하거나 적어도 놀랄 만한 대통령 후보가 배출된 적이 있었다. 일리노이주 의회를 거쳐 상원에 진출한 지 3년 만에 힐러리 클린턴(Hillary Clinton)을 맹추격한 버락

오바마(Barack Obama), 보수주의자들의 경멸을 극복한 존 매케인(John McCain), 2016년 선거에 출마한 도널드 트럼프가 그 예다. 그리고 혹시 잊지 않았겠지만 나이와 과거의 중도주의 이력 때문에 한때 배제됐다가 2020년 당선된 바이든도 있다.

재대결 승부인 2024년 대선이 다가오고 있다. 바이든 대통령과 트럼프 전 대통령은 대부분의 미국인이 보고 싶어 하지 않는 속편에 출연할 준비를 하고 있다. 그 바람에 부통령인 카멀라 해리스(Kamala Harris)에게도 시선이 쏠릴 것이다. 바이든은 역대 최고령 대통령으로 두 번째 취임식 때는 82세가 될 것이므로 유권자들은 해리스 부통령을 유독 주의 깊게 살펴볼 것이다.

하지만 이 속편은 몇 가지 새로운 플롯을 보여줄 것이다. 대통령 선거 사상 처음으로 선거 운동보다 법정 소송이 더 많은 관심을 끌 것이며 더 결정적인 요인으로 판명될 수도 있다. 기소된 최초의 대통령 또는 전직 대통령인 트럼프는 4개의 사건, 4개의 관할권에서 91건의 중범죄 혐의를 받고 있다. 2020년 선거 결과를 뒤집으려 한 혐의로 기소된 조지아주 풀턴 카운티에서는 재판이 TV로 생중계될 예정이다.

이 일로 풀턴 카운티 지방 검사인 패니 윌리스(Fani Willis)가 2024년 미국 정치에서 가장 중요한 인물 중 한 명으로 떠오를 것이다. 플로리다에서 기밀문서 유출 혐의로, 워싱턴 DC에서는 민주주의 전복을 시도한 혐의로 트럼프를 연방 법원에 기소한 잭 스미스(Jack Smith) 특별검사도 빼놓을 수 없다. 이 재판들에서 무죄 판결이 내려지면 트럼프가 백악관으로 복귀하는 데 보탬이 될 수 있지만, 유죄 판결이 백악관 문을 막을지는 불확실하다.

결과는 트럼프가 검찰과 법률 시스템의 신뢰도를 얼마나 성공적으로 훼손하느냐에 달려 있다. 그는 윌리스와 스미스를 악당으로 묘사하기 바쁘다. 검찰의 강경한 태도 말고도 증인의 폭로와 기타 증거들이 최선의 방어가 될 것이다.

인구 3억 4,000만 명이 사는 나라에서 결국에는 소규모 집단이 결과를 좌우할 것이다. 바이든 대통령은 2020년 일반 투표에서 거의 700만 표 차이로 승리했다. 만일 3개 주에서 약 4만 4,000표가 다른 쪽으로 갔다면 그와 트럼프는 선거인단이 동률을 이뤘을 것이다. 초당파적인 쿡 정치 보고서는 2024년 애리조나, 조지아, 펜실베이니아, 위스콘신 등 4개 주에서 접전 가능성을 예상한다. 이 주들의 교외 지역에 사는 일부 유권자는 아직 한 정당에 충성을 맹세하지 않았다. 그들이 다음 대통령을 결정할 것이다.

구체적인 수치

경제 침체는 피했지만 아직 위기를 벗어나지는 못했다

사이먼 라비노비치(Simon Rabinovitch) 워싱턴 DC, 〈이코노미스트〉 미국 경제 부문 편집자

2023년 미국 경제는 예측가들에게 겸손이라는 교훈을 줬다. 2023년이 시작되기 전에 거의 모두가 기껏해야 성장 둔화, 최악의 경우 경기 침체로 이어질 것이라고 내다봤다. 인플레이션을 억제하는 것이 고통스러울 수밖에 없다는 단순한 논리였다. 그런데 미국은 인플레이션이 진정되는 와중에도 연간 약 2%의 성장률을 보이며 앞서 나갔다.

그 결과 많은 분석가들이 암울한 전망에서 벗어났다. 2024년을 내다보는 그들의 중간적인 의견은 미국이 경기 침체를 피하고 물가 압력을 통제할 수 있으리라는 것이다. 최근 몇 년간 괴롭힌 인플레이션 공포 이후의 '연착륙'이라고 할 수 있다. 하지만 2023년에 대한 예측이 얼마나 많이 틀렸는지를 감안할 때 2024년에도 그와 같은 일이 또 생길 수 있을지 의심할 필요가 있다. 세 가지 위험이 눈에 띈다.

첫째, 중앙은행이 금리를 인상하는 시점과 경제가 효과를 체감하는 시점 사이에는 늘 시간 지연이 존재한다. 2023년에는 소비자와 기업의 예금 덕분에 자금 조달의 필요성이 제한적이었지만 2024년에는 예금이 줄어 금리 상승에 더 큰 영향을 받을 것이다. 둘째, 연준이 금리 인상을 끝내더라도 인플레이션이 하락함에 따라 실질 금리는 긴축 수위가 점점 더 강하게 느껴질 것이다. 마지막으로 경제에

균열이 나타나고 있다. 실업률이 여전히 낮긴 하지만 서서히 증가하고 있다. 일단 경기 침체가 진행되면 급격히 증가할 위험이 있다.

그럼에도 불구하고 2024년 경제에서 명백하게 긍정적인 한 가지는 인플레이션에 대한 걱정이 줄어들 것이라는 점이다. 인플레이션은 2022년 중반 전년 대비 7% 뛰었던 것이 이미 약 3%로 뚝 떨어졌다. 일부에서는 인플레이션을 연준의 목표치인 2%로 낮추는 '최종구간'이 특히 힘들 것이며, 이로 인해 중앙은행이 인플레이션 목표치를 상향 조정할 수도 있다고 우려하고 있다. 중앙은행은 5년마다 돌아오는 통화 정책 체계 검토가 시작되는 2024년 말 그 기회가 생길 것이다. 하지만 목표치를 상향 조정할 필요는 없을 듯하다.

주택 임대료의 약세는 이미 인플레이션 수치에 반영되고 있으며 이런 추세는 2024년까지 이어질 전망이다. 상품에 대한 수요 감소와 공급망의 완전한 회복이 소매 가격에 압박을 줄 것이다. 가장 중요한 점은 한때 극도로 팽팽했던 고용 시장이 느슨해지면서 임금 상승이 둔화할 수 있다는 것이다. 따라서 2024년 말 즈음 인플레이션은 목표치인 2%까지 내려가지 않더라도 힘을 잃을 것이다. 성장 둔화와 인플레이션 진정이라는 두 가지 요인이 빠르면 2024년 중반부터 연준이 다시 금리 인하를 시작할 수 있는 길을 열어줄 것이다.

2024년의 최대 관심사는 이런 추세가 대선에서 어떻게 작용할 것인가 하는 것이다. 바이든 대통령과 민주당은 경제 정책에 대한 미국 유권자들의 낮은 평가에 좌절하고 있다. 경기 침체를 피하고, 낮은 실업률을 유지하며 인플레이션을 억제하는 것은 물론이고, 친환경 에너지, 인프라, 제조업에 투자를 촉진하는 법안 통과 등의 성과를 강조하는 정부의 공동 노력에도 불구하고 바이든 대통령의 경제 정책을 지지하는 성인은 10명 중 4명도 되지 않는다.

평가의 공정성 여부를 떠나 그들의 메시지는 효과가 없었다. 많은 사람이 바이든 대통령 재임 기간에 인플레이션이 치솟기 시작했다는 사실을 지난 일로 넘기지 못하고 있다. 물가는 더 이상 빠르게 상승하지 않지만 2021년 1월 취임 당시보다 여전히 20% 가까이 높다.

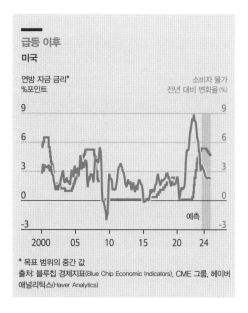

급등 이후

미국

연방 자금 금리*
%포인트

소비자 물가
전년 대비 변화율 (%)

예측

2000   05   10   15   20   24

* 목표 범위의 중간 값

출처: 블루칩 경제지표(Blue Chip Economic Indicators), CME 그룹, 헤이버 애널리틱스(Haver Analytics)

1970년대 후반 지미 카터(Jimmy Carter) 전 대통령의 단임 기간(불길한 선례) 이후 가장 가파른 상승이다.

바이든 대통령에게 희망이 전혀 없는 것은 아니다. 인플레이션이 계속 하락하는 한 유권자들이 인식을 바꿀 시간은 충분할 것이다. 설문 조사로 측정한 소비자 심리 지수는 과거의 잣대로는 여전히 낮은 수준이지만 2022년 중반 이후 상승했다. 이번에 국민적 합의가 올바르고 미국이 경기 침체를 피한다면 바이든 대통령은 11월 대선을 앞두고 유리한 경제적 배경을 갖게 될 것이다. 하지만 경제 성장의 하향 위험성은 이 시나리오에 배치된다. 경제가 그의 재선 도전에 디딤돌이 되기보다 오히려 걸림돌이 될 수 있다.

앤턴 라 가디아(Anton La Guardia) 워싱턴 DC, 〈이코노미스트〉 외교 부문 편집자

조 바이든이 백악관에 입성했을 때 그의 최우선 과제는 러시 아와 '안정적이고 예측 가능한 관계'를 맺고, 대중동(greater Middle East)에서 미국의 '끝없는 전쟁'을 끝내며, 안으로는 국내 경제 에 집중하고 밖으로는 중국과의 경쟁에 집중하는 것이었다. 하지만 현실은 그의 뜻대로 돌아가지 않았다. 러시아는 우크라이나를 침공 했고 하마스는 이스라엘을 공격했다. 미국은 공격당하고 있는 우방 들을 도우면서 여전히 대만을 방어할 수 있을까?

전략가들은 중국의 군사력이 점점 강해지고, 새로운 군사 장비에 대한 미국의 투자가 2030년대까지 온전히 결실을 맺지 못함에 따라 2020년대가 끝나기 전에 인도-태평양 지역에서 '취약성의 창'이 열 릴 수 있다고 우려한다. 이런 시간차에 대한 우려는 2027년이 다가 올수록 더욱 커질 것이다. 중국 지도자 시진핑이 자신의 명령에 따 라 인민해방군이 대만을 침공할 수 있는 역량을 갖추길 바라는 해이 기 때문이다. 하지만 전쟁 발발 여부는 단순히 군사적 균형에만 달 려있는 것이 아니다. 많은 부분이 정치적으로 결정될 것이다. 게다가 2024년에 미국과 대만 모두 선거를 치르므로 곧 위험한 시기가 시작 될 수도 있다.

미국은 쇠퇴 이야기가 나오는 와중에도 시장 환율 기준으로 여전

히 전 세계 국방비 지출의 39%를 차지하는 군사 대국이다. 하지만 2023년 4월 발표된 호주의 국방 전략 검토서는 '미국이 더 이상 인도-태평양 지역의 단일 리더가 아니다'라고 결론 내렸다. 균형의 변화는 미국의 유례없는 동맹 네트워크에 프리미엄을 부여한다. 바이든 대통령은 전임자 트럼프가 훼손한 이 네트워크를 복구하는 데

공을 들였다. 나토는 우크라이나를 지원하기 위해 연합하고 확장하고 결집했다.

아시아 동맹국들도 보탬이 되고 있다. 인도-태평양 지역에는 나토가 없지만 일본이 국방비 지출을 대폭 늘리고 있으며 미국은 호주에서 존재감을 키우고 있다. 특별 파트너십도 맺고 있다. 여기에는 호주에 핵추진 잠수함을 공급하고 영국과 기타 무기를 공동 개발하기 위해 맺은 오커스(AUKUS) 협정, 제트 엔진 생산을 위해 인도와 맺은 방위 산업 협정, 여러 기지에 대한 미국의 접근을 허용하기로 한 필리핀 협정이 포함된다. 2024년에 미국은 이런 협약을 더 추가하리라 예상된다.

미국의 신뢰성과 군사적 역량에 대한 인식에 많은 것이 달려 있다. 신뢰성 측면에서 살펴보면, 바이든 대통령을 비판하는 사람들은 미국이 2021년 아프가니스탄에서 허둥지둥 철수한 것이 적들에게 미

국의 약점을 드러낸 것이라고 생각한다. 이와 마찬가지로 우크라이나에 대한 지원을 줄이는 것이 러시아뿐만 아니라 중국에도 승리를 안겨줄 것이라고 주장하는 이들도 있다. 군사적 역량 측면에서 살펴보면, 미 국방부는 자국 군대가 두 개의 대규모 지역 전쟁에서 동시에 싸울 수 있어야 한다는 요건을 포기한 지 오래다. 그 대신 주요 적국에 대해 '충돌을 억제하고 필요한 경우 분쟁에서 승리'하는 동시에 '그 외 지역에서의 기회주의적 공격을 억제'하는 방식을 추구한다.

유럽에서 바이든 대통령은 미군 파견 없이 우크라이나를 지원했고 나토에 대한 공격을 막기 위해 유럽에 더 많은 부대를 배치했다. 중동에서는 이란과 그 대리 단체들의 공격을 저지하기 위해 항공모함 타격단을 파견했고 다른 병력도 강화했다.

표면적으로는 이라크나 아프가니스탄에서처럼 전쟁에 직접 개입하는 것보다 우방국을 지원하는 것이 미국의 힘을 보존하는 더 경제적인 방법이다. 하지만 미국 방위 산업체들은 고갈된 미국 재고를 보충하면서 동맹국에 공급하기 위한 무기 생산량을 늘리기 위해 안간힘을 쓰고 있다. 전쟁 시뮬레이션으로는 미국이 대만을 두고 중국과 전쟁을 벌이면 수일 내에 장거리 대함 미사일이 바닥날 것으로 보인다. 싱크탱크인 미국기업연구소(American Enterprise Institute)의 코리 셰이크(Kori Schake)는 '미국은 하나의 전쟁을 치를 수 있는 군대와 2주간 버틸 수 있는 산업 기반이 있다'고 지적한다.

세계에서 미국의 역할을 유지하는 데 가장 큰 걸림돌은 아마도 국내 정치의 기능 장애일 것이다. '미국 우선주의'를 외치는 공화당은 정상적인 예산 편성을 방해했고, 특히 우크라이나 전쟁의 자금 지원에 강력히 반대했다. 2024년에 우크라이나에 대한 지원을 줄이는 데 성공한다면 전 세계 동맹국들이 몸서리를 칠 것이다. 만일 그들의 대변자인 트럼프가 다시 대통령에 당선된다면 그 두려움은 두 배로 커질 것이다.

온라인 사생활 보호 vs 표현의 자유

미국의 인터넷 사생활 보호법이 수정헌법 1조에 어긋난다

타마라 길크스 보어(Tamara Gilkes Borr) 〈이코노미스트〉 미국 공공 정책 부문 통신원

정부가 '표현의 자유를 제한'하지 못하도록 막는 수정헌법 1조는 미국 민주주의의 근간이다. 최근 몇몇 주에서 테크 산업을 규제하는 법안을 통과시켰는데 그 법이 이 기본권을 침해할 수 있다. 2024년 테크 기업들이 이에 맞설 것이다.

중요한 문제는 수정헌법 1조라는 보호 장치를 갖춘 국가가 기술을 규제할 수 있느냐는 것이다. 2000년 시행된 온라인 아동 개인 정보 보호법(COPPA)은 웹사이트가 13세 미만 아동의 개인 정보를 수집하거나 사용, 공개하기 전에 부모의 동의를 얻도록 규정하고 있다. 테크 업계는 이 법 말고도 제한적인 규정 안에서 지난 20년 동안 운영해왔다. 이제 이 간극을 좁히기 위해 정파가 다른 주 의회들이 나섰다.

주 정부들의 정책은 크게 두 범주로 나눌 수 있다. 한 가지 유형은 아동 보호를 주장하는 법률 제정이다. 캘리포니아 주지사는 2022년 9월 '캘리포니아 연령 적합 설계 규약법(California Age-Appropriate

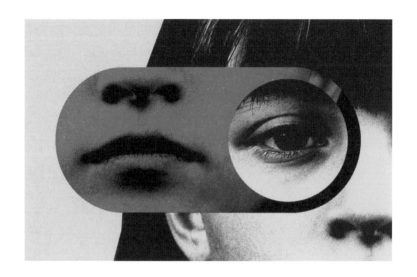

Design Code Act)'에 서명했다. 이에 따라 기업은 아동과 상호 작용하는 방식에 더욱 주의를 기울여야 한다. 플로리다와 코네티컷주에서도 비슷한 법의 초안이 마련됐지만 2023년 9월 연방 판사는 수정헌법 1조 위반 가능성을 이유로 캘리포니아 법에 잠정적인 시행 금지 명령을 내렸다. 아칸소주의 비슷한 법안 또한 차단당했다. 우려되는 점은 이런 법이 언론의 자유를 제한한다는 것이다.

또 다른 유형은 기술 기업의 콘텐츠 조정을 규제하는 법률 제정이다. 플로리다에는 소셜 미디어 기업들이 이용자를 '플랫폼에서 삭제'하는 것을 금지하는 법이 있다. 텍사스에는 소셜 미디어 기업들이 정치적 관점에 따라 게시물을 삭제하거나 이용자를 막는 것을 방지하는 법이 있다. 텍사스의 법은 연방 판사의 지지를 얻었지만 플로리다의 법안은 연방 판사가 가로막았다. 테크 기업들은 정부의 간섭 없이 어떤 게시물을 올리고 내릴지 결정하는 것은 헌법으로 보호되는 자유라고 주장한다.

이런 사례들 때문에 미국의 법 체계는 복잡한 문제를 고민할 수밖에 없을 것이다. 정부가 (명예훼손이나 외설 행위 등을 제외하고) 언론을 제한할 수 없다는 생각은 미디어 기업과 그들의 콘텐츠 편집권까지 확대된다. 그런데 여기에 테크 기업의 게시물 및 피드 관리도 포함될까?

또 다른 문제는 수정헌법 1조에 명시된 아동의 권리에 관한 것이다. 대법원은 어린이들이 '헌법에 명시된 발언 또는 표현의 자유에 대한 권리를 교문 앞에 벗어놓지는 않는다'며 논란의 여지가 있는 책을 읽을 권리가 있다고 판결했다. 하지만 유해 콘텐츠는 제한할 수 있다고도 밝히고 있다. 이것이 인터넷에 어떻게 적용되는지는 불분명하다.

메타, 구글 등 기술 기업들이 회원으로 있는 무역 단체 넷초이스(Netchoice)는 새로운 법률들이 위헌이라고 주장한다. 이 단체는 아칸소, 캘리포니아, 텍사스를 상대로 소송을 제기했으며 물러설 기미는 보이지 않는다. 2024년에는 텍사스와 플로리다의 콘텐츠 조정 개입과 관련된 한 건 이상의 소송이 연방 대법원에 제기될 수 있다.

작은 것이 아름답다

들어본 적 없는 장소들이 빠르게 성장하고 있다

레베카 잭슨(Rebecca Jackson) 오스틴, 〈이코노미스트〉 남부 통신원

'오스틴을 별난 도시로 유지하는 것(Keeping Austin weird)'은 지역 주

누구나 환영합니다

민들의 예상보다 더 힘든 일이었다. 실리콘밸리와 맨해튼 탈출자들로 넘쳐나는 텍사스주 오스틴은 한때 근사한 하위문화로 이름난 도시였지만 지금은 기술 중심지가 됐다. 아마존, 애플, 구글, 메타, 테슬라가 이 도시에 진출해 일자리를 제공하며 사람들을 끌어들이고 있다. 2010년부터 2020년까지 오스틴의 인구는 다른 어떤 대도시보다 크게 증가해 3분의 1이 늘어난 230만 명이 됐다.

이후 인구가 걷잡을 수 없이 늘어나 주택 공급이 이를 따라잡지 못했다. 2023년 9월 오스틴 부동산 중개인 협회는 오스틴에 저렴한 2인용 주택이 15만 2,000채 더 필요하다고 발표했다. 지역 주민들은 주택 가격이 비싸져서 버티지 못해 떠나가고 노숙자들이 시내 거리에 늘어섰으며 교통 체증은 끔찍한 수준이다.

지난 10년 동안 샬럿에서 댈러스에 이르는 선벨트 지대 전역의 도시들로 이주자들이 유입돼왔다. '새로운 대이동(New Great Migration)'

이라고 불리는 이 현상은 흑인 대졸자 수천 명이 남쪽으로 이주하면서 시작됐고 조지아, 노스캐롤라이나, 텍사스에서 도시 재생을 촉진하고 있다. 반면 북동부, 중서부, 서부의 도시들은 인구가 쪼그라들고 있다. 가장 빠르게 성장하는 곳은 남부 소도시들이다.

부분적으로는 소도시 생활에 대한 갈망과 팬데믹이 불러온 원격 근무 가능성 때문이기도 하다. 2020년에는 인구가 8만 명 넘는 도시보다 3만 명을 밑도는 소도시로 전입한 사람이 더 많았다. 마스크 착용 의무가 완화된 뒤에도 이런 추세가 이어졌다. 2022년 7월까지의 인구 조사 집계에 따르면 남부 소도시 지역은 주민 100명당 0.9명이 전입했고 남부 대도시들은 전입 인구가 0.6명에 불과했다.

멕시코만 연안의 어촌 마을인 앨라배마주 다프네는 인구 변동이 거의 없는 버밍엄보다 상황이 더 나았다. 사우스캐롤라이나주 스파턴버그의 전입률은 규모가 훨씬 큰 찰스턴보다 두 배나 높았다.

이런 추세는 2024년에도 이어질 것이다. 2020년 아칸소주 북서부 오자크 산맥에 위치한 31개의 중소 도시들로 구성된 지역 협의회는 전입자들에게 1만 달러와 자전거를 제공했다. 이제는 더 이상 인센티브를 제공할 필요가 없다. 현재의 유입 속도로 볼 때 2045년 무렵에는 이 지역 인구가 두 배로 늘어나 100만 명에 이를 것으로 추산된다. 이 도시들은 호텔을 짓고 교통 서비스를 구축하면서 좀 더 국제적인 도시 분위기를 조성하고 있다. 9월 지역 협의회는 1만 1,000개의 새로운 일자리를 홍보하기도 했다. 남부의 작은 마을들에 황금시대가 다가오고 있다.

외야에서 홈까지

크리켓 월드컵이 미국에 온다

레오 미라니

1994년 미국에서 FIFA 남자 축구 월드컵이 개최됐을 때 이 사실을 알고 있는 미국인은 겨우 20%에 지나지 않았다. 오늘날은 스포츠를 즐기는 미국인의 약 3분의 1이 '열렬한' 축구 팬을 자처한다. 이는 2015년과 2019년 미국 여자 축구팀이 월드컵에서 두 번 연속 우승한 덕분이다.

미국에서 월드컵이 열린 지 30년이 지난 지금 크리켓이 세계에서 가장 중요한 스포츠 시장에서 그 나름의 여정을 시작하고 있다. 2024년 미국은 서인도 제도와 공동으로 T20 남자 크리켓 월드컵(투구 수를 120개로 제한해 각 경기가 최대 5일이 아닌 3시간 안에 끝나는 가장 짧고 대중적인 방식)을 개최할 예정이다. 55경기 중 약 3분의 1이 미국에서 열릴 것이다. 개최국인 미국의 대표팀은 이 대회에서 자동으로 사상 첫 토너먼트 출전권을 얻으며, 이 대회가 미국 크리켓의 데뷔 축하 파티가 되기를 기대하고 있다.

대부분의 미국인에게 크리켓은 규칙이 불가해한 스포츠로 (일리 있는) 평판이 나 있다. 현재 크리켓은 주로 이민자와 그들의 자녀들만 즐기는 '틈새 관심사'로 남아 있다. 실제로 미국 크리켓 대표팀은 대다수가 남아시아와 카리브해 제도 출신 선수들로 구성돼 있다. 그래도 크리켓은 미국에서 약 650만 명에 달하는 상당한 규모의 팬을 보유한 스포츠다.

2023년 미국에서 메이저 리그 크리켓(MLC)이라는 새로운 프로 토너먼트가 첫선을 보였다. 언론은 다소 당황스러워하면서도 대체로 긍정적이었다. MLC는 2024년 월드컵에 이어 잇따라 대회를 개최해 미국에서 '크리켓의 여름'을 만들 계획이다. 그리고 그로부터 성장 동력을 얻기를 희망하고 있다. 2023년 10월 국제 올림픽 위원회는 2028년 로스앤젤레스 올림픽에서 남녀 크리켓이 정식 종목으로 채택될 것이라고 발표했다.

미국에서 인지도를 높이려고 애쓰는 스포츠는 크리켓뿐만이 아니다. 2022년 미국에서 처음으로 세계 육상 선수권 대회가 열렸다. 2026년 FIFA 남자 축구 월드컵은 미국, 캐나다, 멕시코에서 공동으로 개최된다. 2031년에는 럭비 월드컵도 처음으로 미국에서 열릴 예정이다.

미국 대표팀이 크리켓 월드컵에서 조별 예선을 넘어서는 성적을 내기 힘들 것이라는 점은 중요하지 않다. 미국 대도시의 스카이라인을 배경으로 펼쳐지는 크리켓 경기는 크리켓에 대한 관심

크리켓이 세계에서 가장 중요한 스포츠 시장에 찾아온다.

을 불러일으킬 수밖에 없을 것이다. 미국 대표팀에게는 전 세계 팬들이 지켜보는 가운데 세계 최고의 팀들과 경기를 하는 것 자체가 전에 없던 기회인 셈이다.

하나의 스포츠가 새로운 관중을 확보하는 일은 흥미진진한 T20 방식 경기보다는 5일간 진행되는 '테스트 크리켓' 방식 경기와 더 비슷하다. 작은 승리와 아슬아슬한 승부를 서서히 쌓아가는 경기는 기량만큼이나 인내심과 결단력에 대한 시험이기도 하다.

당신의 도시는 열을 견딜 수 있습니까?

―――

극심한 더위로 미국 도시들이 달궈질 것이지만 대비책이 있다

아린 브라운(Aryn Braun) 로스앤젤레스, 〈이코노미스트〉 서부 통신원

몬순이 또 늦어졌다. 성경에나 나올 법한 장대비가 쏟아진다면 모를까, 섭씨43도(화씨109도)를 웃도는 날들이 이어지면서 무더위를 식힐 방법이 없다. 포장도로가 이글이글 달아오르고 있다. 병원의 병동에는 화상 환자가 가득하다. 선인장마저 파삭파삭 부서질 것 같다. 많은 사람이 해뜨기 전 이른 아침에만 외출을 감행한다. 나머지 시간에는 사막에서의 삶을 가능하게 해준 발명품인 에어컨이 켜진 방으로 피신한다.

이것이 2023년 7월 애리조나주 피닉스의 상황이었다. 그런데 에

어컨 가동을 위한 전력 수요로 전력망이 한계점에 도달했다면 어떻게 됐을까? 학술지 〈환경 과학과 기술(Environmental Science and Technology)〉에 실린 한 연구에 따르면 피닉스에서 정전이 발생한 상태로 5일간 폭염이 지속되면 1만 3,000여 명이 사망하고 도시 주민 절반 이상이 병원 신세를 질 수 있다.

이것은 피닉스에서 일어날 수 있는 최악의 상황을 가정한 시나리오다. 그런데 꼭 재난적인 정전이 일어나야만 폭염으로 사람의 생명이 위협받는 것은 아니다. 도시 열섬 효과로 도심이 주변 지역보다 훨씬 더 뜨거워질 수 있다. 도로와 건물이 열을 흡수해 가두기 때문이다. 로스앤젤레스, 마이애미, 피닉스는 비상 대응 및 적응 계획을 감독하는 '최고 더위 책임자'를 고용했다. 기록상 가장 더운 해가 될 수 있는 2024년에는 더 많은 도시가 더위를 관리하는 공무원을 임명할 것이다. 햇빛을 흡수하지 않고 반사하는 '차열 도로(cool pavement)' 같은 새로운 기술을 도입하는 도시도 점점 더 늘어날 것이다. 그늘을 만들기 위해 나무를 심을 것이다. 도시 공무원들은 무더위 쉼터를 늘리고 열 피로에 가장 취약한 거리 생활 노숙자들을 실내로 불러들이려고 노력할 것이다.

하지만 2024년에는 정치적 도전도 있을 것이다. 미국에는 노동자를 위한 연방 차원의 폭염 피해 방지 대책이 없다. 바이든 대통령이 노동자들의 폭염 대비 안전에 대한 국가 표준을 만들라고 산업 안전 보건청에 지시했지만 이 일은 몇 년이 걸릴 수 있다. 바이든 대통령이 선거에서 패할 경우 계류 중인 기후 규제가 폐기될 수도 있다. 주 차원에서는 그나마 상황이 나아 보인다. 폭염에 대비해 노동자 보호법을 제정한 주는 5개뿐이며 모두 민주당이 주도하는 곳이다.

타오르는 나라

2053년 열 지수(체감 온도)*가 섭씨38도(화씨100도)를
초과하는 날을 예측한 수치

0 1 20 40 60 80 100

데이터 없음

워싱턴
몬태나
노스다코타
미네소타
메인
오리건
아이다호
사우스다코타
위스콘신
미시간
뉴욕
와이오밍
네브래스카
아이오와
펜실베이니아
웨스트버지니아
네바다
유타
콜로라도
일리노이
인디애나
오하이오
버지니아
캘리포니아
애리조나
캔자스
미주리
켄터키
테네시
노스캐롤라이나
로스앤젤레스
뉴멕시코
오클라호마
아칸소
미시시피
앨라배마
조지아
사우스캐롤라이나
피닉스
텍사스
루이지애나
플로리다
마이애미

* 기온과 습도를 고려해 계산한 값
출처: 퍼스트 스트리트 재단

　공화당이 주도하는 주들의 몇몇 도시는 자체적으로 문제를 해결
하고 있다. 플로리다주 마이애미-데이드 카운티의 최고 더위 책임자
인 제인 길버트(Jane Gilbert)는 "주 정부가 폭염이나 탄소 저감 문제
를 전혀 손대지 않고 있다"고 지적한다. 세계 최초로 최고 더위 책임
자 직책을 맡은 그녀는 시장과 손잡고 더위 해결을 카운티의 최우선
과제로 삼았다.

　피닉스와 마이애미에서는 여름에 덥다는 사실을 모르는 사람이
없을 것이다. 하지만 기후 변화 때문에 더위에 익숙하지 않은 지역에
도 폭염이 발생하고 있다. 비영리 단체인 퍼스트 스트리트 재단(The
First Street Foundation)은 앞으로 30년 동안 미국 중심부에 '극열 지대'

가 형성될 것이라고 예상한다(지도 참조). 아마 이 지역에도 곧 자체적인 더위 책임자가 생길 것이다.

스탠퍼드대학교 후버연구소의 **니얼 퍼거슨(Niall Ferguson)**과 **콘돌리자 라이스 (Condoleezza Rice)**는 동맹국과 마찬가지로 군사력도 중요하다고 말한다.

초대석
냉전이 남긴
다섯 가지 교훈

억지력에는 수사에 걸맞은 군사력이 필요하다. 힘에 의한 평화는 실제로 효과가 있다.

미국과 중국의 경쟁이 격화하면서 신 냉전이 많이 거론되고 있다. 너무 멀리 나갔다는 의견도 있지만 지금 두 나라 사이에는 협력의 여지는 거의 없고 오히려 갈등의 여지가 많아 보인다.

제1차 냉전과 가장 큰 차이점은 물론 이 경쟁의 기원이다. 제2차 세계대전 이후 미국과 소련은 곧바로 대치 상태에 놓였다. 두 나라 사이에는 공통점이 거의 없었다.

소련은 군사 대국이었으나 경제적으로는 은둔국이었다. 이와 달리 중국은 1978년 이후 국제 경제에 편입됐다. 30년 동안 중국은 통합과 외국 자본 및 노하우를 통해 이익을 얻었다. 그 과정에서 지식재산권 절취뿐만 아니라 고유의 혁신 소질도 갖추게 됐다.

오랫동안 중국은 미국의 힘을 조금씩 깎아내고 있었다. 하지만 시진핑 주석은 충격 요법으로 미국이 앞으로 마주할 도전을 예고하기 위해 중국이 첨단 기술 분야에서 미국을 능가했다고 말하고 대만 해협을 중국 영해라고 부르면서 보다 직접적인 접근법을 취했다.

중국은 통신 인프라, 항만 시설, 군사 기지(또는 기지 건설권)로 이뤄진 놀라운 글로벌 네트워크를 의존국에 구축해왔다. 중국의 영향력은 순수 중상주의에서 시작해 정치적 영향력에 대한 욕구에 이르기까지 꾸준히 성장해왔다. 미국은 느긋하게 대응했다. 중국의 투자를 방해하려고 다른 나라들을 꼬드기는 방편에 의존하는 경우가 허다했고 대안도 거의 내놓지 않았다.

그런데 중국의 외국 투자 전략에 균열이 나타나기 시작했다. '차관 제공을 통한 소유권 인수(loan-to-own)' 방식, 현지 노동자가 아닌 중국인에 의존하는 사업 방식, 인프라 구축 실패 등이 공분을 사고 있다.

냉전 시대와 그 이후의 마셜 플랜, 평화 봉사단, 미국이 지원한 인도 농업의 '녹색 혁명', 에이즈 퇴치를 위한 대통령 비상 계획(PEPFAR) 이니셔티브 등은 미국이 나라 밖 사람들의 삶을 향상시킬 수 있다는 사실을 보여줬다. 오늘날의 문제는 이전과 똑같은 전략으로 중국의 실책을 얼마나 활용할 수 있느냐는 것이다.

우리 두 사람이 몸담고 있는 후버연구소는 1940년대부터 1980년대까지 냉전 연구에 기여했다. 후버연구소의 기록물들은 그 시대를 연구하는 학자들에게 여전히 중요한 자료다. 우리는 그 시대를 제대로 이해하고 그것이 남긴 가르침을 마음에 새겨야 할 것이다. 다섯 가지 가르침이 눈에 띈다.

첫째, 동맹이 중요하다. 중국은 어떤 식으로든 자국에 신세 진 의존국들이 있다. 가장 중요한 러시아는 푸틴의 우크라이나 전쟁으로 골칫거리가 됐다. 반면 미국은 러시아의 침략에 단호히 대응하면서 굳건해진 유럽 동맹, 강력해진 나토, 아시아와의 긴밀한 동맹이라는 축복을 누리고 있다.

둘째, 억지력에는 수사에 걸맞은 군사력이 필요하다. 우크라이나 전쟁과, 대만에서의 전쟁 시뮬레이션을 통해 서방 군사력의 약점이 드러난 시점에 중국은 모든 측면에서 군사력을 향상시켰다. 서방은 보다 선진화한 무기를 조달하고 핵심 소재 및 부품의 안전한 공급망을 개척하고 방위 산업 기반을 재건하는 식으로 대응해야 한다. 힘에 의한 평화는 실제로 효과가 있다.

셋째, 우발적인 전쟁을 피하기 위해 노력해야 한다. 우리는 미군과 소련군 사이의 우발적인 전쟁을 막기 위한 (냉전 시대에 수립된) 친교의 혜택을 오늘날까지 누리고 있다.

넷째, 1946년 소련 내부의 모순이 결국 소련을 약화시킬 것이라고 예측한 '긴 전문(long telegram)'을 작성한 모스크바 주재 미국 외교관 조지 케넌(George Kennan)을 기억해야 한다. 중국은 경제적으로 소련보다 강하지만 부동산 경기 침체, 높은 청년 실업률, 재앙적인 인구 구조 등 많은 모순을 안고 있다.

제1차 냉전이 주는 마지막 가르침은 불가피한 것은 없다는 것이다. 오늘날 민주주의가 성공하려면 스스로의 결함과 모순, 특히 온라인 에코 챔버(echo chamber)●에서 증폭된 사회 분열을 받아들여야 한다. 자유를 수호하는 제도의 정당성을 지키지 못했기에 민주주의에 대한 신뢰가 곤두박질쳤다.

이전에 독재자들은 자유에서 흘러나오는 불협화음을 결점으로 착각하고 자국 사회에서 반대의 목소리를 억압하는 것이 힘의 표현이라고 생각하며 민주주의를 배척했다. 최고의 냉전 지도자들은 독재자들이 틀렸다는 것을 이해했다. 현 세대 지도자들이 이와 유사한 다짐을 보여줄 수 있다면 (제2의 냉전이든 새로운 경쟁이든) 새로운 초강대국 경쟁의 결과는 자유세계의 또 다른 승리가 될 것이다.

● 폐쇄된 공간에서 똑같은 소리만 반복적으로 울리는 상황.

EUROPE

진흙탕에 빠지다

전쟁은 난국으로 치닫고 있을 수 있다

샤샹크 조시(Shashank Joshi) 〈이코노미스트〉 안보 부문 편집자

미국의 국가 안보 보좌관인 제이크 설리반(Jake Sullivan)은 2023년 8월 말에 "우리는 충돌이 교착 상태라고 평가하지 않는다"라고 주장했다. 그는 우크라이나가 "방법론적이고 체계적인 기초 위에서" 영토를 탈환하고 있다고 말했다. 안타깝게도 이제 드러난 증거에 따르면 우크라이나의 반격이 공식적인 최소 목표에 훨씬 못 미쳤으며 전쟁이 군사적인 교착 상태의 기간으로 진입했을 수 있다는 것을 암시한다. 2024년은 우크라이나에 대해 어렵고 위험한 시기가 될 것이다.

6월에 시작한 우크라이나의 반격은 러시아가 5월에 함락한 동부 도시인 바흐무트(Bakhmut)의 측면에서, 그리고 자포리자(Zaporizhia)

지방에서는 남부에서 약간의 진전을 이뤘다. 비록 소규모 부대의 보병 공격이 지속할 것이지만 지쳐 있는 부대, 제한된 탄약과 비가 오는 날씨로 인해 이제 겨울 동안 공세는 늦춰질 것이다.

겨울에는 양측으로부터 새롭고 치열한 장거리 타격 작전이 있을 것 같다. 러시아는 미사일을 비축해왔으며 우크라이나의 전력망을 다시 공격할 가능성이 있다. 우크라이나는 드론을 축적해왔으며 미국이 공급한 육군 전술용 지대지(ATACMS) 미사일의 소규모 투입의 도움을 받아 러시아가 점령한 크림반도에 대한 타격을 지속할 것이다. 우크라이나는 또한 부분적으로 억지력의 한 형태를 마련하려고 공격을 확대해 러시아의 전력망을 포함할 수 있다. 타격은 우크라이나의 사기 진작에 도움이 될 수 있으나 전략적인 영향은 크지 않을 것 같다.

2024년의 중요한 문제는 어느 쪽이 더 많은 고수준의 군대를 더 빠르게 재구축할 수 있는가다. 그것은 부분적으로 인력의 문제다. 러시아 군대는 신병 모집 목표에 미달했으나 여름 내내 현상을 유지하는 데 충분한 부대를 긁어모았다. 러시아는 2022~2023년의 겨울에 했던 것처럼 공세를 취하길 원한다면 더 큰 규모로 동원할 필요가 있을지 모른다. 러시아는 대규모의 징집병도 보유한다. 물론 이들 징집병을 전쟁에 동원하는 것은 상당한 정치적 위험을 동반할 것이다. 우크라이나도 20대 초반의 남자들을 징집할 것인지를 결정해야 하는데 그들 가운데 많은 사람이 지금까지 모병을 피해왔다.

남자들은 또 무기와 탄약이 필요하다. 러시아는 2022년 후반에 군수 생산을 늘렸으며 수백 대의 새롭고 개조된 탱크와 함께 2024년 동안 200만 개가 넘는 포탄을 생산할 수 있다. 북한이 또한 대량으로 포탄을 보내어 러시아의 화력을 더욱 증가시키고 있다. 서방 정부들은 뒤늦게 투자했으며 그래서 우크라이나는 2023년 후반이나 2024년 초반까지 전술적 차원에서 단일의 가장 중요한 요소인 포병 탄약에서 우위를 갖지 못할 것 같다.

우크라이나에는 2023년 봄에 있었던 것처럼 또 한 번의 대규모 장비가 유입되지 않을 것이다. 그 대신 서방의 도움은 장비 보수에 중점을 둘 것이다. 서방 정부들의 핵심적인 결정은 그들이 이제 가동하지 않는 무기 생산 라인을 다시 가동할 것인지 또는 민감한 지식재산을 우크라이나 공장에 넘겨줄 것인가다. 2024년 초반에 미국의 지상 발사형 소구경 폭탄(GLSDB)의 도착으로 우크라이나의 장거리 미사일의 병기고가 보충될 것이다. 우크라이나는 F-16 제트기도 받을 것인데 그것이 전장에서 변화를 가져오는 효과를 낼 것 같지는 않다.

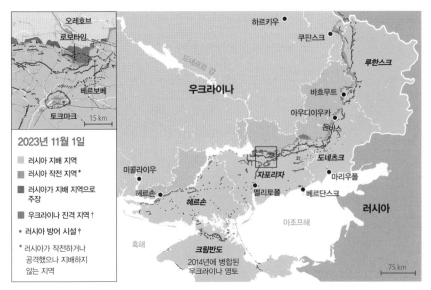

† 2023년 5월 1일 이후
‡ 2022년 2월~2023년 10월 건설 및 확장
출처: 미국전쟁연구소(Institute for the Study of War), 미국기업연구소의 중요 위협 프로젝트(Critical Threats Project), 브래디 애프릭(Brady Africk), 오픈스트리트맵(OpenStreetMap)

타이밍이 중요하다. 각자는 주도권을 잡기를 바랄 것이다. 우크라이나는 봄의 공세를 계속하기를 원하나 그렇게 하려면 지상 병력을 모으려고 힘써야 할 것이다. 푸틴도 러시아 군대가 동부의 아우디이우카(Avdiivka) 주변에서 진행 중인 것과 같은 상징적인 공격을 지속하기를 원할 것이다. 그러나 제대로 훈련받지 못한 군대를 끝도 없는 전투에 끊임없이 투입하면 전선을 이동하지도 못한 채 러시아 군대가 약해질 것이다.

2024년의 핵심 도전이자 그다음 해를 형성하게 될 도전은 우크라이나의 우방국들이 훈련을 확대하고 개편할 수 있는가다. 우크라이나의 여름 공세는 많은 문제를 부각했다. 우크라이나의 다음의 심각한 공격이 더 성공적이려고 하면 일부는 개선돼야 할 것이다. 예를 들어 우크라이나의 대대와 여단은 광범위한 전선에 걸쳐 많은 부대가 관련되는 복합적인 작전을 계획하고 지휘할 수 있는 훨씬 더 많은 장교가 필요하다.

만일 어느 쪽도 2024년에 의미 있는 공격 위협을 만들어낼 수 없으면 전쟁은 전장을 넘어서는 요인들에 의해 지배될 가능성이 있다. 러시아는 화물선을 공격하고 우크라이나는 러시아 함대와 시설을 타격하면서 흑해가 점점 더 중심이 될 수 있다. 7월에 워싱턴에서 개최되는 나토 정상 회의는 서방 지원을 테스트하는 것으로 여겨질 것이다. 러시아의 전략은 단순하다. 우크라이나의 우방국들이 지칠 때까지 전쟁을 계속하는 것이다. 서방은 그대로 계속하고자 한다. 낙관적인 관리들은 전쟁이 러시아의 정치적 분해를 가속하고 있다고 주장한다. 그러나 비관론자들은 푸틴이 수년 동안 이것을 유지할 수 있다는 점을 경고하고 있다.

푸틴의 영구 전쟁
—
러시아 지도자는 전쟁 비용을 영원히 조달할 수 없다

아르카디 **오스트로브스키**(Arkady Ostrovsky) 〈이코노미스트〉 러시아 담당 편집자

3월에 푸틴은 2년 전에 시작한 우크라이나 침공에 대한 지지를 확인하기 위해 계획된 대통령 선거를 치를 것이다. 지난 2년 동안 그가 했던 일은 과소평가되지 말아야 한다. 수십만 명의 사람

종신 독재자

들이 사망했으며 수백만 명이 난민이 됐다. 그들의 대다수는 러시아 미사일을 피해 달아나는 우크라이나인이다. 그러나 100만 명이나 되는 러시아의 교육받은 사람들이 탄압과 동원을 우려해 조국을 떠났다.

푸틴은 러시아의 태동하는 시민 사회를 억압해 서구로부터 고립시키고 중국에 대한 의존도를 높였으며 나토를 강화했다. 2024년도 러시아 예산에 따르면 군사비 지출이 70% 증가해 GDP의 6%와 전체 지출의 3분의 1에 도달한다. 그는 우크라이나 전쟁을 서방에 대한 러시아 투쟁의 일부로 오랫동안 구상했다. 그래서 비록 전투가 덜 치열해진다고 해도 지출은 감소하지 않을 것이다.

이제까지 돈은 문제가 되지 않았다. 싱크 탱크인 'Re:Russia'는 전쟁 첫해에 러시아는 수출 대금으로 주로 원유와 가스로부터 5,900

억 달러를 수취했다고 생각한다. 이 금액은 지난 10년간 연평균보다 1,600억 달러가 많다. 두 번째 해에도 수출액이 여전히 연평균보다 약 600억 달러 상회한다. 전쟁 비용은 연간 1,000억 달러가 넘는 것으로 추정된다. 원유 가격의 상승을 초래할 수 있는 중동의 혼란은 푸틴에게 이익이 될 것이다.

이 같은 소득 덕분에 그는 국내에서 정상적인 체면 유지를 한다. 그러나 전쟁이 장기적으로 될수록 이는 어려울 것이다. 장기전을 치르려면 러시아는 더 많은 병사, 장교와 무기가 필요할 것이다. 그렇게 하려면 대규모 동원과 무기 생산의 중앙 계획이 요구될 것이다. 인구 구조가 취약하고 부패가 만연한 러시아와 같은 나라에서 어느 것도 쉬운 게 아니다.

푸틴은 선거에서 자신이 승리했다고 선언하는 데 문제가 없을 것이다. 그의 문제는 그 이후에 전쟁의 허무감으로 그의 승리가 무의미하다는 것이 드러날 때 시작할 수 있다. 그것은 결코 당연한 것이 아니다. 그러나 만일 푸틴의 희망이 꺾이고 트럼프가 백악관에 돌아오지 못하며 우크라이나가 지원을 계속 받는다면 그의 문제는 증가하기만 할 것이다. 과거에 푸틴은 전쟁을 일으켜서 지지율 하락에 대처했다. 그런 옵션은 이미 사용됐다.

러시아의 영향력 약화
———
우크라이나 전쟁은 코카서스에서의 힘의 균형을 변화시키고 있다

아르카디 오스트로브스키

우크라이나에 대한 러시아의 침공이나 이스라엘에 대한 하마스의 공격과 뒤이은 충돌의 공포와 비교해 2023년 9월에 아제르바이잔이 나고르노 카라바흐(Nagorno-Karabakh)의 아르메니아인 집단 거주 지역에 대해 자행한 1일 전쟁은 일시적인 문제인 것으로 보일 수 있다. 아제르바이잔과 아르메니아 간의 오랜 기간 폭력의 악순환에서 최근 발생한 이번 사건으로, 아제르바이잔은 소비에트 붕괴 이전부터 자국으로부터 분리되기를 희망했던 지역을 지배하게 됐고 대다수의 아르메니아 주민들은 대규모 탈출을 감행하게 됐다.

그러나 이 같은 단기간의 전쟁은 구소련과 세계에서 힘의 균형을 변화시켰던 거대한 이동의 부분이며, 2024년에도 줄곧 계속될 것이다. 나고르노 카라바흐는 구소련의 형성과 해체에서 모두 핵심적인 역할을 했다. 이제 그곳은 코카서스를 어떻게 해서든 모스크바와 연결해줬던 체제의 마지막 발작일 수 있는 곳임을 보여주고 있다.

한 세기 전에 볼셰비키들은 코카서스를 점령했을 때 아제르바이잔의 유전에 대한 접근을 허용받은 것에 대한 보상으로 아르메니아의 역사가 깊은 산악 지역의 땅인 나고르노 카라바흐를 소비에트 아제르바이잔으로 편입했다. 70년이 지나서 구소련이 약해졌을 때 나고르노 카라바흐는 소비에트 아르메니아에 다시 연합해 달라고 요구했다. 구소련이 1991년에 붕괴했을 때 전쟁이 발발했다. 러시아의 지원을 받은 아르메니아는 나고르노 카라바흐뿐 아니라 아제르바이잔의 광범위한 주변 지역에 대한 지배권을 갖게 됐다.

나고르노 카라바흐는 기독교도가 다수인 아르메니아에 대해 결집원인, 아제르바이잔에 대해서는 트라우마와 불만의 원천, 그리고 러시아에 대해서는 지렛대의 도구가 됐다. 아제르바이잔의 편에 서 있는 이슬람교도가 다수인 국가 튀르키예는 1993년에 아르메니아에 접한 국경을 봉쇄해 아르메니아의 러시아에 대한 의존을 심화시켰다. 1998년에 나고르노 카라바흐 출신의 아르메니아 전사들에 의해 지배되는 보다 호전적이고 폭력배 같은 체제가 아르메니아에서 정치 권력을 잡았으며 크렘린의 옆에 바싹 접근했다. 러시아는 아르메니아를 서방으로 기울고 있던 조지아에 대한 중요한 견제 세력으로 봤다.

그러나 2008년에 젊은 아르메니아인들이 거리 시위에 나서 부패하고 모스크바의 지원을 받는 카라바흐 집단을 숙청했다. 2020년에 러시아 대통령 푸틴은 아제르바이잔과 튀르키예가 나고르노 카라바흐 주변의 영토를 탈환하는 것을 허락했다. 그러나 그는 또한, 명목상으로는 '평화 유지군'으로 아르메니아인을 보호한다는 것이지만 실제로는 영향력을 보유하려고 나고르노 카라바흐 안에 군부대를 진입시켰다.

그러나 푸틴은 우크라이나에 대한 전쟁을 고려하면서 가난하고 민주적인 아르메니아보다 튀르키예와 아제르바이잔과의 관계에 더 관심을 기울였다. 그는 아제르바이잔이 모스크바의 보호에 의존했던 나고르노 카라바흐의 아르메니아인들을 청소하는 것을 허락했다.

러시아는 아르메니아인들을 배신함과 함께 아르메니아에서의 체제 변화를 조장하려고 그들의 탈출을 이용하기를 희망한다. 푸틴은 또한 아르메니아 영토를 관통해서 튀르키예를 아제르바이잔 본토에 연결해주는 회랑(corridor)을 통제함으로써 실제적이 되는 것을 희망하고 있다.

그러나 아제르바이잔과 튀르키예가 패를 모두 쥐고 있으며 특히 러시아의 영향력이 줄어들고 있는 시기에 어느 나라도 모스크바에 불필요한 양보를 하는 것을 원하지 않는다. 그들은 서방의 편을 들기를 원하지도 않는다. 그 대신 코카서스에서 그들 자신의 힘의 기반을 확고히 하는 것을 원하고 있다.

러시아 전쟁의 결과의 하나는 튀르키예와 같은 중견 국가의 상승이었다. 또 다른 하나는 소비에트 이후 세계에서 러시아의 영향력을 약하게 하는 것이었다.

유럽의 북부 지역에 있는 친구들

———

우크라이나 전쟁은 발트해와 북유럽 국가들이 더 가까워지는 계기가 됐다

매트 스테인글라스(Matt Steinglass) 암스테르담, 〈이코노미스트〉 유럽 담당 부편집자

냉전이 끝날 때까지 북유럽 국가들은 지정학적 충돌을 초월하는 방법의 상징으로 됐다. 노르웨이는 과테말라와 팔레스타인을 위한 평화 거래를 중개했으며 '덴마크로 가는 것(getting to Denmark)'은 자유 민주주의를 완성하는 것을 의미하는 속어가 됐다. 이와 대조적으로

유럽의
나토 회원국
가입 시기별
■ 1949~1991년
■ 1992~2022년
■ 2023년 4월

아이슬란드

대서양

핀란드

노르웨이
스웨덴   에스토니아
라트비아
덴마크   리투아니아

러시아

영국

네덜란드   독일   폴란드   벨라루스
벨기에
룩셈부르크   체코   슬로바키아   우크라이나
공화국
프랑스   슬로베니아   헝가리
이탈리아   크로아티아   루마니아   불가리아
몬테니그로   알바니아   북마케도니아
스페인   그리스

포르투갈

지중해

러시아
지배 지역

카스피해

흑해

튀르키예

발트해 국가들은 러시아의 제국주의가 돌아오지 않을까 걱정해 구소련의 점령에서 벗어났다. 그러나 그들의 경고는 흔히 공산주의 이후의 편집증으로 비쳤다.

푸틴은 북유럽 국가들을 발트해 국가들의 사고방식 쪽으로 데려왔다. 2024년에는 핀란드와 스웨덴이 나토에 가입해 러시아의 위협으로부터 북유럽과 발트해 지역의 방위 조정이 진행될 것이다.

사실 북유럽 국가들은 언제나 그들의 이미지보다 더 강인했다. 핀란드는 대규모의 징병 군대를 보유한다. 스웨덴의 국산 전투기와 잠수정은 세계적인 수준이다. 노르웨이는 북대서양과 북극에서 중요한 해군의 역할을 한다. 덴마크는 2030년까지 나토의 GDP 대비 방위비 지출 기준 2%를 충족할 계획이다.

전쟁으로 나토는 전략을 변경하게 됐다. 나토 연합은 러시아의 침공이 발트해의 많은 국가를 공격할 것이라고 받아들였으며 그 나라들을 다시 정복하는 것을 계획했다. 그러나 우크라이나에서의 러시

푸틴은 북유럽 국가들이 발트해 국가들과 같은 사고방식을 갖도록 했다.

아의 잔혹 행위로 인해 땅을 포기하는 것은 받아들일 수 없게 됐다. 나토는 이제 '한치의 영토'도 양보하지 않고 방위할 것이라고 말하며 그렇게 하려고 더 많은 군대를 배치하고 있다.

전쟁으로 인해 유럽의 북부 지역은 경제적으로도 단합하게 됐다. 발트해 국가들은 러시아의 전력망에 대한 남아 있는 연결을 빠르게 끊었으며 폴란드와 핀란드와 접속했다. 두 지역은 러시아 여행객을 봉쇄하는 데 유럽의 다른 지역보다 더 강경한 태도를 보였다.

발트해와 북유럽 지역의 전체에 걸쳐 거의 모든 정당과 정치인은 이제 러시아에 대해 강경한 자세를 취하는 것에 동의한다. 그것은 선거 경쟁을 다른 영역으로 밀어붙였다. 이 모든 것으로 인해 두 지역은 더 같아지게 됐다. 발트해 국가들은 이제 주니어 파트너가 아니다.

많은 관중이 보는 스포츠

올림픽은 양극화되고 있는 정치를 일시적으로 중단시킬 것이다

소피 페더(Sophie Pedder) 파리, 〈이코노미스트〉 파리 지국장

2024년은 에마뉘엘 마크롱(Emmanuel Macron)이 유럽에서 자신의 지도력을 재확립하고자 하는 해일 것이며 프랑스는 그를 계승하는 경주를 내다보기 시작한다. 두 가지가 파리 올림픽을

배경으로 일어날 것인데, 파리 올림픽은 프랑스에 대한 세계적인 공개 행사이자 분열과 변동의 시기에 프랑스가 하나의 국가로서 단합하는 능력을 시험하는 장이 될 것이다.

2017년에 새로 선출된 프랑스 대통령은 소르본대학교에서 행한 연설에서 더 '주권적이고' 자율적인 유럽에 대한 비전을 펼쳤다. 2024년에 마크롱은 그런 선구적인 추진력을 되살리려고 할 것이다. 유럽이 D-Day 상륙의 80주년 기념식을 거행할 때 그는 유럽이 새로운 지정학적 리스크, 적어도 미국이 유럽의 안보에 덜 헌신하는 대통령을 다시 선출하게 될 위험을 깨닫는 것을 촉구할 것이다. 유럽의 '전략적인 자율'에 관해 많은 것을 들을 것을 예상하라. 마크롱은 또한 우크라이나의 EU와 나토 가입을 옹호할 것이다.

한편 그의 나라는 그의 후임자에 대해 생각하기 시작할 것이다. 차기 대통령 선거가 예정된 2027년에 마크롱은 2번의 임기를 마치고 물러나야 할 것이다. 큰 문제는 광범위한 정치적 중도 진영 출신에서 누가 그를 대체하고 극우 세력인 마린 르 펜(Marine Le Pen)과 맞설 수 있는가다.

선두 주자로는 전 총리인 에두아르 필리프(Edouard Philippe), 내무장관 제랄드 다르마냉(Gérald Darmanin), 재무장관 브뤼노 르메르(Bruno Le Maire)가 있다. 여론 조사 결과로는 필리프가 가장 앞서고 있다고 한다. 그러나 다른 사람들은 자신들에게 기회가 있다고 상상할 것인데, 그런 사람으로는 또 다른 전 총리인 장 카스텍스(Jean Castex), 또는 야심 있는 34세의 교육부 장관인 가브리엘 아탈(Gabriel Attal)이 있다.

마크롱은 이렇게 선거를 한참 앞두고 후임자를 승인하지 않을 것이며 그 대신 자신의 장악이 확고하다는 것을 보여주는 것을 선호할 것이다. 그의 국내 개혁 의제에는 완전 고용을 달성하고 지도적인(dirigiste) '녹색 계획'을 강화하는 시도가 포함될 것인데, 거기에는 대중교통, 새로운 원자로와 배터리 생산에 대한 투자가 포함될 것이다. 재건된 노트르담 성당이 화재가 발생한 지 5년 만에 공개될 것이다. 르 펜은 6월에 실시되는 유럽의회 선거를 마크롱에 대한 중간 심판에 대한 요청으로 전환할 것이다. 그녀의 국민연합(RN)은 국민 투표에서 쉽게 선두를 차지할 수 있을 것이며 그것으로 인해 2027년에 앞서 부활하는 극우 투표에 대한 우려가 다시 살아날 것이다. 그것은 마크롱이 현 총리인 엘리자베스 본(Elisabeth Borne)을 포기하는 것을 촉진할 수도 있을 것이다.

이스라엘 가자 지구의 분쟁에 대한 이견으로 정치 분열이 깊어질 것이다. 주류 좌파 연합이 쪼개질 수 있다. 종파 간 긴장과 반유대주의에 대한 우려가 강화될 것이다. 프랑스는 유럽에서 가장 많은 유대인과 이슬람인이 모여 사는 곳이다.

양극화된 정치에도 불구하고 프랑스는 7월 26일부터 8월 11일까지 열리는 올림픽을 위해 결집하려고 노력할 것이다. 화려한 개막식이 파리에서 센강을 따라서 펼쳐질 것이다. 경기에 앞서 개막식에 이르는 시기는 완성되지 않은 교통 라인, 비싼 입장권과 테러 우려에 대한 논쟁으로 훼손될 것이다. 그러나 일단 경기가 시작되면 프랑스 사람들은 경기를 즐길 것이다. 마크롱은 통합 정신이 지속할 수 있기를 간절히 바라고 있을 것이다.

지금 유럽연합은

―――

EU는 6월에 선거에 들어간다
중도주의자 대 포퓰리스트의 또 다른 충돌을 예상하라

스탠리 피그널(Stanley Pignal) 브뤼셀, 〈이코노미스트〉 샤를마뉴 칼럼니스트

마크 트웨인(Mark Twain)의 말을 바꿔 표현하면 유럽의 선거는 반복되지 않으나 그것의 운율은 같다. 독일에서 이탈리아를 거쳐 슬로바키아까지 익숙한 패턴이 있다. 수십 년 동안 권력을 잡은 중도주의 정당들은 한때 정치적인 도를 넘어섰다고 평가됐을 극우파 경쟁자들과 점점 경쟁을 벌이고 있다. 그것은 유럽의회의 선거가 EU의 27개 회원국 전체에 걸쳐 실시되는 6월 9일에 똑같은 이야기가 될 것이다. 여러 가지 색깔의 국민주의 정당들은 선전할 것

이나 중도가 유지될 가능성이 있다. 우크라이나에 대한 지원에서 탄소 배출 감축까지 모든 문제에 대해 브뤼셀에서 나오는 민감한 정책은 누가 EU의 어떤 고위직을 차지할 것인가에 대한 관례적인 투쟁이 있은 다음에 (거의) 변함없이 진행될 것이다.

리스본에서 헬싱키까지 여론조사 결과는 중도우파(유럽 국민당 또는 EPP로 알려진)가 다시 한번 최대 블록으로 나타날 것임을 보여준다. 그러나 중도좌파(사회주의자와 민주주의자)의 동료 중도주의자와 자유주의자(Renew)와 함께 그것은 아마도 약간의 기반을 상실할 것이다. 이와 대조적으로 이탈리아의 조르자 멜로니(Giorgia Meloni), 헝가리의 빅토르 오르반(Victor Orban)과 프랑스의 마리 르 펜의 정당과 같은 극우파 정당들이 새로 확대된 720석의 의회에서 의석수를 확대할 것이다.

중도주의자 팀은 아마도 다수를 꿰맞출 수 있을 정도로 충분한 무게를 가질 것이다. 그것은 2019년 이전의 선거 이후 EU 집행위원회 의장인 우르줄라 폰데어 라이엔(Ursula von der Leyen)에게 좋은 소식일 것이다. 비록 브뤼셀의 고위직이 EU의 27개 국가수반에 의해 결정된다고 해도 유럽의회가 그다음에 그들의 선택에 동의해야 한다. 만일 유럽 국민당이 대부분의 투표를 얻는다면 라이엔은 또 다른 5년에 대해 보장받을 것이다. 그러나 중도주의 정당의 득표율이 저조하면 그녀는 다수를 확보하기 위해 극우파 정당들과 일종의 협약을 맺지 않을 수 없다.

만일 라이엔이 자리를 보전한다면 브뤼셀로부터 같은 것을 더 많이 기대하라. 특히 우크라이나에 대한 지속적인 확고한 지원. 미국과 함께 일하며 EU 집행위원회는 러시아에 대해 11회의 제재를 만드는 것을 도와줬다. 비록 공식적인 가입 이전에 많은 해가 걸릴 것이지만 전쟁으로 파괴된 국가와 최대 8개의 다른 국가들(주로 서부 발칸반도 국가들)을 EU에 가입시키는 움직임은 계속될 것이다.

더 논란이 되는 것은 탄소 배출 감축 규제의 다음 단계가 될 것이다. 유럽 전체에 걸쳐 있는 포퓰리스트들은 녹색 정책에 대해 불평하며 만일 EU 선거가 신속한 탄소 배출 감축에 대한 국민 투표로 전환되면 자신들에게 기회가 있다고 상상할 것이다. 2050년까지 넷제로 배출에 도달한다는 EU의 약속에는 더 많은 돈(유럽은 돈이 부족하다)과 더 많은 규제(유럽은 외관상 지칠 줄 모를 정도로 규제를 공급하고 있다)가 필요할 것이다. 중도주의자 정당조차 때때로 브뤼셀이 제안하는 녹색 계획에 대해 망설이고 있다.

선거는 또한 고위직에 대한 승강이를 촉발할 수 있을 것이다. 유임하는 라이엔은 연속성을 제공할 것이다. 그러나 산업 정책을 수립하는 EU의 시도를 지도하는 강력한 힘을 가진 업무 등 26인의 집행위원으로 구성되는 그녀의 팀은 새로 구성될 것이다. 현재 의장인 벨기에 출신 샤를 미셸(Charles Michel)이 5년 임기가 끝남에 따라 EU의 국가 정상들의 회의를 주재하고 블록을 대외적으로 대표하는 유럽 정상 회의의 의장이 새로 선출될 것이다. 새로운 외교 정책 대표도 임명될 것이며, 브뤼셀의 도시 건너편에 있는 나토의 사무총장도 새로 바뀔 것이다.

유럽이 투표에 가까워질수록 자체의 논쟁은 같은 해 후반에 실시되는 미국의 선거로 빛이 가려질 것이다. 트럼프와 같은 유형의 후보자가(특히 트럼프 그 자신이) 승리를 거둘 것이라는 단순한 전망이 '전략적 자율'에 대한 프랑스의 요청을 강화할 것이다. 따라서 유럽은 방위와 다른 필요를 위해 미국에 덜 의존하게 된다. 6월에 실시되는 EU의 선거가 아주 중요하지만 11월에 실시되는 대서양 건너편의 선거가 EU의 미래 모습을 결정하는 데 더 크게 작용할 것이다.

점점 멀어지다

유럽의 경제는 새로운 방식으로 갈라질 것이다

크리스티안 오덴알(Chritian Odendahl) 〈이코노미스트〉 유럽 경제 부문 편집자

지난 10년 정도의 기간에는 경제적 운이 유럽의 북부에 유리하게 작용했다. 스칸디나비아 국가들과 독일, 폴란드와 영국조차 괜찮은 성장과 고용을 자랑했다. 이와 대조적으로 남부는 먼저 2010~2012년의 유로 재정 위기와 그 이후의 고통스러운 경제 조정에 의해 타격을 받았으며 그다음에는 팬데믹의 영향을 받았다. 팬데믹은 대다수 국가보다 여행 산업의 비중이 높은 경제들에 대해 더 큰

타격을 입혔다. 유럽이 기후 변화와 지정학적 격변과 같은 새로운 도전에 직면하면서 유럽 국가들의 경제적 운이 2024년에 가시적으로 보이기 시작할 새로운 방식으로 갈라지고 있다.

기후 변화로부터 시작하자. 유럽은 최초의 탄소 중립 대륙이 되는 것을 목표로 한다. 그렇게 되려면 전기 공급을 탄소 중립으로 하고 그다음에 산업, 난방과 교통을 개편해 녹색 에너지로 운영할 필요가 있다. 그것은 아주 하기 힘들다. 일부 국가들에는 이 같은 녹색 변혁이 성장을 부양할 수 있다. 투자가 수요를 늘리고 지리적 조건이 기회를 창출하기 때문이다. 북해의 바람이 많이 부는 해안이나 햇빛이 많은 스페인의 실질적으로 모든 지역과 같이 재생 에너지의 잠재력이 풍부한 지역은 녹색의 성장 부양을 볼 수 있다.

그러나 전통 산업은 고전할 것이다. 시멘트 또는 철강을 만드는 것과 같은 프로세스는 화석 에너지를 사용하는데 그것은 저비용으로 녹색 에너지로 대체할 수 없다. 그런 제품이 거래되는 전 세계 시장에서 다른 생산자들은 유럽의 생산자들보다 훨씬 더 낮은 에너지 비용을 부담할 것이다. 그들은 현재 천연가스를 보유하고 있거나 미래에 풍부한 녹색 전기와 수소를 가지게 될 것이기 때문이다. 중공업에서 독일은 유럽의 최대 에너지 사용 국가다. 독일은 두세 번째로 에너지를 많이 사용하는 이탈리아와 프랑스의 대략 두 배만큼 소비하고 있다.

자동차 산업도 새로운 경쟁에 직면하고 있다. 내연기관 자동차가 점차 사라지고 전기 차량이 시장을 접수하기 때문이다. 중국의 전기차 산업에 대한 보조금에 대해 EU가 최근에 발표한 조사 결과는 유럽이 이런 새로운 경쟁자에 대해 얼마나 초조해하는지를 보여준다.

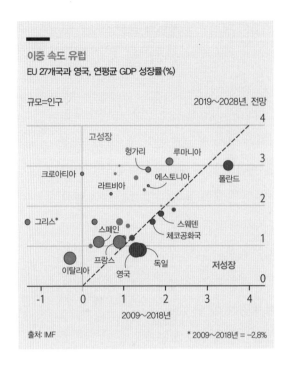

이중 속도 유럽
EU 27개국과 영국, 연평균 GDP 성장률(%)

규모=인구

2019~2028년, 전망

출처: IMF

* 2009~2018년 = -2.8%

체코, 프랑스, 독일, 슬로바키아, 스페인과 같이 대규모 자동차 산업을 보유한 국가들은 결과적으로 고통을 당하고 있다.

다음 문제는 인구 변화다. 이미 유럽 전체에 걸쳐 회사들이 충분한 근로자를 찾느라 고전하고 있다. 경제 내의 총일자리 대비 결원이 얼마나 많이 있는지의 비율을 측정하는 지표인 결원율은 2023년 2분기에 오스트리아, 독일과 네덜란드에서 4%를 초과했다(유로 지역 평균은 10년 전에 겨우 1%를 넘었다). 그리고 매년 베이비 붐 세대 출신의 대규모 집단이 은퇴를 맞이한다. 유로 지역에는 60~64세 인구가 2,300만 명이 있으나 15~19세 인구는 1,800만 명에 불과하다. 대규모 국가들에서는 그 격차가 독일, 이탈리아와 폴란드에서 가장 크다. 프랑스나 스칸디나비아에서는 거의 차이가 없으며 벨기에와 네덜란드에서는 작은 정도에 불과하다.

모든 유럽 국가가 이민을 늘려 노동 부족을 보상할 수 있는 것은 아니다. 우크라이나 전쟁은 많은 사람이 서방으로 도피하도록 했으며 체코, 독일과 폴란드 경제에 새로운 근로자 원천을 제공했다.

2024년에는 이민이 다시 정치적 논쟁을 지배할 것이다. 노동 부족 현상이 강화되고, 더 많은 우크라이나인이 고향으로 돌아가는 것을 결정하며, 유럽의 외부에서 온 이주자들이 계속 국경에 도달하기 때문이다.

마지막으로 미국과 중국 간, 그리고 이것이 확대되어 민주주의 국가와 전제주의 국가 간의 지정학적인 경쟁 심화가 유럽 전체에 걸쳐 경제적 영향을 미칠 것이다. 전제주의 국가들과 무역 연결 고리가 강한 국가들은 공급망이 무너지는 것을 보게 되거나 자신들이 경제 보복에 종속될 것이다. 독일과 이탈리아는 이미 그런 충격, 즉 러시아의 의도적인 가스 공급 중단 협박을 겪어왔다. 그들은 폴란드와 같은 소수의 동부 유럽 경제와 함께 프랑스나 스웨덴과 다르게 전제주의 국가들과 긴밀하게 교역하고 있다. 경제 수렴(convergence)을 목표로 하는 EU는 이전에 분기(divergence)를 봐왔다. 그러나 2024년에 대륙을 강타할 새로운 종류의 타격은 훨씬 더 다루기가 어려울 것이다.

카네기 기금(Carnegie Endowment)의 **다라 매시콧(Dara Massicot)**에 따르면 우크라이나인들은 정신적으로나 육체적으로 회복하기 위해 도움이 필요하다.

초대석
전쟁의 트라우마

우크라이나의 전쟁 이전 인구의 대략 11%가 전쟁 트라우마의 직접적인 영향을 받을 것이다.

러시아의 우크라이나 침공의 군사적, 경제적 및 외교적 비용은 이제 거의 2년 동안 분명해졌다. 그러나 양측의 전투원들에 의해 누적된 고강도 전투의 정신적 및 육체적 상처 등 많은 다른 보이지 않는 전쟁 비용이 있다.

우크라이나와 지원국들은 우크라이나의 재건을 위한 장기 계획을 세우고 있으며, 우크라이나 정부는 군인들의 치유와 대처를 도와주기 위해 군인들의 돌봄 서비스에 대한 정책 해법을 추진하고 있다. 우크라이나 정부는 대규모로 트라우마 정보에 입각한 돌봄 서비스를 제공하기 위해 도움이 필요할 것이다.

우크라이나에는 여러 가지 형태의 트라우마를 경험하고 있는 많은 그룹, 즉 수백만의 군인과 그들의 가족, 의료 서비스 제공자와 전투 상황과 참사에 노출된 다른 1차 반응자, 국내에서나 국외에서 난민이 된 사람과 전쟁 포로가 있다.

우크라이나는 시민들의 정신 건강을 지원하는 데 여러 가지 어려움에 직면해 있으며, 이를 위해 상당한 외부 원조가 필요할 것이다. 첫 번째는 문제의 규모다. 정부의 추정에 따르면 전쟁이 끝났을 때 퇴역 군인은 180만 명이 되거나 직계 가족을 포함하면 500만 명이 될 것이라고 한다. 이것은 우크라이나의 전쟁 이전 인구의 약 11%가 전쟁 트라우마의 직접적인 영향을 받는다는 것을 의미하고 있다. 관리들의 추정에 따르면 2014년 이후 퇴역 군인의 4분의 1이 일종의 외상 후 스트레스 장애(PTSD)를 나타냈다고 한다. 그러나 군인이 필요하므로 심각한 정신적 고통을 겪고 있는 사람들조차 짧은 휴식 끝에 부대로 재배치되고 있다. 상처를 입은 우크라이나 군인과 그들의 가족이 돌봄과 편익 서비스에 접근하는 행정적인 프로세스는 복잡하고 느리다. 치료를 제공하는 전문 의사가 충분하지 않다.

두 번째 도전은 전쟁 자체의 본질이 초래하는 트라우마의 심각성이다. 즉 전투의 강도와 지속성, 대포와 지뢰로 인한 부상의 만연, 그리고 러시아 군대가 자행하는 체계적인 전쟁 범죄다. 이런 상황으로 인해 우크라이나 군인과 시민들은 복합적이고 서로 뒤얽힌 육체적 및 정신적 트라우마를 입게 된다. 육체적인 다발 외상(절단, 화상, 외상성 뇌 손상, 청력이나 시력 손상, 척추 부상)을 치료하는 데에는 많은 자원이 필요하며 우크라이나는 이런 역량을 충분히 갖고 있지 않다.

우크라이나 정부는 이 같은 도전에 대한 국내의 경각심과 도움을 구하는 것의 중요성을 일깨우고 있으나 정신 질환에 대한 도움을 찾는 것에 대한 사회적 낙인이 아직도 존재한다. 러시아의 2014년 우크라이나 침공 후에도 PTSD는 일반적으로 치료되지 않았다. 부분적으로 군인들이 군대의 심리적인 지원을 회의적으로 보았기 때문인데 이는 우크라이나의 소비에트 과거를 반영하는 것이다.

우크라이나가 퇴역 군인의 돌봄 서비스에 대해 사회적 개방성이 나타나고 있는 것은 고무적인 현상이다. 정신 건강에 대한 각성이 증가하고 있다. 부분적으로 세대 변화 때문이며 부분적으로는 전쟁 자체에서 기인하고 있다.

정부와 NGO는 퇴역 군인과 그들의 가족에 대한 돌봄 서비스를 개선하기 위해 적극적으로 지원을 구하고 있다. 예를 들어 그들은 퇴역 군인의 돌봄 서비스 접근을 쉽게 하려고 스마트폰 앱과 같은 현대 기술을 이용하는 것을 원하고 있다.

많은 국제적인 우방국들이 이런 유형의 지원을 제공하고 모범 관행을 공유하고자 한다. 전쟁이 시작한 이후 진행되고 있는 국제 교류 동안 금융 지원과 지식 이전과 함께 우크라이나는 트라우마 정보에 입각한 돌봄 서비스의 모범 관행을 우크라이나에 다시 가져오려고 노력하고 있다.

이와 대조적으로 러시아는 퇴역 군인의 돌봄 서비스를 도와줄 우방국이 부족하며 비밀주의로 인해 적절한 정책 개발이 방해받는다. 제대한 러시아 퇴역 군인이 현재 거의 없는 가운데 집으로 돌아오는 군인들은 지원이 부족하며 마약과 알코올을

남용할 수 있다는 점을 의사들이 조용히 경고하고 있다. 일부는 폭력적인 범죄를 저지르고 있다.

트라우마 정보에 입각한 돌봄 서비스를 제공하는 것은 우크라이나의 회복의 중요한 부분이다. 우크라이나의 재건을 도와주는 정부들은 그것을 회복 패키지에 포함해 장기적으로 이런 지원을 체계화할 수 있다.

국제기구와 NGO는 각성을 일깨우고 지원을 제공하며 국내와 해외에서 우크라이나의 의료 전문가를 교육하는 것을 지속하는 데 있어 우크라이나의 거래 상대방과 일하면서 이미 중요한 역할을 하고 있다. 우리는 함께 우크라이나인들이 그들의 나라를 재건하려고 노력하는 순간에 전쟁 트라우마에 영향받은 그들이 삶을 다시 일으키는 것을 도울 수 있다.

오래 기다려온 전쟁

싸움꾼 체질이 아닌 두 남자가 권력을
잡기 위해 다툴 것이다

매튜 홀하우스(Matthew Holehouse) 〈이코노미스트〉 영국 정치 통신원

20 23년 10월 리버풀에서 열린 노동당 회의에서 키어 스타머 (Keir Starmer) 경은 비즈니스 리더들이 모인 조찬에서 연설을 했다. 주최자는 노동당 리더에게 앞으로 다가올 한 해에 대한 예상을 물었다.

가장 먼저 키어 경은 노동당이 2024년 5월 총선에서 싸울 준비가 됐다고 말했다. 선거는 2025년 1월까지 시행되어야 하고, 날짜는 리시 수낵(Rishi Sunak) 총리의 재량이다. 많은 보수당원은 인플레이션이 누그러지고 임금이 회복될 수 있는 10월이 최고의 선택지라고 여기면서도, 수낵 총리가 5월 지방자치단체 선거와 일정을 맞추는 편을 선호할 것이라고 생각한다. 이 선거들에서 토리당이 좋은 결과를

거두지 못하면 가을 캠페인에 방해가 될 것이기 때문이다.

두 번째로 키어 경은 흙탕물 싸움이 될 것이라고 말했다. 가능성이 농후해 보인다. 토리당원들은 키어 경을 범죄와 이주에 관대한 우유부단한 도시인이라고 묘사한다. 노동당은 수낙 총리가 헬리콥터를 타고 국가를 살피는 나약하고 냉담한 부자라고 생각한다. 두 남자(술을 절대 입에 대지 않는 은행가와 해산물 채식주의를 하는 인권 변호사)는 모두 타고난 싸움꾼이 아니다. 그럼에도 두 사람은 결판이 날 때까지 싸울 것이다.

세 번째로는 선거에서 경제가 중요할 것이라고 말했다. 여기에도 대단히 놀라워할 점은 없다. 2022년 1월 유권자들의 가장 중요한 관심사였던 보건이 경제 상태에 우선순위를 내어줬다. 노동당은 생활비 압박에 집중할 것이다. 그림자 내각의 레이철 리브스(Rachel Reeves) 재무장관은 1980년 미국 대선에서 로널드 레이건(Ronald

Reagan) 전 대통령이 했던 질문을 자주 사용한다. "자기 자신에게 이렇게 물어보세요. 당신과 당신의 가족은 13년 전보다 형편이 나아졌나요?"

노동당은 성장에 시동을 걸 수 있다고 스스로 주장하는 보조금과 주택 건설 프로그램의 윤곽을 제시했다. 당은 2022년 10월 리즈 트러스(Liz Truss)의 형편없는 소형 추가 경정 예산 이래로 경제를 가장 잘 운영한 당에 대한 여론 조사에서 선두를 달렸다. 하지만 이 선두가 주도권을 잡은 것이라고 할 수는 없다. 토리당이 노동당의 재정적 청렴성에 대한 유권자들의 묵은 의심을 거듭 건드릴 것이다. 토리당은 2021년 대출 부담이 적을 때 노동당에서 친환경 보조금으로 발표한 연간 280억 파운드(340억 달러) 안을 부채로 활용하려고 애쓸 것이다.

공공 부문의 상황도 매우 중요할 것이다. 국민 건강 보험의 대기 목록은 목록을 줄이겠다는 수낵 총리의 약속에도 불구하고, 2023년 내내 계속 늘어났다. 법정은 여전히 과부하 상태고, 학교 건물에는 긴급 수리 건들이 밀려 있다. 하지만 두 정당 중에서 급진적인 공공 서비스 개혁을 제안하는 정당은 없을 것이다. 노동당은 지출을 약속하길 꺼리면서, 제한된 프로그램에 자금을 대기 위해 당이 가장 좋아하는 부기맨(bogeymen, 사립 학교, 석유 회사, 부유한 외국인)에 대한 작은 세금 인상 한 줌을 선언했을 뿐이다.

수낵 총리는 유권자들이 여론 조사 요원들에게 변화를 원한다고 강력하게 이야기하는 것을 안다. 따라서 그는 지난 13년간의 보수당 정권을 털어내고 스스로를 '변화'의 후보라고 정의하려 시도하면서 키어 경을 실패한 현상의 대리인으로 그릴 것이다. 하나의 부산물은 영국의 탄소 중립 약속을 싸움터로 바꾸는 것이다. 수낵 총리는 내연기관의 단계적 중단 기한이 연기될 것이라고 말했다. 이는 조심스럽게 조정된 메시지다. 이전에 좌경 성향이었던 북부 영국 '빨간 벽'에서 보수당이 차지한 의석의 유권자들은 특히 자동차에 의존한다. 키어 경으로서는 기후 변화 문제와 맞붙으면 투표에서 승리할 수 있으리라 생각하며, 노동당이 친환경 산업과 함께 "빠르게 나아갈 것"이라고 말했다.

이번 선거는 2010년 이래로 유럽과 스코틀랜드의 옆바람을 맞지 않고 시행되는 첫 선거일 것이다. 노동당은 EU와 영국의 합의에 약간의 변경만을 제안할 것이고, 토리당은 아마 아무것도 하지 않을 것이다. 그리고 스코틀랜드 국민당의 인기가 하락하면서 두 번째 독립 국민 투표가 시행될 가능성은 별로 없다. 나토와 우크라이나에 대한 지원, 미국과 중국과의 관계, 무역을 비롯한 방대한 외교 및 방위 정책에서 노동당과 토리당의 차이는 주안점일 뿐이다.

여론 조사에서 키어 경의 정당은 수낵 총리 재임 기간의 첫해 동안 일관된 두 자릿수로 선두를 즐겨왔다. 만약 이 상태가 유지된다면 불균형적인 경쟁이 생길 것이다. 도박해서 잃을 것이 없는 토리당은 효과가 있는 공격을 찾을 때까지 여려 주제 사이를 선회하면서 기민한 선거 운동을 벌이려고 할 것이다.

노동당은 신중하고 절제력 있게 행동할 것이다. 당의 리더들은 승리하기 위한 무자비함을 얻기까지 이길 수 있었던 선거를 내던져버리는 자기 만족적인 중도좌파 정당에 대해 매우 잘 알고 있다. 1992년에 패배한 뒤 결국 1997년에 승리한 노동당, 2016년 트럼프에게 패배하고 2020년에 승리를 거둔 민주당, 호주 노동당도 2019년과 2022년에 마찬가지의 결과를 얻었다. 키어 경의 과제는 불필요한 첫 패배의 쓸쓸함을 맛보지 않고 승리하는 것이라는 말이 돌고 있다. 이 논지 뒤에 깔린 선택 편향을 트집 잡더라도, 이것이 선거 운동에 미칠 심리적 영향을 무시하지는 말아라.

토리당의 슬픔

선거일이 가까워질수록 보수당은 죽을 운명을 받아들인다

던컨 로빈슨(Duncan Robinson) 〈이코노미스트〉 정치 부문 편집자 겸 배저트 칼럼니스트

슬픔에는 부정, 분노, 타협, 우울, 수용의 다섯 단계가 있다고 알려져 있다. 보수당은 2024년 총선이 다가오는 동안 이 단계를 모두 거칠 것이다.

가장 먼저 부정을 할 것이다. 선거일이 언제든지 상관없이, 선거 운동은 연초에 시작될 것이다. 수낵 총리는 보수당의 희망으로 꼽힌다. 계획은 여전히 수낵 총리가 노동당의 리더 키어 경과 대결하는 구도의 대선 선거 운동이다. 하지만 그가 대통령이라면, 그는 점점 더 인기가 없어지는 대통령이다. 수낵 총리는 한때 그의 정당보다 더 인기가 많았지만, 봄이 되면 여론 조사에서 보수당이 그를 수월하게 추월할 것이다. 전혀 희망이 없는 건 아니다. 토리당의 언론 담당자들이 우길 것이다. 사건이 일어날 것이다, 전쟁이 터질 것이다. 무슨

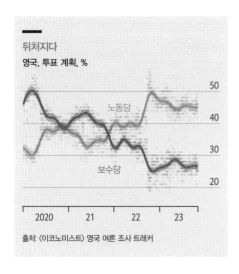

뒤처지다
영국, 투표 계획, %

노동당

보수당

50
40
30
20

2020   21   22   23

출처: 〈이코노미스트〉 영국 여론 조사 트래커

일이 생길지 모른다.

아무 일도 일어나지 않는다면 분노가 시작될 것이다. 보수당은 한때 '형편없는 정당'이라는 자신의 평판을 무시했다. 2024년에는 그 평판을 받아들일 것이다. 유럽 인권 보호 조약을 탈퇴하겠다는 약속은 그들의 선거 공약 선언문의 중점이 될 것이다. 키어 경이 공공기소국을 이끌었던 경력도 두드러질 것이다. 보리스 존슨(Borris Johnson) 전 총리가 키어 경이 소아 성애자로 전락한 지미 새빌(Jimmy Savile)이라는 방송인을 기소하는 데 개인적으로 실패했다며 부당하게 비난했을 때, 수낵 총리는 사람들의 의견과 거리를 뒀다. 이제 키어 경과 새빌 경은 주기적으로 정당 관료들에게 한꺼번에 언급되곤 한다[노동당은 수낵 총리의 아내인 억만장자 악샤타 무르티(Akshata Murty)의 재산을 파헤치는 방법으로 이 은혜를 갚을 것이다].

다음으로 타협을 할 것이다. 토리당의 하원의원들은 상황이 나아졌다고 주장할 것이다. 경제에 대해서는 그들의 말이 반 정도 맞을 것이다. 거의 11%까지 치솟았던 인플레이션은 훨씬 더 감당하기 수월한 수준으로 떨어질 것이다. 이는 지난 15년간 영국 유권자들에게 거의 없었던 대접인 강력한 실질 임금 상승을 의미할 것이다. 하지만 선거에서 토리당이 나눠 받을 몫은 없을 것이다. 임금이 오를 순 있지만, 2019년 토리당이 승리하는 데 도움을 준 부동층의 대출 비용도 오를 것이다.

2005년 이래로 노동당이 처음으로 큰 과반수를 차지하게 될 선거 이후, 우울 단계가 시작될 것이다. 수낵 총리는 계속 싸우기보다는 물러나는 편을 택할 것이다. 수낵 총리의 위치가 불가능에 가까웠다는 사실은 그에게 별 위안이 되지 않을 것이다. 정치는 종종 정책보다는 처벌에 대한 것이다. 유권자들은 일을 못한 정당을 처벌한다. 트러스 총리의 혼란스러웠던 49일간의 임기가 끝났을 때 선거에서 보수당의 기회도 끝났다. 하지만 이조차도 그녀가 가을의 리더십 선거에서 토리당의 승리라는 불운한 입찰을 내는 것을 막지 못할 것이다(몇몇 사람들은 부정의 단계에서 빠져나오지 못한다).

수용은 마지막 단계다. 잘 처리한다면 반대 세력은 기회일 수 있다. 정당의 남은 하원의원들은 정당과 국가 중 누구에게 잘 보일지 선택을 해야 할 것이다. 신임 총리 키어 경은 한 정당이 단 한 번의 임기 만에 큰 패배로부터 회복할 수 있다는 걸 보여줬을 것이다. 보수당이 회복하는 속도는, 새로운 리더의 자리에 중도 성향의 제임스 클레버리(James Cleverly)나 톰 투겐트하트(Tom Tugendhat), 문화적 갈등에 강경한 태도를 고수하는 케미 바데노트(Kemi Badenoch), 이민 배척주의자 수엘라 브레이버만(Suella Braverman) 중 누구를 앉히느냐에 달릴 것이다.

2010년부터 2024년까지 이어져온 보수당의 취약한 헤게모니는 무너져 내렸다. 2000년대 중반 토니 블레어(Tony Blair)가 완전히 우세인 노동당을 이끌었던 시기에 그랬듯이 토리당의 사망 기사가 쓰일 것이다. 당시 기사는 틀렸고, 이번에도 그럴 것이다. 정당들은 쇠할 수 있지만 언제나 스스로의 힘으로 다른 모습을 보여줄 수 있다.

스태그네이션 지속?

영국의 경제 전망은 예상보다 낮지만, 장밋빛이라고 할 수 없다

개빈 잭슨(Gavin Jackson) 〈이코노미스트〉 금융 경제 통신원

20 23년이 시작할 때 영국에 대한 전망은 암울했다. 영국은 리즈 트러스의 짧았던 통치가 금융 소란으로 끝난 이후 4년 동안 네 번째 총리가 재임 중이다. 높은 에너지 가격, 금리 상승과 임금 하락을 고려하면 많은 영국인에게 이 정치적 불안정성은 부수적인 걱정일 뿐이었다. 하지만 결국 2023년 영국 경제에 대해 할 수 있는 최악의 말은 경제가 옆으로 움직였다는 것이었다. GDP가 약 0.5% 증가하는 등 성장은 미미했지만 결과는 참사가 아닌 스태그네이션이었다.

2024년에 영국은 더 좋은 결과를 기대할 수 있을까? 2022년의 여러 어려움은 서서히 사라졌다. 천연가스 가격의 급격한 하락은 2023년 12월의 인플레이션율 예상치를 2022년 12월의 10%에서 4.5%로 떨어뜨린 주요 원인이었다. 노동 시장의 계속되는 견고함은 임금이 실질적으로 상승하고 있다는 것을 의미한다. 잉글랜드은행은 2022년 0.25%에서 7월 5.25%로 금리 인상을 이미 완료했거나 곧 마칠 것이다.

하지만 싱크탱크인 레솔루션 재단(Resolution Foundation)의 애덤 콜렛(Adam Corlett)은 연금 수급자를 제외한 많은 영국인의 가계 소득이 감소할 것이라고 말했다. 많은 주택 보유자는 일반적으로 2~5년 정

네온등이 예쁘게 들어온 보도에서 머뭇거린다

도 지속하는 고정 금리 대출을 받았으므로 아직 그 고통을 느끼지 못했다. 2024년에 중앙은행이 금리를 올리지 않는다고 하더라도, 여전히 많은 이들에게 통화 정책이 긴축 국면으로 접어드는 것처럼 느껴질 것이다.

하반기에는 선거 전 세금 감면이 시행될 여유가 있을 수 있다. 하지만 현재의 재정 정책은 정부의 세금과 지출 결정과 함께 영국인들의 주머니에서 돈을 끄집어낼 것이다. 에너지 사용 보조금은 물론, 저소득 가구에 대한 직접 지원도 끝날 것이다. 과세최저한 역시 현금 기준으로 동결되었으므로 실질 임금 상승분의 대부분은 노동자가 아닌 정부에게 갈 것이다.

영국 경제 부진의 배경이 되는 장기 구조적 요소도 바뀌지 않을 가능성이 크다.

많은 영국인의 가계 소득이 감소할 것이다.

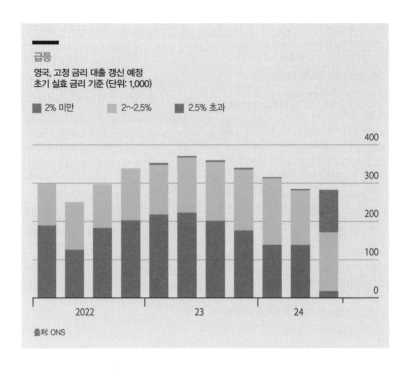

급등

영국, 고정 금리 대출 갱신 예정
초기 실효 금리 기준 (단위: 1,000)

■ 2% 미만　　■ 2~2.5%　　■ 2.5% 초과

출처: ONS

노동 시간당 산출물로 측정되는 생산성은 2010년 이래로 6%밖에 증가하지 않았다. 맨체스터대학교 생산성 협회(Manchester University's Productivity Institute)의 경제학자 버트 밴 아크(Bert van Ark)는 이미 고용률이 높고 생산 가능 인구가 줄어들고 있는 영국이 팬데믹 이전과 같은 수준의 GDP 개선을 이루려면, 생산성 성장을 3배는 늘려야 할 것이라고 예상했다.

인플레이션이 예상보다 빠르게 잡히면서 잉글랜드은행이 통화 긴축 속도를 늦추게 될 수도 있다. 그러나 전반적인 전망이 한 해 전보다는 괜찮다고 하더라도, 영국인들은 여전히 원래 두려워했던 것만큼 경제 상황이 나쁘지 않길 두 손 모아 기도할 수밖에 없다.

왕좌에서 물러나다?

———

영연방은 왕을 왕위에서 끌어내리려는 움직임을 보이고 있다

캐서린 닉시(Catherine Nixey) 〈이코노미스트〉 영국 통신원

투발루 왕의 이름을 말할 수 있는가? 파푸아뉴기니의 왕은? 벨리즈의 왕은? 아마 말할 수 없을 것이다. 그렇다면 캐나다 왕의 이름은 어떠한가? 이건 쉽다. 힌트이기도 하다. 정답은 모두 찰스 3세다. 직함이 부족한 적이 없었던 찰스 3세는(많은 경우에 '스코틀랜드의 위대한 지배인', 톨킨스러운 '제도의 제왕'이었고, 지금은 '믿음의 수호자'다) 호주, 바하마, 그레나다를 비롯한 열다섯 개 영토의 수장이다. 세계의 군주국 중 3분의 1은 그를 왕으로 섬기고 있다. 최소한 지금은 그렇다.

2024년에 일부는 이를 바꾸려고 할 것이다. 2024년에 자메이카는

찰스를 내쫓는 것에 대한 국민 투표를 시행하고 싶어 한다. 호주는 공화국이 되는 것에 대한 국가적 협의를 할 예정이다. 안티구아섬과 바부다섬(2년 내로 국왕에 대한 국민 투표를 하겠다고 약속했다), 벨리즈 같은 영토에서도 점점 더 커지는 불만의 목소리가 들려올 것이다.

이런 공화정의 폭발은 여러 가지 문제를 일으킨다. 이는 (이 모든 문제에 대해 별로 신경 쓰지 않는) 왕족들과 (실제로는 별로 신경 쓰지 않지만, 신경 쓰는 척해야 하는) 영국 정부에는 부수적인 문제다. 하지만 영국의 군주제에서 무슨 일이 벌어지고 있는지 알아내려는 모든 사람에게는 매우 주요한 문제다. 정말 골치 아프기 때문이다.

군주제는 늘 이해하기 어려운 것이었다. 영국인에게 행사할 수 있는 왕의 권한(최소)부터 백조에 대한 권한(최대, 백조들이 소리를 내지 않고 템스강에 머무른다는 전제 아래)까지 수천 년 전부터 내려온 관습과 법의 통치를 받는다. 심지어 왕비가 무슨 생각을 할 수 있는지도 통제한다

(그녀가 원하는 건 뭐든 가능하다. 단, 왕의 죽음에 대해 생각하는 것은 대역죄이므로 할 수 없다). 그러나 해외의 군주제를 통치하는 관습과 법의 뭉텅이를 이해하는 것과 비교하면 그런 것들을 이해하는 일은 전부 식은 죽 먹기다. 《엠파이어랜드(Empireland)》의 저자 새트넘 생혜라(Sathnam Sanghera)는 이것을 "엄청 혼란스러운 것"이라고 말했다.

혼란의 한 가지 원인은 영연방의 역할이다. 사실상 영연방은 하는 역할이 없다. 오늘날의 영연방은 가끔 스포츠 게임을 같이 즐기는 클럽에 불과하다. 런던대학교의 사학자 필립 머피(Philip Murphy)는 영연방을 떠나기 위해 한 국가에 필요한 건 "표제가 붙은 종이에 쓴 편지 한 장"뿐이라고 말했다. 하지만 왕을 쫓아내는 일은 헌법과 관련되어 있다. 영국인들이 잘 알다시피 역효과를 낳을 수 있어 훨씬 더 복잡하고 국민 투표가 필요할 수도 있다. 이 때문에 몇몇 국가들이 망설이는 걸지도 모른다.

하지만 절차에 속도가 붙고 있다. 그리고 만약 국가들이 찰스를 왕위에서 끌어내린다면, 여러 사람이 후련해할 것이다. 그중엔 왕족들도 포함될지 모른다. 언젠가 필립 왕자는 캐나다 기자들에게 "우리는 여기에 건강 때문에 오는 게 아니에요"라고 말했다. 그러고는 만약 국가들이 군주제 철폐를 원한다면, "원만한 조건으로 마무리 짓죠"라고 덧붙였다. 2024년에 그 조건들이 작성되기 시작할지도 모른다.

조지아 밴조(Georgia Banjo) 〈이코노미스트〉 영국 통신원

영국만큼 자국의 보건 체계에 헌신적인 나라는 얼마 없다. 2012년 런던 올림픽의 개막 행사 중에 춤추는 간호사들이 국민 건강 보험(NHS)에 대한 그들의 자부심을 드러내며 스타디움을 매료시켰고 글로벌 TV 시청자들을 멍하게 만들었다. 코로나19 팬데믹 기간에 방영된 광고에서 영국 정부는 대중들에게 생명을 구하기 위해서뿐 아니라 더 큰 글자로 "NHS를 보호하기 위해서" 락다운을 해야 한다고 강력히 권고했다. 보건 서비스는 2024년에 예정된 총선에서 평소보다 더 큰 역할을 할 것이다.

하지만 온갖 잘못된 이유로 무대 중앙을 차지할 것이다. 2024년은 구급차 부족, 병원 복도에서 이동식 침대 위에 누워 죽어가는 할머니 등 또 한 번의 끔찍한 겨울로 시작할 것이다. 간호사들은 NHS를 위해 춤을 추는 것이 아니라, 통지서를 제출하면서 기록적인 사망 추세가 지속될 것이다. 대기자 명단은 계속 늘어날 것이다. 추가적인 민영화 요구는 변함없이 무시되겠지만, 이전보다는 조금 더 심각하게 받아들여질 것이다. 영국인들은 어느 시점에 의사들이 (3월 이후 그들이 간헐적으로 아무런 해결책 없이 그랬던 것처럼) 파업에 들어가면 이미 좋지 않은 환자 결과가 악화한다는 것을 알아챌 것이다.

NHS는 위기에 처한 유일한 공공 서비스가 아니다. 학교, 감옥, 법

원이 무너져 내리는 상황은 2024년에 전부 더 악화할 것이다. 이런 문제들은 예측 가능한 자금의 부족, 자본 지출 삭감 등 근본 원인이 모두 같음에도 불구하고, 번쩍거리는 블루라이트의 섬광 너머로 축적되는 경우가 대부분이다. 정치적 혜택이 얼마 없는 침체를 맞이한 경제에 어떤 정부도 장기 투자의 매력을 느끼지 못할 것이다. 따라서 해결책은 보통 단기적으로 덧댄 대안으로 이뤄질 것이다.

만약 선거에서 승리한다면, 노동당은 일반 진료, 사회 복지, 자본 프로젝트 투자 중 보건 체계의 어떤 부분에 가장 많은 돈이 필요한지에 대한 몇 가지 어려운 결정을 내려야 할 것이다. 이론적으로 서비스는 사용되는 시점에 무료인 상태로 유지될 것이다. 실제로는 점점 더 많은 영국인이 필요한 치료를 받지 못하고 있다. 그로 인한 정치적 비용이 무엇인지는 명확해질 것이다.

그림자 내각의 재무장관 **레이첼 리브스**(Rachel Reeves)가 노동당이 영국의 국가 재정을 위해 세운 계획의 개요를 말한다.

초대석
노동당의 경제 계획

**새로운 재정 준칙이
모든 결정에 적용될 것이다.**

이 책의 여러 글쓴이가 알다시피, 다음 12개월 동안 무슨 일이 벌어질지 정확하게 예측하는 것은 바보의 게임이다. 내가 그림자 내각의 재무장관 역할을 해온 2년 반 동안 우리는 러시아의 우크라이나 불법 점령 이후 유럽에서의 전쟁, 글로벌 에너지 위기, 급격한 인플레이션에 대응하는 세계의 중앙은행, 글로벌 팬데믹으로부터 좋지 못한 결과를 얻었다. 또한 이 글을 쓰는 시기에 하마스가 이스라엘에 테러 공격을 했고, 이 지역에서 수십 년간 지속한 가장 위험한 갈등의 방아쇠를 당겼다.

불안정성은 글로벌 무대뿐 아니라 영국에도 있었다. 지난 13년 동안 영국에는 다섯 명의 총리, 일곱 명의 재무장관, 네 번의 총선, EU 탈퇴 투표, 리즈 트러스의 처참한 소형 추가 경정 예산이 있었다. 불안감은 영국 정치의 표어가 됐고, 그 불안에는 대가가 따랐다.

세계 경제에 새로운 충격이 가해질 때마다 영국은 다른 나라의 동료들보다 더 오랫동안 깊게 고통받는다. IMF의 최근 예측에 따르면 2024년에 영국의 성장은 G7 국가 가운데 최저, 인플레이션은 최고를 기록할 것으로 예상된다. 영국은 유럽 국가들과 미국이 앞서 나가고 있는 미래의 일자리와 산업을 향한 글로벌 경주에서 뒤처지고 있다.

내가 최고경영자 및 다양한 비즈니스 리더들과 대화를 할 때마다(나는 이 자리에 처음 임명된 이래로 500명 이상과 이야기해봤다) 그들은 영국에 투자하고 싶지만 웨스트민스터에서의 소란 때문에 꺼리게 된다는 말을 몇 번이고 되풀이한다. 이런 민간 투자를 놓치는 것은 우리 경제의 돈이 줄어들고, 우리 마을과 도시의 돈이 줄어들고, 우리 공공 서비스에 쓸 돈이 줄어들고, 사람들의 주머니에 든 돈이 줄어든다는 의미다.

보수 정부가 통치한 혼돈과 불안정의 13년 이후 영국의 상황은 악화했다. 노동자들의 삶은 악화했다. 정부의 무능은 경제적 성과에 방해물이 됐다. 하지만 이 불안한 시대에 다음 12개월 동안 우리는 한 가지 확실한 것을 마주하고 있다. 바로 총선이다. 총선은 영국인들이 변화를 위해, 그리고 새로운 경제 모델을 위해 투표할 기회다.

노동당이 다음 총선을 위해 세운 계획의 핵심에는 국내 모든 부문에서의 좋은 일자리와 생산성 증대와 함께 G7에서 가장 강력한 지속 성장을 이루겠다는 임무가 있다. 경제 성장은 우리가 새로운 산업에 힘을 실어주고, 임금을 올리고, 시내 중심가를 재활성화하고, 가계의 생활비를 끌어내리고, 우리의 공공 서비스를 개혁할 수 있는 유일한 방법이므로 이 임무는 우리에게 가장 중요한 과제다.

이 임무는 경제적 안정, 즉 국민 경제의 안정과 가정 재정의 안정을 우선시하는 미래의 노동당 정부만이 달성할 수 있다. 나는 이와 같은 접근을 '안정 경제학'이라고 부른다.

이는 우리 경제를 재건함으로써 변덕스러운 세계에서 경제를 강화하고 더 회복력 있는 경제로 만든다는 의미다. 자국에서 생산하고, 일하고, 판매하는 우리의 능력을 강화하고 청정에너지, AI, 생명과학 등 미래의 기회를 장악하는, 영국을 위한 새로운 산업 전략을 의미한다.

이는 우리의 오래된 계획 시스템과 맞붙음으로써 영국을 다시 일으켜 세우는 것을 의미한다. 그리고 우리가 가정에서 오늘 받은 청구서 비용을 내고 미래를 계획하는 데 필요한 안정을 제공해줄, 보수가 좋고 괜찮은 일자리를 만들 수 있게 영국 산업에 투자한다는 의미다.

정부나 기업은 이 임무를 혼자 해낼 수 없다. 그러므로 나는 영국의 모든 부문에서 일하는 수백만 명의 노동자들의 노력과 재능을 활용하고 우리 경제에 잠재된 기회를 끄집어내기 위해 정부와 기업이 나란히 일하는 새로운 파트너십을 약속했다.

경제적 안정성은 우리가 국가 금융에 안정을 되찾아와야만 실현될 수 있다. 나는 잉글랜드은행에서 근무하는 동안 늘 합이 맞아떨어져야 한다는 매우 간단한 교훈을 얻었다. 재무장관으로서 나는 우리 형편에 맞는 것만을 지출할 것이며, 노동당정부가 내리는 모든 결정에 적용되는 새로운 재정 준칙을 내놓을 것이다. 우리는하루하루의 지출을 위한 자금을 마련하려고 돈을 빌리지 않을 것이며, 경제 총 생산의 비중으로서 국가 부채를 축소할 것이다.

2024년에 영국인들에게는 더 강하고, 더 안정적인 미래를 위해, 재정적 안정성과경제적 안정성 위에 지어진 경제를 위해 투표할 기회가 올 것이다. 그리고 그 기회와 함께 우리는 노동자들의 삶을 개선하고, 영국의 미래를 정상 궤도로 돌려놓을수 있다.

다음 물결은 자유지상주의?

2024년에는 좌우의 오랜 구분이 흔들릴 것이다

에마 호건(Emma Hogan) 〈이코노미스트〉 미주 담당 편집자

라틴아메리카는 오랫동안 좌파 정당이 지배해왔다. 이 지역의 여러 좌파 정부들은 2000년대 초반 원자재 호황기에 갑작스레 밀려온 현금을 바탕으로 국가통제주의 정책과 사회보장 제도를 시행해 이른바 '분홍 물결(pink tide)'을 이끌었다. 그러나 2010년대에는 아르헨티나의 마우리시오 마크리(Mauricio Macri), 브라질의 자이르 보우소나루(Jair Bolsonaro) 등 우파 대통령들이 당선되며 '푸른 물결(blue tide)'이 뒤따랐다.

2023년 초에는 19개국 중 12개국에서 좌파 정부가 집권하면서 또다시 진보 정치의 시대가 열린 것으로 보였다. 이들 12개국은 라틴아메리카 인구의 무려 92%, GDP의 90%를 점유했다. 그러나 2024년

은 좌파와 우파의 오랜 구분이 흔들리는 해가 될 것으로 보인다. 대
신 이곳 정치 지형은 훨씬 복잡해질 것이다.

그 첫 번째 이유는 아르헨티나에서 하비에르 밀레이(Javier Milei)가
부상했기 때문이다. 자칭 "무정부주의 자본주의자"라는 이 급진적
자유지상주의자는 11월 19일 대선 결선투표에서 경제부 장관 세르
히오 마사(Sergio Massa)와 맞붙을 예정이다. 밀레이가 승리하면 라틴
아메리카(뿐 아니라 실제로 세계) 최초의 자유지상주의 대통령이 될 것이
다. 그는 혜성처럼 등장해 예상외로 선전했다. 설령 마사에게 지더라
도 그는 자유 시장 사상을 전파해, 페론주의 운동의 좌파 포퓰리즘이
오랫동안 지배해왔던 아르헨티나의 현 기류를 뒤집었다는 의미를 남
기게 된다. 그의 매력 요인은 대체로 아웃사이더 이미지에서 비롯되
었다. 경제학자이자 한때 전문가로 방송에서도 자주 얼굴을 비춘 그
는 2021년에야 아르헨티나 하원으로 정계에 입문한 정치 신인이다.

밀레이는 포퓰리즘적 화법을 즐겨 쓴다. 그러나 그의 공약은 대부분 우익 포퓰리스트들의 계획보다 훨씬 더 과감하고 급진적이다. 여기에는 아르헨티나 경제에 달러화 도입(및 중앙은행 폐지), 공공 지출을 GDP 대비 최소 15%만큼 삭감, 정부 부처 수를 현 18개에서 8개로 축소하는 것 등이 포함된다. 밀레이는 임기 첫해에 기초 적자(즉 이자 지급액을 제외한 재정 적자)를 제로로 만드는 게 목표다. 또 그는 자유 무역을 지지하지만 메르코수르(MERCOSUR)●에서 아르헨티나를 탈퇴시키고 싶어 한다. 그리고 아르헨티나의 교역 상대국 각각 1, 2위인 브라질과 중국을 좌파 정부라고 걸핏하면 비난한다.

두 번째 이유는 많은 좌파 정부가 힘을 발휘하기에 상당히 불리한 여건에서 2024년을 맞이하기 때문이다. 예컨대 멕시코는 6월에 대통령 선거를 치른다. 여당 국가재건운동(MORENA)의 클라우디아 셰인바움(Claudia Sheinbaum)이 승리할 가능성이 높다. 셰인바움은 안드레스 마누엘 로페스 오브라도르(Andrés Manuel López Obrador) 현 대통령의 후계자로 엄격하게 선발되었다. 2018년부터 집권한 오브라도르는 언어는 좌파적인 반면 재정에 있어서는 매파적 태도를 보여왔다. 대부분 멕시코인들은 치안, 부패, 경제 등의 문제에서 오브라도르의 성적이 초라하다고 생각하지만, 그에게 60%가 넘는 높은 지지율을 보내고 있다. 셰인바움은 당선되더라도 그 정도로 높은 지지율을 유지할 것 같지 않다. 결과적으로 그녀는 야당의 도움과 타협이 필요

> 가까운 미래에 라틴아메리카는 정치적으로 혼조세를 보일 것이다.

● 브라질 · 아르헨티나 · 우루과이 · 파라과이 4개국의 자유 무역 협정.

하며 자신의 급진적인 공약 중 일부를 수정해야 할 것이다.

마찬가지로 콜롬비아에서도 많은 사람이 자국 최초의 좌파 대통령인 구스타보 페트로(Gustavo Petro) 정부가 2026년 임기까지 버티지 못하리라고 생각한다. 페트로는 조세, 보건, 연금 시스템을 야심 차게 개혁하고자 2023년 4월 개각을 단행했다. 그러나 그의 노력은 난관에 봉착했다. 현재까지는 완화된 버전의 조세 개혁안만 통과되었을 뿐이다. 또한 아들과 참모가 스캔들에 연루되어 타격을 입기도 했다.

칠레에서는 사회민주주의 성향의 밀레니얼 세대 대통령 가브리엘 보리치(Gabriel Boric)가 대규모 불평등 반대 시위의 여세에 힘입어 당선됐으나, 이후 범죄 증가와 경기 침체로 지지율이 하락했다. 또한 2022년에 개헌을 시도했으나 새 헌법이 너무 급진적이라는 정서 탓에 국민 투표에서 61%의 반대표로 무산된 바 있다. 그는 이를 다시 추진하려 시도 중인데, 새로운 개헌안에 대한 국민 투표는 2023년 12월에 예정되어 있다. 보리치는 유능한 참모들을 곁에 두었지만 개헌 논란 때문에 직무 수행 능력의 빛이 바랬고 성과에 제약이 걸렸다.

아무튼 2024년 라틴아메리카 지역에 분홍색이든 파란색이든 새로운 물결이 휩쓸 가능성은 거의 없어 보인다. 대신 가까운 미래에 이곳은 정치적으로 혼조세를 보일 것으로 예상된다. 아마 가장 중요한 질문은, 다른 나라들도 밀레이 같은 와일드카드가 대중의 마음을 사로잡는 아르헨티나의 선례를 따를지가 될 것이다.

사라 버크(Sarah Birke) 〈이코노미스트〉 멕시코시티 지국장

2024년 6월 2일 멕시코 대선은 역사에 길이 남을 것이다. 선거인 명부에 역사상 최다 유권자가 등록되고, 새 주인을 기다리는 선출직 자리도 그 어느 때보다 많을 전망이다. 멕시코 국민은 새 대통령과 전체 상하원 628명, 주지사 9명, 그 외 다수의 지방의원과 지역 관리 등 약 2만 명을 선출하게 된다. 그리고 멕시코 역사상 최초로 여성이 국가수반 자리에 오를 것이 거의 확실시되고 있다. 집권당인 국가재건운동과 야당 연합 둘 다 여성 대통령 후보를 내세웠다.

이번 선거는 민주주의의 측면에서 중요하지만 녹록지 않은 여건 속에서 치러지고 있다. 오브라도르 대통령의 분열 조장성 화법과 민주주의 규범의 쇠퇴가 큰 타격을 입혔다. 그는 선거 관리 위원회의 권한을 약화하려고 노력해왔다. 그의 정책은 빈곤을 감소시켰지만, 그 내막은 눈에 보이는 결과와 살짝 달랐다. 표심 잡기용 정부 지원을 자주 제공했고, 임기 중 의료 서비스 이용 대상자 수는 감소했다. 보고된 살인 건수는 여전히 놀라운 수치인 연간 약 3만 건이지만 전보다는 약간 감소한 반면, 실종(주로 시신이 발견되지 않은 살인) 건수는 연간 약 9,500건으로 급증했다.

경제는 안정적이었으나 오브라도르의 반기업적 행보 때문에 미국

오브라도르의 후계자

과 근접한 상업상의 이점을 충분히 누리지 못했다. 그 외에도 그의 실책은 화석 연료 지원, 군대 강화, 학교 교과 과정 개악 등 수두룩하다.

그러나 멕시코 국민은 10월 1일 취임하는 차기 대통령에게서 급진적 변화를 보지 못할 수도 있다. 국가재건운동 후보인 셰인바움이 야당 후보 소치틀 갈베스(Xochitl Galvez)를 누르고 당선될 것으로 보인다. 그녀는 2018년부터 2023년 6월까지 멕시코시티 시장을 역임한 베테랑 정치인이다. 그러나 셰인바움은 오브라도르 대통령의 후계자로서, 오브라도르 특유의 정책들을 엮어서 이어가겠다고 약속했다.

그러나 그녀는 스승인 오브라도르보다 덜 대립적이며 자신만의 통치관이 있기에, 더욱 친기업적이면서 친환경적인 태도를 보일 가능성이 있다. 또한 시장 시절 치안 문제를 능숙히 해결해 멕시코시티의 살인 발생률을 그 어떤 지역보다 더 빠르게 감소시켰다.

동시에 그녀는 권력 행사에 더 많은 제약을 받게 될 것이다. 국가

재건운동과 그 연합 정당들은 2018~2021년과 달리 의회에서 절대 다수 의석을 차지할 가능성이 낮다. 따라서 셰인바움은 협상과 타협이 필요할 것이다. 선거 전후로 혼란도 예상된다. 범죄 조직들은 자신들에게 협조를 거부하는 지역 후보들을 위협하고 살해하는 등 갈수록 대담해지고 있기 때문이다.

라틴아메리카의 혁신 기업들

성공적인 스타트업은 중남미 소비자들의 고충을 해결해줄 것이다

사라 버크

최근 몇 년째 라틴아메리카 스타트업은 전망이 밝다. 이 지역 투자자들로 구성된 LAVCA(라틴아메리카 벤처 캐피털 협회)에 따르면 벤처 캐피털의 지원을 받는 기업 수는 2020년부터 2023년 사이에 두 배 이상 증가해 2,500곳을 넘어섰다. 2021년 라틴아메리카 스타트업은 약 160억 달러의 투자를 유치했는데, 이는 지난 10년 동안의 투자액을 합친 규모와 거의 맞먹는다.

팬데믹 기간 스타트업 활동이 폭발적으로 증가했다. 다른 나라도 마찬가지였지만, 라틴아메리카 사람들도 집에 갇혀 생활하는 동안 집 안에서 쇼핑하고 진료를 받는 등 다양한 활동을 하길 원했다. 기존의 많은 기업들은 온라인 플랫폼이 없었거나 적어도 사용자 친화적인 플랫폼이 없었다. 이를 기회로 삼은 일본의 투자 대기업 소프트

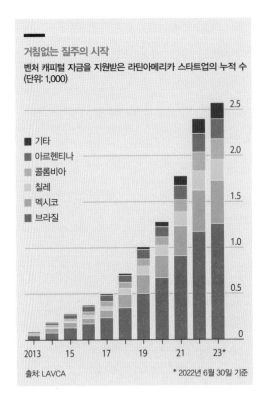

거침없는 질주의 시작
벤처 캐피털 자금을 지원받은 라틴아메리카 스타트업의 누적 수
(단위: 1,000)

- 기타
- 아르헨티나
- 콜롬비아
- 칠레
- 멕시코
- 브라질

출처: LAVCA

* 2022년 6월 30일 기준

뱅크는 2019년에 50억 달러 규모의 라틴아메리카 펀드를 처음으로 출시했다. 그 뒤를 따라 다른 펀드도 줄줄이 출시되었다.

이후 투자자들은 숨 고르기에 들어섰다. 여기에는 글로벌 경제 상황도 한몫했다. 2024년에는 아마 스타트업에 조달되는 자금 규모가 팬데믹 이전 수준으로 안정될 것이다. 하지만 스타트업의 수는 늘어날 것이며, 그들은 현재 급증하고 있는 역내 펀드를 포함한 벤처 캐피털로부터 더 많은 지원을 받을 것이다.

다른 지역에서도 그렇듯 많은 중남미 스타트업은 식료품이나 음식 배달 등 소비자의 생활을 더욱 편리하게 하는 것을 목표로 한다. 2015년에 설립되어 2020년 우버에 인수된 칠레의 배달 앱 코너샵(Cornershop)과 콜롬비아의 배달 앱 라피(Rappi)가 현재 자국 전역에서 사용되고 있다. 둘 다 퀵 서비스와 심부름 등 계속해서 영역을 넓혀가는 중이다.

그러나 중남미 스타트업들은 이곳 소비자들이 자주 겪는 '고충'을 드러내는 면도 있다. 물류는 유망한 업종 중 하나다. 라틴아메리카 지역의 우편 서비스는 조악하고 느리며 배송 사고도 잦기 때문이다.

아르헨티나 기업 메르카도 리브레(Mercado Libre) 등 전자 상거래 스타트업들은 자체 물류 센터를 세웠다. 특히 멕시코가 중국에 둔 제조 공장을 이전하려는 기업들을 더 많이 유치한다면, 이 지역 스타트업들은 B2B 배송 분야로 확장할 가능성이 높다.

이 지역 특유의 또 다른 고충은 신뢰도가 낮고 문제 발생 시 법적 보호 장치가 미비하다는 점이다. 멕시코 기업 카박(Kavak)은 중고차 거래 플랫폼이다. 카박 창립자들은 구매자가 판매자의 말을 철저히 신용한다는 점을 깨닫고 기꺼이 징검다리 역할을 자처하기로 했다. 부동산 쪽에도 비슷한 플랫폼이 존재한다. 브라질의 로프트(Loft)는 아파트와 주택의 매매 및 리모델링 정보를 제공한다. 사용자는 자신의 집을 로프트에 팔거나, 남의 아파트와 바꿔 쓰거나, 단순히 해당 웹사이트 목록에 등재할 수도 있다.

브라질은 오랫동안 멕시코, 콜롬비아, 칠레, 아르헨티나에 이어 가장 확고한 스타트업 허브였다. 어떤 국가에서는 중남미 최초의 유니콘(10억 달러 이상의 가치를 지닌 기업)이 배출될 수도 있으며, 수도에 국한되지 않은 더 많은 도시가 스타트업의 중심지로 거듭날 것으로 예상된다. 그리고 다른 국가에서는 스타트업이 지역 경계를 넘어 확장함으로써 더 활발히 활동할 것이다.

브라질 기업 누뱅크(NuBank)가 주목할 만한 사례 중 하나다. 2023년 중반 고객 수 8,000만 명으로 브라질에서 네 번째로 큰 은행이 되었으며 멕시코와 콜롬비아에도 진출했다. 브라질은 은행 서비스를 이용하지 못하는 인구가 수백만 명에 달하며, 은행들은 값비싼 전통적 모델을 고수하는 경우가 많다.

2024년에도 여전히 아쉬운 것은 정부의 충분한 지원이다. 각국 정부는 혁신을 독려해왔지만, 이스라엘이나 싱가포르처럼 성공적인 스타트업 허브를 만든 기업가들에게 지원하는 데는 인색하다. 굼뜬 관료주의와 시대에 뒤떨어진 규제가 계속 발목을 잡는다. 그렇기는 하지만 스타트업 활동은 계속 활발히 이어질 것이다. 라틴아메리카 기업가들은 원하는 위치에 오르기 위해서는 회복 탄력성이 필요하다고 말한다. 이 지역 특유의 장애를 오히려 비즈니스 우위로 전환한 것이 중남미 스타트업들이 역동적으로 활동하는 비결이다.

자원의 축복?

라틴아메리카는 녹색 전력 분야를 선도할 수 있다

애나 랑케스(Ana Lankes) 상파울루, 〈이코노미스트〉 라틴아메리카 통신원

수 세기 동안 라틴아메리카는 자원의 저주에 시달렸다. 천연자원이 풍부하다고 해서 결코 사회 전반에 걸쳐 더 광범위하고 지속적인 번영으로 이어지지 않았다. 하지만 이제 많은 사람은 전 세계가 청정에너지로 전환하면서 상황이 바뀔 것이라 기대하고 있다. 라틴아메리카 지역은 세계 전기차 배터리에 사용되는 리튬의 절반 이상이 매장되어 있다. 또 전선에 들어가는 구리의 3분의 1 이상이, 태양광 패널에 중요한 은의 절반 이상이 생산된다. 또한 세계 생물다양성의 약 절반과 숲의 4분의 1이 모여 있는 곳이기도 하다. 라틴아메리카 지도자들은 앞으로 이곳이 친환경 기술의 강국으로 도약할

수 있기를 바라고 있다.

　여기서 자원은 단지 물질에만 국한되지 않는다. 바람 잘 불고, 햇볕 잘 들고, 물살이 센 자연환경 덕분에 현재 이 지역 1차 에너지의 4분의 1 이상이 재생 가능 에너지원에서 나온다. 이는 세계 평균의 두 배다. 샌프란시스코에 본사를 둔 비영리 단체 글로벌 에너지 모니터(Global Energy Monitor)에 따르면 2030년까지 320GW의 태양광 및 풍력 발전소가 가동될 것으로 예상되며, 그렇게 된다면 중남미 지역은 재생 가능 에너지 부문에서 앞장서게 될 것이다. 기반 시설도 확장되고 있다. 2024년 브라질은 2023년 두 번을 포함해 총 140억 달러에 달하는 송전선 공사를 입찰에 부칠 예정이다.

　또한 라틴아메리카는 화석 연료의 깨끗한 대안인 재생 가능 자원으로 추출하는 이른바 '녹색' 수소를 저비용으로 생산하는 데 큰 역할을 할 수 있다. 브라질 의회는 해상 풍력과 녹색 수소에 대한 규제 프레임워크를 곧 통과할 예정이어서, 수십억 달러의 투자를 유치할

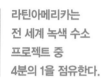

라틴아메리카는
전 세계 녹색 수소
프로젝트 중
4분의 1을 점유한다.

수 있을 것으로 보인다. 라틴아메리카는 전 세계 녹색 수소 프로젝트 중 4분의 1을 점유해 가장 높은 비중을 차지한다. 칠레는 2030년까지 세계에서 가장 저렴한 가격으로 녹색 수소를 생산해 2040년까지 3대 수출국 안에 들 계획을 세워놓았다. 또한 이들 지역은 기후 금융 혁신의 최전선에 있다. 2022년 칠레는 세계 최초로 일정한 환경 목표를 달성할 시 이자율이 할인된 채권을 발행하기로 해 20억 달러를 모았다. 그 뒤를 이어 우루과이도 약 40억 달러를 모금했다. 2023년 에콰도르는 세계 최대 규모의 환경 채무 스와프(debtfornature swap, 환경 보호의 대가로 인한 채무 탕감)를 체결했으며, 그렇게 절감한 채무액을 갈라파고스 제도의 환경 보호에 사용했다. 퇴임을 앞둔 에콰도르 대통령은 생물다양성을 새로운 '통화'라고 불렀다. 브라질도 약 20억 달러 규모의 지속 가능성 채권을 발행하는 등 이러한 추세는 2024년에도 계속될 것으로 보인다.

에콰도르와 콜롬비아의 두 사례는 화석 연료 기반 경제가 빠르게 녹색 경제로 전환할 수 있는지에 관한 사례 연구로 참고가 될 것이다. 8월 에콰도르인들은 국민 투표를 통해 아마존 열대우림 일부에서의 석유 시추를 금지하기로 뜻을 모았고, 이로 인해 자국의 국영 석유 회사는 1년 동안 운영을 중단해야 했다. 이번 국민 투표는 역사상 처음으로 한 국가의 시민들이 석유 생산을 중단하게 한 것이었다. 원유가 주요 수출 품목인 에콰도르는 향후 20년 동안 약 140억 달러의 수출 소득을 놓칠 수 있다. 2022년 콜롬비아 대통령직에 오른 구스타보 페트로도 석유(Petro)를 연상시키는 자신의 이름과 다르게, 석유 및 관련 상품이 자국 수출의 3분의 1을 차지함에도 석유 탐사를 중단하기로 약속했다.

이 모든 낙관론 속에서도 변화는 쉽지 않을 것이다. 오랜 습관은 금방 없어지지 않는다. 브라질과 가이아나는 석유 탐사에 엄청난 돈을 투자하고 있다. 볼리비아와 베네수엘라에서는 아마존 삼림 벌채가 급증했다. 광물 채굴에서 녹색 기술에 이르기까지 가치 사슬의 위로 올라갈수록 투자와 전문 지식이 필요하다. 그리고 이를 어떻게 더 많은 국가의 번영으로 이어지게 할 것인지는 여전히 풀기 어려운 숙제다. 그래도 녹색 전환은 이 지역에 자원의 저주를 축복으로 바꿀 수 있는 역사적인 기회가 될 것이다.

트럼프가 방패막이가 된다면
4선에 도전하는 쥐스탱 트뤼도는 뜻밖의 도우미를 찾을지도 모른다

제임스 얀(James Yan) 밴쿠버, 전 〈이코노미스트〉 출신 프리랜서 기자

캐나다 총리가 4선 연임을 마지막으로 달성한 1908년에는 전국 인구가 오늘날의 토론토 인구보다도 적었다. 2015년부터 캐나다를 이끌었고 현재 3선 연임 중인 쥐스탱 트뤼도(Justin Trudeau)는 다시 한 번 힘겹게나마 승리하리라고 확신하고 있다. 2023년 대부분 여론 조사에서 야당인 보수당에 뒤진 것으로 나타났지만 말이다. 만약 그가 승리한다면 1979년 네 번째 연방 선거에서 근소한 차로 패배한 아버지 피에르 트뤼도(Pierre Trudeau)의 기록을 깨게 될 것

이다.

아들 트뤼도는 과반이 안 되는 자신의 자유당 정부가 좌파 소수 정당과 맺은 협약 덕분에 2025년까지 선거를 치를 필요가 없다. 그렇기는 하지만 트뤼도 총리는 아마 두 가지 이유로 2024년 말에 유권자들의 마음을 떠보고 싶은 마음이 들지도 모른다.

첫 번째는 경제 문제다. 2022년부터 캐나다 중앙은행은 인플레이션을 억제하기 위해 기준 금리를 10번 인상했다. 이로 인해 기업 활동이 위축되고 신규 대출자에 대한 모기지 금리가 인상되었다. 2023년 2분기 경제는 예기치 않게 위축되었다. 그러나 선거 운동이 시작되기 전에 캐나다인들이 그 고통을 가장 먼저 겪게 될 것이다. 중앙은행은 2024년 하반기까지 성장세가 회복되고 인플레이션율은 2022년 중반의 8%에서 3% 아래로 떨어지리라 예상한다. 그리고 유권자들의 기억력은 짧다.

두 번째 이유는 미국과 관련된 것으로 좀 더 냉소적이다. 트뤼도는 캐나다를 포퓰리즘이 통하지 않는 최후의 보루로 여기고 있으며, 특히 트럼프는 이 선명한 대비 효과를 부각하기에 유용한 표본 역할이 되어왔다. 2020년 한 설문 조사에 따르면 캐나다인들은 자신의 투표 선택지에 트럼프가 포함되었다고 가정할 시 14%만이 그에게 투표하겠다고 답했다. 만일 트럼프가 공화당 대선 후보가 된다면 트뤼도 총리는 캐나다 보수당을 트럼프주의의 분파로 낙인찍는 방법으로 공격하리라 예상된다.

보수당 지도자인 피에르 포이리브르(Pierre Poilievre)는 아마도 이런 시나리오를 예상했는지 이민과 같은 문화 전쟁 이슈로 시비 거는 것을 피해왔다. 2024년에 캐나다는 역대 최다 기록인 50만 명의 영주권자를 받아들일 것으로 예상된다. 그러나 44세의 야당 지도자 포이리브르는 감축을 요구하는 대신 자신의 친이민 성향을 자랑스럽게 내보인다. 그는 베네수엘라 이민자 출신인 아내를 선거 운동에 자주 대동하고 다닌다. 또한 연설할 때 집값 안정과 도시 치안과 같은 서민들의 생계 문제에 초점을 맞추는 편이다. 지금까지 그는 자신의 지지 기반 사이에서 가장 불꽃 튀기 쉬운 주제를 건드리지 않아왔다.

그러나 캐나다에서는 국경 바로 밑에서 일어나는 일도 항상 공론의 대상이 된다. 11월 미 대선이 가까워질수록 트뤼도 총리는 자유당 외에 중도좌파 표를 결집하는 방법으로 '북부 포퓰리즘'이라는 불안을 자극할 것으로 예상된다. 이 방법이 통하지 않을지도 모른다. 그러나 장기 집권 중인 정부로서는 다른 곳으로 주의를 돌리는 방법도 나쁘지 않을 수 있다.

THE WORLD AHEAD 2024

가자 이후

중동의 새로운 세력 균형

그레그 칼스트롬(Gregg Carlstom) 두바이, 〈이코노미스트〉 중동 통신원

당초 2023년에는 중동의 지역적 긴장이 완화할 것으로 예상됐다. 2023년 3월 사우디아라비아는 이란과 데탕트(긴장 완화)에 합의했고, 이스라엘과의 관계 정상화를 위한 3자 협상을 미국과 논의 중이었다. 리비아, 시리아, 예멘의 내전은 교착 상태에 빠졌다. 번영과 안정을 누리고 있던 걸프 지역 국가들은 분쟁으로 지친 이 지역에서 새로운 중심 세력이 됐다. 그들은 모두가 안정을 되찾고 경제 성장에 집중하기를 원했다.

그런 생각은 이쯤에서 접어야 한다. 사우디아라비아와 이란의 합의 한 달 뒤 수단은 끔찍한 내전에 휩싸였다. 그 뒤 10월 7일 이스라엘에서 하마스가 끔찍한 대량 학살을 저질렀고, 가자 지구에서는 이

스라엘과 팔레스타인의 전쟁이 길어지고 있다. 오랜 기간 비교적 고요했던 중동에서 가장 고질적인 분쟁이 다시 타오르면서 지역 전체가 더 광범위한 폭력 사태 직전의 위기에 놓였다.

2024년은 가자 지구 전쟁의 결과에 따라 정의될 것이다. 일부 결과는 모순적으로 보인다. 한편에서는 이란과 사우디아라비아의 미약한 데탕트가 이어질 것이다. 이란의 대리 단체들이 가자 지구, 레바논, 심지어 멀리 떨어진 예멘에서 이스라엘을 향해 미사일을 쏘고, 다른 민병대들이 시리아와 이라크의 미군 기지를 공격하는 등 10월에 벌어진 사태들은 이란의 영향력을 다시 일깨웠다. 걸프 지역 국가들은 2019년 사우디아라비아의 유전처럼 공격의 표적이 되길 원치 않았기에 두려움에 떨었다. 그들은 이란과 평화를 유지하기 위해 노력하겠지만 공허한 평화가 될 것이다. 이란에 대한 걸프 국가들의 대규모 투자설은 그저 말로 끝날 것이다.

한편 이스라엘과 사우디아라비아의 관계 정상화를 위한 노력은 지연되고 있지만 완전히 중단되지는 않았다. 사우디아라비아의 왕세자이자 실질적인 통치자인 무함마드 빈 살만(Muhammad bin Salman)은 경제적, 안보적 이해관계를 모두 따지며 이스라엘과의 협상에 임하고 있다. 협상은 계속되겠지만 이전보다 지지부진하고 더 복잡해질 것이다. 사우디아라비아는 팔레스타인 문제에 관해 이스라엘이 더 크게 양보하길 바랄 것이다. 재협상해야 할 사안이 많을 테지만 미국에서 선거가 있는 해이므로 시기가 좋지 않다. 2024년에 협상이 타결될 가능성이 낮다.

걸프 지역 밖의 많은 아랍 국가들은 새해가 시작되면 긴장할 것이다. 일례로 이집트는 현재 국경(가자 지구와 수단)에서 진행 중인 두 건의 전쟁과, 아직 해결되지 않고 동결 상태인 한 건의 전쟁을 (리비아에서) 겪고 있다. 또 외환 보유고의 85%에 해당하는 대외 부채 290억 달러를 2024년에 상환해야 한다. 요르단의 압둘라(Abdullah) 국왕은 팔레스타인에서의 오랜 분쟁이 다수의 팔레스타인 출신 주민의 불안을 부채질할까봐 우려한다. 그들은 침체된 경제 때문에 이미 분노하고 있다.

이 국가들은 생존에 집중할 것이다. 그들은 가자 지구의 위기를 기회로 삼으려 할 것이다. 예컨대 이집트는 가자 지구에 인도적 지원을 제공하는 것에 대한 보상으로 재정 지원을 요구할 수 있다.

아랍 국가들은 이 지역의 새로운 힘의 균형을 오래전부터 이야기해왔다. 미국은 멀어만 보인 반면 러시아와 중국은 중동 전역에서 하드파워와 소프트파워를 축적하려고 노력했다. 10월 7일의 공격으로 중동 지역은 수십 년 만에 최대 위기를 맞았다. 이에 따라 미국은 두

미국은 중동에서 손을 떼고 싶을지도 모르지만 중동은 미국의 손을 놓지 않을 것이다.

대의 항공모함 전단과 미사일 방어포대, 많은 병력을 파견했고 미 국무장관은 서둘러 왕복 외교에 나섰다. 러시아는 서방의 위선에 잽을 날리는 것으로 만족하는 듯 보였고 중국은 혼란스러우면서도 무심한 태도를 보였다.

미국은 중동에서 손을 떼고 싶을지도 모르지만 중동은 미국의 손을 놓지 않을 것이다. 미국은 역내 강대국으로서의 역할을 굳건히 할 기회를 맞을 것이다. 가자 지구 전쟁이 일어나기 전 미국은 사우디아라비아와 상호 안보 협정을 논의했다. 이제 이 협정은 워싱턴의 지도자들에게 훨씬 덜 매력적으로 보일 수 있다. 사우디아라비아는 일어날 법한 모든 지역 분쟁에서 빠져 있으려고 노력해왔으며 이는 방위 조약이 상호적인 조약이 될 수 없음을 시사한다. 이 문제 역시 새롭게 협상해야 할 테지만 바이든 대통령에게는 시간이 별로 없을 것이다.

걸프 지역 국가들이 중동의 시급한 문제는 경제라고 믿은 것은 옳았다. 그들이 틀린 부분은 이 지역에서 동결 상태인 갈등이 계속 그 상태로 남아 있으리라고 믿는 것이다. 운이 좋다면 2024년에는 이스라엘과 팔레스타인의 끝없는 분쟁을 비롯해 많은 갈등을 해결하기 위한 새로운 노력이 시작될 것이다.

니콜라스 펠햄(Nicolas Pelham) 〈이코노미스트〉 중동 통신원

선거 주기만 보면 중동은 민주주의의 모범이다. 이집트는 2023
년 12월 선거를 실시하고 뒤이어 알제리, 이란, 모리타니, 튀
니지가 2024년 선거를 실시할 예정이다. 안타깝게도 어쩌면 모리타
니를 제외한 나머지 선거는 웃음거리가 될 가능성이 높다. 결과가 미
리 정해져 있기 때문이다. 독재자들은 큰 승리를 거두고 통치 기간을
연장할 테지만 이라크, 이스라엘, 쿠웨이트, 레바논, 모로코 등 이 지
역의 명목상 민주주의 국가들은 계속 힘겨운 시간을 보낼 것이다. 그
런데 독재자들은 '우리가 안정을 제공한다'고 말한다.

그들은 다시 생각해봐야 한다. 민주적 참여라는 안전 장치가 차단
된 독재 정권은 반란의 망령에 시달릴 것이다. 이스라엘-팔레스타인
전쟁이 10년 새 세 번째로 다시 아랍 거리를 깨우고 있다. 팔레스타
인 깃발을 들고 모인 불만 가득한 이들은 책임감 없고 부패한 통치자
들에게 반기를 들 것이다. 강력한 탄압만이 팔레스타인 자치 정부에
서 시작해 요르단과 이집트로 이어지는 도미노 효과를 막을 수 있을
것이다.

페르시아만에 인접한 걸프 국가들도 통제를 강화할 것이다. 그들
은 민주주의를 지하디즘(이슬람 성전주의) 못지않은 위협으로 간주한
다. 사우디아라비아는 법에 따라 4년마다 지방 선거를 실시해야 한

다. 하지만 실질적인 통치자인 빈 살만은 선거를 책임과 대표 선출권 등의 요구로 이어질 수 있는 위험한 비탈길로 여긴다. 아무도 그에게 왜 선거 일정을 지키지 않느냐고 감히 묻지 않는다.

걸프 지역 독재자들은 이집트나 튀니지의 독재자들에게 계속 자금을 댈 것이다. 이집트의 압델 파타 엘시시(Abdel-Fattah al-Sisi) 대통령은 유력한 경쟁 후보들을 막으면서 3선 연임을 노리고 있다. 경쟁자들을 가둔 튀니지의 카이스 사이에드(Kais Saied) 대통령은 연임에 성공할 것이다. 걸프 지역 국가들은 강적인 이란과 협력해 자국 내 민주주의가 확산하는 것을 막을 것이다. 4월 국회의원 선거를 앞두고 이란의 후견인 위원회(Council of Guardians)는 후보자들을 심사해 예스맨(과 예스우먼)만 입후보할 수 있도록 할 것이다.

쿠웨이트의 민주주의는 왕궁과 의회의 교착 상태로 마비될 것이다. 레바논과 이라크의 무장 세력은 통제를 강화할 것이다. 레바논에서 가장 강력한 무장 정파인 헤즈볼라는 대통령 임명에 계속 거부권을 행사할 것이다. 이라크의 무장 조직이 2021년 선거에서 패배했음에도 불구하고 정권을 장악한 선례가 있다. 그들은 민주적인 고상함이 앞길을 방해하도록 놔두지 않을 것이다.

서방 강대국들은 대부분 관망할 것이다. 이라크에서 실패를 맛본 그들은 이 지역에서 다시 민주주의를 설파할 의욕이 거의 없다. 민주주의 프로젝트를 돕는 원조는 계속 줄어들 것이다. 일부 지역에서는 대표 선출권에 대한 요구가 다시 거세질 수 있다. 하지만 불만이 고조되고 반대 의견을 낼 수 있는 수단이 거의 막힌 상황에서 하마스가 대체 모델을 제공할지 모른다는 우려가 있다. 그것이 쇠퇴하기 시작하면 지하디즘이 다시 끓어오를 것을 예상해야 한다.

그다음은?

세 가지 요인이 팔레스타인 영토의 앞날을 결정할 것이다

그레그 칼스트롬

팔레스타인 영토 안에서의 삶은 10년 넘게 고통스러울 만큼 정체돼 있었다. 이스라엘이 점령한 서안 지구는 팔레스타인 민족 해방 운동, 즉 파타(Fatah)의 부패한 민족주의자들이 통치했고, 봉쇄된 가자 지구는 하마스의 부패한 이슬람주의자들이 이끌었다. 서안 지구 주민들은 점령군의 일상적인 횡포를 견뎌야 했다. 가자 지구 주민들은 이따금 짧은 전쟁을 겪었고 적막하고 비참한 삶을 오랜 기간 견뎠다. '두 국가 해법'은 진전이 없었고 서먹해진 두 팔레스타인 정파 간의 화해도 없었다.

2023년 모든 것이 바뀌었다. 10월 7일 이전에도 서안 지구의 팔레스타인 주민들은 어느 때보다 힘든 한 해를 보내고 있었다. 그러던 고요한 가을날 아침, 하마스 무장 세력이 국경 넘어 이스라엘로 침입해 1,400여 명을 학살했다. 희생자는 대부분 민간인이었다. 이스라엘은 즉시 전쟁을 선포했다. 수천 차례의 공습 이후 지상군이 침입해 가자 지구를 초토화시켰고 1948년 이후 어떤 전쟁보다 팔레스타인 주민을 많이 살해했다.

2024년에는 하마스가 가자 지구를 장악한 2007년 이후 전혀 겪어보지 못한 방식으로 팔레스타인 주민들의 삶이 재편될 것이다. 결과는 예측할 수 없지만 세 가지 주요 요인이 결과 형성에 큰 영향을 미칠 것이다.

첫째는 이스라엘이 가자 지구에서 언제, 어떤 상황에서 전쟁을 끝낼 것인가 하는 것이다. 이스라엘군은 하마스를 권좌에서 몰아내면 전쟁을 중단할 것이라고 말한다. 물론 하마스 지도자들을 처형하길 바랄 것이다. 하지만 하마스는 무장병력 수만 명과 그보다 훨씬 더 많은 지지자를 거느리고 있다. 이스라엘은 긴 게릴라전에 휘말릴 수 있고 가자 지구 주민들은 긴 난민 생활에 시달릴 수 있다.

둘째는 전쟁 이후에 어떻게 될 것인가 하는 것이다. 미국과 이스라엘은 걸프 국가들이 재건 자금을 지원하고 국제 평화유지군에 군대를 보내주길 희망한다. 자금 지원은 가능성이 있지만 파병은 설득하기가 더욱 어려운 문제다. 결국 아랍 지도자들은 서안 지구 일부를 통치하는, 파타가 이끄는 팔레스타인 자치 정부(PA)가 가자 지구를 다시 통치하도록 촉구할 것이다.

이것은 최상의 시나리오다. 하지만 PA는 이스라엘 싱크탱크의 도움을 받으며 가자 지구로 돌아가고 싶지 않을 수도 있다. 혹여 돌아간다 해도 가자 지구를 통치할 수 없다는 사실에 맞닥뜨릴 수도 있다 (서안 지구 일부의 통치권은 이미 상실했다). 그러면 이스라엘은 아마도 현지 주요 인사들로 구성된 임시 정부의 도움 아래 치안과 기본적인 서비스를 책임져야 할 것이다. 전쟁은 팔레스타인의 재결합이 아니라 분열을 더욱 부추길 수 있다.

셋째는 PA와 지도자 마흐무드 압바스(Mahmoud Abbas)의 운명이 어떻게 될 것인가 하는 것이다. 팔레스타인 주민 절반은 가망 없이 부패한 PA의 해체를 원하고 있으며, 80%는 4년 임기를 거듭해 곧 통치 20년째가 되는 압바스 수반의 사임을 원한다. 하지만 압바스 수반은 이들의 생각에 귀 기울일 것 같지 않으며 뚜렷한 후계자도 없다. PA의 정보국장인 마제드 파라즈(Majed Faraj)와 전 치안책임자인 지브릴 라조브(Jibril Rajoub) 등 여러 관료가 그의 후임자가 되길 희망하고 있지만 인기 있는 인물은 없다.

낙관론자들은 피로 물든 2023년에 한 가지 희망을 놓지 않았다. (결함 있고 부패했지만 하마스보다는 훨씬 온건한) PA가 강해진 모습으로 나타나고 충격적인 전쟁을 겪은 이스라엘이 다시 평화 회담에 나서는 것이다. 하지만 요즘 낙관론이 좀처럼 맞질 않는다.

아랍의 리듬

중동 음악 산업은 크나큰 잠재력이 있다

앤 해나(Ann Hanna) 〈이코노미스트〉 뉴스 부문 편집자

카이로의 카페에서는 늘 음악이 흘러나왔다. 전통적인 노래들의 경쾌한 가락은 이제 25세의 이집트 힙합 아티스트인 웨그즈(Wegz) 같은 뮤지션들의 리드미컬한 랩으로 대체되고 있다. 그의 음악은 중동 전역에서 인기가 높다. 2022년 그의 노래 '엘 바크트(El Bakht, 행운)'는 아랍 최대 음악 스트리밍 플랫폼인 앙가미(Anghami)에서 4,500만 회 스트리밍되어 역대 최다를 기록했다. 2023년에는 미국의 공연 기획사인 라이브네이션(Live Nation)과 함께하는 월드 투어를 발표한 최초의 아랍 아티스트가 됐다.

이런 성장은 웨그즈에게만 국한된 것이 아니다. 국제음반산업협회(IFPI)에 따르면 2022년 중동과 북아프리카에서 음반 수익이 24% 늘었다. 2021년에는 세계에서 가장 빠르게 성장한 시장이었다.

힙합이 트렌드를 주도하고 있다. 또 다른 음악 스트리밍 서비스인 스포티파이(Spotify)에 따르면 2020년 1월부터 2023년 8월까지 힙합 소비가 이집트에서는 479%, 아랍에미리트(UAE)에서는 143% 증가했다. 걸프 지역의 칼리지(Khaleeji) 팝 같은 다른 장르도 인기를 얻고 있다.

각국의 정부들은 이 기회를 이용하고 싶어 한다. 2021년 사우디아라비아가 발표한 공식 음악 전략에는 2030년까지 130개의 녹음 스

아랍의 스타

튜디오를 건설하는 계획이 포함돼 있다. 사우디아라비아에서 개최된 음반 업계 콘퍼런스인 'XP 뮤직 피처스(XP Music Features)'에는 전 세계 거물급 음악인들이 모여들었다. 한편 아랍에미리트는 2024년 중동 최초로 지식재산권(IP)을 보호하기 위한 새로운 시스템을 도입할 예정이다. 이집트도 지식재산권 등록을 담당하는 IP 오피스 신설 계획을 발표했다.

중동 음악 시장의 잠재력과 많은 지역 인재들의 존재감 또한 해외 투자자들을 끌어모으는 데 한몫하고 있다. 2023년 8월 세계 최대 음반사인 유니버설뮤직그룹(Universal Music Group)은 중동 지역 아티스트 150명을 거느린 아랍에미리트 기업 차바카(Chabaka)를 인수했다. 뉴욕의 레저보아르 미디어(Reservoir Media)는 아부다비의 팝아라비아 (PopArabia)와 손잡고 전통적인 요소와 일렉트로닉 비트를 접목한 장르인 마흐라가낫(mahraganat) 대중화에 앞장선 이집트 음반사 100카피(100Copies)를 인수했다.

업계의 많은 사람이 중동 지역 스타가 세계적인 성공을 거두길 고대하고 있다. 2024년에 그런 일이 일어날 수도 있다.

문제는 승계다

이란 최고지도자의 셈법

니콜라스 펠햄

중동에서 분쟁이 다시 격렬해지는 가운데 이란의 84세 최고지도자 아야톨라 알리 하메네이(Ayatollah Ali Khamenei)는 정권의 생존이라는 오직 한 가지 문제에만 매달리고 있다. 가자 지구에서의 전쟁, 이라크, 레바논, 예멘 등 시아파 중심지에서의 분쟁 확대, 이 지역 해상을 떠다니는 미 항공모함, 그리고 무엇보다도 불만에 찬 국민들의 항의 등 이란은 많은 문제에 직면해 있다. 하지만 이 모든 문제보다 그의 사후에 윌라야트 알 파키(wilayat al-faqih), 즉 성직자 통치 체제 유지를 보장하는 것이 그의 최고 관심사일 것이다.

이 모든 문제의 답은 최고지도자의 54세 된 차남이자 비공식 후계자인 모즈타바(Mojtaba)에게 있다. 정권의 근위병인 이슬람 혁명 수비대의 선임 군목인 모즈타바는 정권의 두 핵심 축인 군대와 성직자 조직의 정점에 서 있다. 아버지는 나이가 들수록 더 많은 권력을 아들에게 위임할 것이다. 야망 있는 성직자들은 모든 후계자의 자격

요건인 고위 성직자 계급을 뜻하는 아야톨라라는 경칭을 쓰며 그에게 자신의 충성심을 증명하려 할 것이다. 이란 내 외교관들은 모즈타바의 권력 성장을 추적하기 위해 공식 행사에서 그의 위치를 살필 것이다.

역내에서 이란은 미국이나 이스라엘과의 직접적인 충돌에 말려들지 않을 것이며 긴장은 계속 고조될 것이다. 역내 추종 세력은 전쟁 억지력을 상실할 수 있는 성급한 전쟁 도발을 중단시키고 힘을 과시하는 것 사이에서 균형을 잡기 위해 고군분투할 것이다. 이란은 레바논의 헤즈볼라, 예멘의 후티 반군, 이라크의 친이란 시아파 민병대가 미국과 이스라엘의 목표물에 산발적인 미사일 공격을 퍼부으며 무력으로 위협하도록 부추길 것이다.

이란 정권은 내부적으로는 타협하지 않는 권력을 과시하는 동시에 국내의 불만을 흡수하는 충분한 유연성을 보여줄 것이다. 1979년 혁명 이후 이슬람 공화국 이란의 상징이었던 복장 규정도 완화할 것이다. 감시 카메라가 계속 지켜보는 가운데 남성은 반바지 차림으로 외출하고 여성은 베일을 벗어던질 것이다. 일부는 벌금을 물겠지만 1990년대의 위성 접시 사례와 마찬가지로 정권이 사회적 압력에 굴복할 것이다. 경제적으로는 역내 긴장으로 인한 고유가 덕분에 석유 부문에서 계속 이익을 챙길 것이다.

모즈타바의 승계에는 많은 도전이 기다리고 있다. 2023년 10월 이스라엘 남부에서 하마스가 기습 공격을 자행한 것처럼 이란의 여러 추종 세력이 대열을 이탈해 도발을 시도할 수 있다. 레바논의 무장정파 헤즈볼라가 북부에서 하마스의 침공을 모방할 가능성이 있다. 이스라엘 전략가들은 다수 항공모함의 존재가 제공하는 절호의 기회를 포착해 미국의 대이란 공격을 부추길 수도 있다. 그들의 계산이 틀릴 가능성이 꽤 크다.

시아파 성직자들은 자신들이 혁명을 일으켜 무너뜨린 바로 그 왕조를 찬양하는 것을 주저할 것이다. 무엇보다도 이란의 8,700만 인구는 갈수록 더 시대착오적이라고 느껴지는 완고한 신정주의를 타파하려고 할 수 있다. 하지만 이 역내 다른 곳에서 벌어지고 있는 혼란이 이란인들에게 격변의 대가를 상기시킬 것이다. 그러면 모즈타바는 정권을 잡는 데 한층 더 가까워질 것이다.

허덕이는 경제

국가들의 투자 위축이 미래의 성장을 끌어내릴 것이다

킨리 새먼(Kinley Salmon) 다카, 〈이코노미스트〉 아프리카 통신원

사하라 이남 아프리카 지역의 2024년 성장률 전망치는 그리 높지 않다. 이 지역은 2022년에 4%, 2023년에 3.3% 성장률을 기록했으며, IMF는 2024년에 4% 성장을 전망하고 있다. 2.6%의 인구 증가율과 더불어 전반적으로 번영이 가능한 조합은 아니다. 더 나쁜 소식은 조만간 이 지역이 이렇게 낮은 성장률마저 넘어서지 못할 수 있다는 점이다.

아프리카 경제는 혁신적 경제 성장에 필요한 요소가 대체로 부족하다. 그 요소란 잘 훈련된 노동력, 안정적인 도로와 전기, 풍부한 자원, 깨끗한 정부를 말한다. 낮은 기반에서 출발한 가난한 나라들은 충분한 재정을 확보할 수 있을 때 전기, 도로, 문해력을 크게 개선해 눈부신 경제 성장을 촉발할 수 있다. 하지만 재정이 빠듯하고 성장 동력이 거의 없는 경우에는 오랫동안 잠재력을 발휘하지 못할 수 있다. 이것이 앞으로 몇 년 동안 많은 아프리카 국가들의 운명이 될 수 있다.

대부분의 아프리카 경제에서 현금이 말라버려 미래에 대한 투자가 어려워지고 있다고 IMF는 지적한다. 첫 번째 문제는 코로나19와 우크라이나 전쟁, 부채로 인한 지출, 빠듯한 수입 등이 복합적으로 작용해 많은 사람이 무거운 빚을 떠안게 됐다는 점이다. 가나, 잠비

아 같은 나라들은 이미 채무 불이행 상태이며 고통스러운 IMF 프로그램을 통해 채무를 해결하려 노력하고 있다.

2024년 아프리카에서 무려 19개국이 세입의 5분의 1 이상을 대외 부채 상환에 지출할 것으로 예상된다. 그중에는 에티오피아, 코트디부아르, 케냐 같은 평판이 좋은 경제도 포함돼 있다. 2024년에는 아프리카 전역 국가들이 평균적으로 세입의 17%를 대외 부채 상환에 지출할 것이다(도표 참조). 이에 반해 아프리카 대륙의 세수 증가 성적은 초라하다.

두 번째 문제는 여전히 차입과 투자를 통해 성장을 촉진하고자 하는 국가들이 치솟는 비용을 감당해야 한다는 점이다. 사하라 이남 아프리카 국가 대부분은 금리 상승 탓에 세계 채권 시장에 접근하지 못하고 있다. 2022년 초반부터 달러 표시 채권을 발행한 국가는 단 한 곳도 없다. 혹여 민간으로부터 돈을 빌리는 데 성공하더라도 부채로 자금을 조달한 프로젝트는 훨씬 더 높은 수익을 달성해야 할 것이다.

선택지가 거의 없다. 가나는 시장에서 연간 30억 달러를 빌리고 있었지만, IMF의 전체 지원 프로그램은 3년간 30억 달러에 불과하다고 가나 중앙은행총재 어니스트 애디슨(Ernest Addison)은 지적한다. 그는 "IMF와 세계은행은 금융 시장을 대신할 수 없다"고 말한다.

지금까지 아프리카의 대안은 중국으로부터 돈을 빌리는 것이었다. 하지만 그마저도 고갈되고 있다. 2022년에 중국 차관으로 마련한 지불금은 2016년 총액의 약 10%로 감소했다. 중국 경제도 어려움을 겪고 있어서 반등할 가능성은 낮아 보인다.

마지막 문제는 아프리카의 거대 경제가 너무 허약해서 남 탓을 할 수 없다는 점이다. 남아프리카공화국은 잦은 정전 사태와 무능한 행정부 때문에 심각한 고통을 겪으며 장기간 정체돼 있다. IMF는 2024년 성장률이 1.8%에 그칠 것으로 전망하고 있다. 나이지리아는 볼라 티누부(Bola Tinubu) 대통령이 퍼주기식 연료 보조금 지급을 중단하고 외환 시장 간섭을 줄이기로 한 결정에 힘입어 2024년에 3.1%의 성장이 예상된다. 이 소식은 투자자들을 들뜨게 했다.

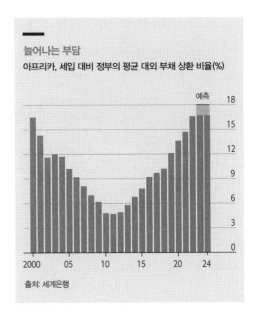

늘어나는 부담
아프리카, 세입 대비 정부의 평균 대외 부채 상환 비율(%)

출처: 세계은행

하지만 나이지리아는 지하디즘과 납치에 계속 시달리고 있으며, 티누부 정부는 다시 휘발유 가격을 통제하겠다고 투덜거리고 있다. 부채는 여전히 골칫거리다. 2022년 나이지리아는 세입의 96%를 부채 상환에 지출했다. 정부가 연료 보조금으로 연간 100억 달러씩 탕진하지 않더라도 2026년 세입의 60% 이상을 부채 상환에 지출할 것이다.

몇 가지 긍정적인 소식도 있다. 2024년 수출용 천연가스 채굴 작업을 시작할 것으로 예상되는 세네갈은 비교적 상황이 나을 것이다. 베냉과 르완다는 천연자원에 의존하지 않는 몇몇 국가들처럼 계속해서 탄탄하게 성장하고 있다. 원유와 광물 가격 상승은 자원에 의존하는 국가들에 힘이 될 수 있다. 하지만 아프리카의 많은 원자재 생산국들은 원자재 가격이 아무리 높더라도 형편없는 통치 때문에 보통 사람들의 삶을 바꾸지는 못할 것이다. 많은 사람에게 미래는 여전히 고난의 연속이다.

혼돈과 쿠데타

세계 최다 분쟁 지역인 사헬의 미래가 암울해 보인다

킨리 새몬

사하라 사막 이남 아프리카를 가로지르는 아치를 그리면 군사 정권이 통치하는 국가들이 늘어선 지대뿐만 아니라 세계에서 가장 많은 분쟁에 시달리는 지역도 지난다. 사헬로 알려진 이 건조 지역에서는 부르키나파소, 말리, 니제르에서 벌어지는 지하디스트 분쟁, 나이지리아 북부에 만연한 도적질, 차드 호수 주변 4개국의 보코하람● 및 그 분파 테러리스트와의 싸움, 수단의 내전, 에티오피아 북부에서 끓어오르는 민족 갈등, 그리고 남쪽으로는 소말리아 이슬람 무장 조직 알샤바브 테러리스트의 활동 등 분쟁이 끊이지 않는다.

그 참상은 충격적이다. 사헬 중부 지역으로 알려진 말리, 니제르, 부르키나파소에서는 2022년 1만 명 이상이 무력 충돌로 사망했다. 2023년에는 9월 말 즈음 이미 그 숫자를 넘어섰다. 2022년 나이지리

● 나이지리아의 이슬람 극단주의 테러 조직.

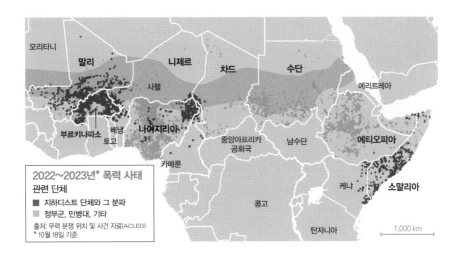

아 북부에서는 7,000명 넘게 사망했다. 수단에서는 5개월간의 분쟁으로 9,000여 명이 학살당했다. 소말리아를 제외하고 이 지역에서 살 곳을 잃은 사람들 수는 적게 잡아도 1,500만 명에 이른다.

2024년에 별안간 총성이 잠잠해지지는 않을 것이다. 알카에다, 이슬람국가(IS)와 연계된 지하디스트들이 민간인을 공격하고 정부군과 싸우고 또 서로를 공격하는 등 사헬 중부 지역의 분쟁은 더욱 격렬해 질 것이다. 지하디스트들은 최근 니제르에서 쿠데타가 일어나자 주의 가 산만해진 군부로부터 권력을 빼앗을 기회를 엿보고 있으며, 아마 도 군부는 지하디즘에 맞서 더욱 강력한 초토화 전술을 펼칠 것이다.

부르키나파소에서는 수만 명의 민간인 민병대를 무장시키는 정부 의 '총력전' 전략이 이미 혼란에 빠져들어 민족 학살을 부추기고 있 다. 말리에서는 지하디스트들을 막지 못했다고 비난받고 있던 유엔 평화유지군 1만여 명이 2023년 말 떠날 예정이다. 사실 그들이 정부 와 투아레그족 분리주의자 사이(지하디스트와의 갈등과 관련은 있지만 별개

사헬 중부 지역에서 분쟁이 한층 더 격해질 것이다.

인 갈등)에서 애써 보존하려 한 평화 협정은 이미 전쟁으로 무너지고 있다.

수단에서는 정부군과 준군사 조직인 신속 지원군(Rapid Support Forces)의 충돌이 잦아질 것이 거의 확실하며 다르푸르에서의 인종 청소도 비슷한 상황이다. 다만 이 두 경우에는 적어도 분명한 지도자가 있으며, 관계가 아무리 껄끄럽더라도 다른 지역 지하디스트 분쟁에서는 상상할 수 없는 방식으로 갑작스러운 평화 협정을 맺을 가능성이 열려 있다.

이 분쟁들은 대부분 개별적이지만 니제르 같은 일부 국가들은 동시에 두 개 이상의 분쟁에 시달리고 있다. 곳곳에서 난민이 쏟아져 나오고 일부 전쟁은 확대되고 있다. 에티오피아에서는 티그레이 지역과 정부 사이의 내전은 공식적으로 끝났지만, 암하라족과 오로모족 같은 다른 민족 집단과의 충돌이 급증하고 있다. 베냉과 토고 같은 나라들은 이미 부르키나파소에서 건너온 지하디스트의 공격에 시달리고 있다.

이 모든 무력 충돌은 정치적 혼란과 함께 진행됐으며 최근에는 부르키나파소, 차드, 말리, 니제르, 수단의 쿠데타가 발원지였다. 2024년 무력 충돌이 확산되면 정치적 혼란도 걷잡을 수 없을 것이다.

존 맥더모트

1994년 4월 27일 남아프리카공화국에서 역사상 가장 행복한 줄서기가 벌어졌다. 남아프리카공화국 사상 첫 다인종 민주주의 선거가 치러진 이날 수백만 명이 넬슨 만델라(Nelson Mandela)를 선택하기 위해 줄을 섰다. 유권자의 약 86%가 투표에 참여했다.

하지만 2024년 투표장으로 향하는 남아프리카공화국 국민들은 환희를 느끼지 못할 것이다. 이 나라는 부패와 범죄, 실업률로 골머리를 앓고 있다. 분석가들은 투표율이 지난 2019년의 49%보다 더 낮을 것으로 예상하고 있다. 1994년 아파르트헤이트 철폐 이후 태어난 '자유로운(born free)' 세대 가운데 투표에 참여하는 이들은 4분의 1도 되지 않을 것이다.

얼마나 많은(그리고 어떤 부류의) 남아프리카공화국 국민이 투표에 참여하느냐에 따라 만델라의 아프리카민족회의(ANC)가 총선에서 1994년 이후 처음으로 절반 미만의 득표율을 기록할지 여부가 결정된다. 남아프리카공화국은 비례대표제를 채택하고 있어서 ANC가 의석의 과반수를 잃으면 연립 정부가 구성될 가능성이 있다. 하지만 더 큰 문제가 다가오고 있다. 남아프리카공화국 민주주의의 미래가 불투명하다는 것이다.

    국민들의 삶은 1994년보다 여러모로 나아졌다. 자유주의 헌법이 권리와 자유를 보호하고 있다. 대부분의 남아프리카공화국 사람들은 인종 간 긴장이 다소 완화됐다고 생각한다. 나라는 기본적인 복지국가의 틀을 갖췄다. 흑인 아이들은 전보다 나은 학교 생활을 하고 있다. 하지만 30년간 이어진 ANC의 통치가 실망을 안겨준 것은 사실이다. 민주주의의 혜택은 기대보다 적었고 그마저도 백인과 흑인 엘리트들에게 치우쳐 있었다. 2023년 여론 조사 기관 입소스(Ipsos)가 29개국 성인을 대상으로 실시한 자국의 방향성에 대한 견해 조사에서 아르헨티나와 페루만 상황이 잘못 돌아가고 있다고 응답한 비율이 더 높았다.

그리 놀랄 일은 아니다. 남아프리카공화국의 실업률, 살인율, 불평등률은 세계 최고 수준이다. 인플레이션을 감안하면 1인

당 GDP는 2008년보다 더 낮은 수준이다. 정전도 자주 발생한다. 공공 문제를 민간 해법으로 해결할 여력이 있다면 누구나 비용을 지불하기 마련이다. 1997년 사설 경비원 수는 경찰과 거의 같았다. 오늘날은 경찰보다 거의 4배가 더 많다.

이 모든 사태의 배후에는 ANC의 관리 부실과 부정행위가 있다. 2009년부터 2018년까지 제이콥 주마(Jacob Zuma) 전 대통령 치하에서 부패가 가장 극심했지만, 부패는 전직 대통령 이전에도 있었고 이후에도 있어왔다. 당과 국가를 동일시하고 민간 부문을 돈이나 뜯어낼 해로운 세력으로 보는 집권당의 본성은 찬조금과 금품 매수가 당의 활동 방식에 내재돼 있음을 보여준다. 범아프리카 여론 조사 기관 아프로바로미터(Afrobarometer)에 따르면 정부 부처, 지방자치단체, 대통령 중 일부 또는 모두가 부패했다고 믿는 남아프리카공화국 국민 비율이 80%를 넘는다.

다른 정당들은 이런 사실을 활용할 수 있어야 한다. 제1야당인 민주동맹(Democratic Alliance)은 군소 정당들과 '야심 찬 연정(moonshot coalition)'을 원하고 있다. 하지만 구성원들이 너무 이질적이고 지도자들도 너무 분열돼 있어서 이런 합의가 50%에 가까운 득표율을 얻기는 어려울 것이다. 남아프리카공화국 인구의 80% 이상을 차지하는 흑인들에게 집권당이란 '그들이 아는 악마(devil they know)'일 뿐이다. 더 이상 집권당에 표를 주지 않는 사람들은 다른 정당을 선택

하기보다 아예 투표를 포기하는 경우가 많다.

따라서 ANC가 거대한 풀뿌리 집단을 이용해 충분한 표를 얻을 수 있다면 군소 정당과의 연정은 필요하더라도 정권을 유지할 수 있을 것이다. ANC의 득표율이 너무 낮아서 ANC의 분파이자, 대중 선동가인 줄리어스 말레마(Julius Malema)가 이끄는 경제자유전사(Economic Freedom Fighters)와 손을 잡아야 하는 상황이 벌어질까봐 많은 사람이 우려하지만 그럴 가능성은 거의 없어 보인다. 주마 전 대통령이 약속한 '새로운 여명'을 불러오는 데는 실패했지만 시릴 라마포사(Cyril Ramaphosa)가 대통령직을 유지할 것이 거의 확실하다.

ANC의 대안이 없다는 사실이 남아프리카공화국 정치의 허약한 체력을 반영하고 있다. 남아프리카공화국 국민의 약 70%가 민주주의의 운영 방식에 불만이 있다고 답한다. 무려 72%는 만일 일자리를 제공하고 범죄와 싸워줄 수 있다면 민주주의를 버리고 비선출직 지도자를 선택하겠다고 답한다.

1999년 이후 남아프리카공화국 정치에는 만델라의 부재로 생긴 틈이 존재했다. 국민은 만델라가 구현한 지적이고 실용적인 리더십을 갈망하고 있다. ANC는 2024년에 마지막으로 승리를 거둘 수도 있다. 하지만 남아프리카공화국의 지도자를 정하는 싸움이 이제 막 시작됐다.

모디의 도전

나렌드라 모디가 재선에 성공할 경우
희망과 동시에 공포가 기대된다

제러미 페이지(Jeremy Page) 델리, 〈이코노미스트〉 아시아 담당 편집자

20 23년 8월 총리가 된 후 10번째 독립기념일 연설에서 나렌드라 모디는 인도가 전환점에 있다고 선언했다. 그는 군중들에게 코로나19 전염병의 여파로 새로운 세계 질서가 등장하고 있다며 인도는 엄청난 인구와 민주주의 그리고 다양성으로 구성된 '삼위일체' 덕분에 이 새로운 질서를 형성할 준비가 되어 있다고 말했다. "전 세계는 인도에서 나오는 이 빛 속에서 세계를 위한 불꽃을 볼 수 있다"라고 모디는 주장한다.

실제로 인도는 2024년 총선을 앞두고 전환점에 서 있다. 다만 꼭 모디 총리가 말하는 방향이 아닐 뿐이다. 그가 취임한 이후 인도는 세계 10위의 경제 대국에서 5위로 성장했으며 미국의 대중국 압박

정책에서 핵심적인 파트너가 되었다. 그러나 국내외에서 모디 총리가 정치적 반대자들을 억압하고 무슬림 신도들을 배척하려는 노력에 대한 우려가 커지고 있다. 총선은 인도의 민주주의뿐만 아니라 대서방 관계의 미래까지 결정할 것이다.

모디와 그가 속한 바라티야 자나타당(BJP)의 지도부들은 자신들이 인도의 민주주의를 약화시키고 있다는 비판을 거부한다. 그들은 모디 총리의 지도력과 인프라 확충 및 부패 척결로 인해 당이 인기가 있다고 말한다. 이는 독립 후 76년 중 54년 동안 통치했던 인도 국민회의당(Indian National Congress Party)도 이루지 못한 업적이라고 주장한다. BJP는 또한 '힌두트바(Hindutva)' 이데올로기는 무슬림 교도들을 배척하려는 목적이 아니라 무굴제국과 영국 통치하에서 억압된 국가 정체성을 회복하기 위한 것이라고 말한다.

모디의 정적들은 그가 80%의 힌두교도들에게만 영합하고 14%의 소수 무슬림 신도에 대해서는 차별과 폭력을 조장함으로써 인도의 헌법을 훼손하고 있다고 말한다. 또한 야당 인사를 억압하고 언론에 재갈을 물렸으며 사법 독립성을 약화시켰다고 비난한다. 반대자들은 이런 식의 학대를 통해 농업 개혁의 실패와 도시 노동자의 정규직 일자리 감소를 포함한 일련의 정책 실패를 숨겼다고 주장한다.

야당의 우려는 최근 모디 총리의 명예를 훼손한 혐의로 2023년 3월 2년 징역형을 선고받았으나 대법원에서 선고 유예를 받은 국회의원 라훌 간디가 겪은 일에 잘 나타난다. 간디 의원은 "인도의 정신, 자유 선거 정신, 언론 자유 등이 지금 치명적인 위협을 받고 있다. 우리는 이제 인도의 영혼을 위해 싸우고 있다"라고 말했다.

BJP의 승리는 쉽지 않다. BJP는 가장 최근인 2019년 총선에서 37%의 득표율로 하원 542석 중 303석을 차지했으며 현재 중앙 정부와 인도의 28개 주와 8개 연방 직할지의 절반 정도에서 집권하고 있다. 그러나 부유한 남부 주에서는 어려움을 겪고 있으며 2023년 5월에는 기술 허브인 카르나타카주(Karnataka) 선거에서 국민회의당에 패배했다.

BJP는 또한 국민회의당을 포함한 26개 야당이 7월에 인도 국가 개발 포괄적 동맹(Indian National Development Inclusive Alliance, INDIA)이라는 연합을 결성한 후 보다 조직적인 범국가적 도전에 직면해 있다. 그럼에도 불구하고 INDIA는 BJP의 막강한 선거 운동 조직과 힘든 싸움을 벌여야 할 것이다. 여론 조사에 의하면 BJP가 다시 한 번 과반수를 차지하거나 연합 정부를 이끌 것으로 예상되는 상황이기 때문이다.

어느 쪽이 승리하든 야당은 BJP가 2026년으로 예정된 선거구 개편으로 정치적 지형을 더욱 왜곡할 것이라 우려하고 있다. 이 개편으로 하원의원이 753석으로 증가할 수 있는데, 그 대부분이 BJP가 우세하고 인구 밀도가 높은 북부 주에 배정된다는 것이다. 모디 총리는 또한 전국 및 지방 선거를 동시에 실시할 것을 제안했는데 반대파들은 이를 권력의 중앙 집중화를 위한 또 다른 꼼수로 보고 있다.

지금까지 서방 국가들은 공개적으로 모디 총리를 비판하는 것을 꺼려했다. 특히 미국은 인도를 중국을 견제하기 위한 중요한 파트너로 대우하고 있다. 모디 총리가 6월 미국을 방문했을 때 바이든 대통령은 방위 협력을 최우선 의제로 삼을 정도였다.

비록 개인적인 의견이라는 단서를 달기는 하지만 일부 서방 관리들은 인도에서 민주적 가치를 옹호하지 못하면 중국, 러시아 및 기타 독재 국가에 대해 규칙 기반 질서(rules-based order)를 수호하려는 노력이 약화될 것이라고 우려한다. 서방의 불안은 9월 캐나다가 밴쿠버에서 발생한 시크교 활동가이자 캐나다 시민인 하디프 싱 니자르(Hardeep Singh Nijjar)의 살해에 인도 관리들이 연루되었다고 비난하면서 최고조에 이르렀다. 인도 정부는 사건에 개입하지 않았다고 주장하면서 캐나다가 분리주의 시크교 테러리스트를 보호하고 있다고 비난했다.

8월에 했던 한 연설에서 모디 총리는 인도가 2047년 독립 100주년이 되면 선진국이 될 것이라고 약속했다. 국내의 반대파와 해외의 파트너들은 그때에도 여전히 인도가 민주주의 국가로 남아 있을지에 대해 의구심을 품고 있다.

컨트롤 – 알트 – 델리

―――

인도의 전자 정부 수출 계획

레오 미라니

2023년 9월 인도 뉴델리에서 열린 G20 정상 회의 선언문의 29페이지 중 22페이지에는 '기술적 전환과 디지털 공공 인프라'라는 진부한 제목이 있다. 이 섹션은 여러 국가가 참석하는 정상 회담에서 자주 나오지만 쉽게 기억하기 어려운 전문 용어로 가득 차 있으며 전 세계는 2024년에 이에 관해 더 많이 듣게 될 것이다.

선언문은 디지털 공공 인프라(Digital Public Infrastructure, DPI)를 '사회적 규모로 서비스를 제공할 수 있는 공유 디지털 시스템의 집합'으로 정의한다. 여기에는 생체 인식 신원 파악 시스템, 디지털 결제, 데이터 관리 등이 포함된다. 지난 10년 동안 인도는 풍부한 기술 인력 인프라를 활용해 자국민을 위해 이러한 서비스를 구축해왔다. 인도의 디지털 신원 파악 시스템인 아드하르(Aadhaar)는 이제 14억 인도 인구 거의 전체에게 서비스를 제공한다. 유나이티드 페이먼트 인터페이스(United Payments Interface, UPI)를 통한 거래량도 급증해서 2019년 10월 10억 건에서 2023년 8월 100억 건으로 늘었다. 운전 면허증과 세금 고지서 같은 공식 문서를 보관하는 온라인 문서 저장소인 디지로커(Digilocker)는 번거로운 관료주의에서 벗어날 수 있도록 인도인들을 도와줬다.

국내에서 이러한 혁신적인 성공에 고무된 모디 총리의 정부는 다

른 개발도상국에 자국의 기술을 수출할 계획이다. 모디 총리는 이를 인도의 영향력을 확대하는 수단으로 보고 있으며, 외교관들은 이를 저비용으로 선의를 얻을 기회라고 생각하며, 기술 전문가들은 이를 자신들의 능력에 대한 긍정적인 평가로 보고 있다. 그러나 이러한 이점을 현실화하기 위해 인도는 자신들의 노력을 효율적으로 적용할 수 있는 메커니즘이 필요하다. 지금까지 인도는 주로 양자 협정에 의존해왔는데, 이는 느리고 비효율적인 접근 방식이다.

하지만 G20 정상 회담은 DPI의 위상을 높이기에 이상적인 무대를 제공했다. 이 회담에서 인도는 'DPI의 개발, 배치 및 거버넌스'에 대한 프레임워크 채택과 DPI 제품을 위한 글로벌 저장소 계획에 대한 지지 등의 성과를 거뒀다. 유엔개발계획(UNDP)과 빌 & 멜린다 게

이츠 재단(Bill & Melinda Gates Foundation)과 같은 다자 간 단체도 지지를 표명했다.

주요 대상은 아프리카와 아시아다. 2024년에는 더 많은 국가가 인도의 신원 파악 시스템이나 결제 기술을 채택할 가능성이 높다. UPI와 다른 국가의 자체 개발 시스템 간의 호환성이 증가해, 특히 인도 이민자가 많은 국가에서 송금이 더 쉬워질 것이다.

반면에 각국이 인도의 기술을 알게 되고 이를 채택하는 경우가 늘어나면서 기술에 대해 보다 엄격한 검증도 강화될 것이다. 예방 접종 데이터베이스 및 신원 확인 시스템을 포함한 인도의 일부 디지털 시스템은 데이터 유출에 취약한 것으로 나타났다. UPI가 널리 이용되고는 있지만 서비스 공급자가 사용자에게 비용을 청구하는 방법에 아직 문제가 있다는 점은 UPI의 성공을 불완전한 것으로 만들었다. 모든 국가가 값비싼 외부 지원 없이 복잡한 디지털 프로젝트를 구현하고 유지 관리할 수 있는 기술적 능력을 갖추고 있는 것은 아니다. 2024년에 인도는 자국의 기술이 널리 사용되기를 희망하며 또한 강력한 기술을 테스트받을 준비를 갖춰야 한다.

앨리스 수(Alice Su) 타이페이, 〈이코노미스트〉 중국 통신원

2024년 1월 13일 대만 유권자들은 새로운 총통을 선출할 것이다. 이 선거가 매우 중요한 이유는 향후 4년 동안 중국과 미국의 긴장이 최고조에 달할 수 있기 때문이다. 미국 중앙정보국(CIA)은 시진핑 주석이 2027년까지 대만 침공을 위한 모든 준비를 완료하라고 지시했다고 한다.

대만의 차기 총통은 중국의 침공을 막고 국가 주권과 민주주의를 유지하기 위한 전략을 결정하게 될 것이다. 현재 대만의 두 주요 정당인 집권 민주진보당(Democratic Progressive Party, DPP)과 야당인 국민당(Kuomintang, KMT)은 상반된 양안 전략을 제시하고 했다. 독립을 지지하는 DPP는 미국 및 동맹국과의 관계를 강화하면서 국방비 지출 증가와 개혁을 통해 군사적 억지력을 구축하려 한다. 반면에 통일을 지지하는 국민당은 양안이 결국 하나의 국가에 속한다며 중국과의 대화를 재개해 긴장을 완화하겠다고 약속한다. 국민당은 이번 투표가 '평화냐 전쟁이냐'의 선택이라고 주장하는 반면, DPP는 '민주주의냐 독재냐'의 선택이라고 말한다. 양당은 모두 상대방의 당선이 중국의 공격을 유발하거나, 통일을 가속화함으로써 대만의 멸망으로 이어질 것이라는 논리를 편다.

중국이 누구를 더 선호하는지는 명확하다. 중국 공산당은 DPP를

중국과의 상륙전을 대비하는 대만

'분리주의자'라고 부르며 DPP 지도자들을 제재 대상 리스트에 올렸다. DPP 집권 8년 동안 중국은 사이버 공격, 허위 정보 유포, 대만 영공 침범과 같이 본격적인 전쟁이라고는 하기 어렵지만 대만의 방어를 시험하는 '회색 지대(grey zone)' 활동을 꾸준히 증가시켜왔다. 2022년 당시 미국 하원의장이었던 낸시 펠로시(Nancy Pelosi)가 대만을 방문한 후 중국은 영공 봉쇄 훈련이라는 구실로 대만 상공에 미사일을 발사했다. 만약 DPP의 후보인 라이칭더(William Lai)가 1월에 당선된다면 중국은 유사한 무력 시위로 대응하거나 장기간 봉쇄를 시행하고, 대만의 인터넷망을 교란시키며, 대만 해협에서 더욱 심각한

국민당의 승리가 단기적으로는 긴장 완화에 도움이 될 듯하다.

위기를 조성할 가능성이 있다.

하지만 고위급 지도자들을 파견해서 중국 본토의 관리들과 만나고 양안 교류를 장려했던 국민당이 승리하면 단기적으로는 긴장을 완화할 수 있다. 중국은 대만 농산물에 대한 금수 조치를 해제할 수 있으며, 이는 대만의 유권자들에게 국민당이 본토와의 관계를 개선할 수 있다는 것을 보여줄 수 있다. 그러나 중국의 군사력 증강은 계속될 것이며 대만이 평화적으로 주권을 포기하지 않을 경우 무력으로 대만을 점령하겠다는 의사 표시 역시 계속될 것이다.

국민당이 승리할 경우 잘못된 안보 의식을 갖게 되어 잠재적인 전쟁에 대한 대비에 소홀해질 수 있다. 국민당 후보인 허우유이(Hou Youyi)는 대만의 최근 방위 전략을 지지한다고 말하면서도 2024년에 4개월에서 1년으로 연장될 예정인 대만의 징병제 개혁에 대해 언급했다. 그는 DPP가 중국과의 긴장을 조장하고 있으며 국민당이 이끄는 대만은 더 이상 중국의 위협에 직면하지 않기 때문에 군사력을 강화할 필요가 없다고 주장했다. 그것은 듣기에는 좋지만 실현 가능성이 별로 없는 약속이다.

대만의 현 총통인 DPP의 차이잉원(Tsai Ing-wen)은 국민들에게 전쟁을 막기 위해서는 단결하고 대비해야 한다는 어렵고 현실적인 메시지를 전달한다. 2024년 선거는 대만 유권자들이 그럴 준비가 되어 있는지 보여줄 것이다.

WHAT IF?

임란 칸(Imran Khan)은 2022년 불신임 투표 끝에 파키스탄 총리에서 물러났다. 그는 2023년에 부패 혐의로 징역 3년을 선고받고 5년 동안 정치 활동이 금지되었다. 그가 속한 정당 파키스탄정의운동(PTI)의 인사 여러 명이 1월 선거를 앞두고 체포되기도 했다. **만약 PTI가 선거에서 승리한다면 어떻게 될까?** 군부가 칸을 축출하자 경제적, 사회적 혼란을 우려하고 군의 개입에 지친 사람들 사이에서 그는 영웅이 되었다. 그러나 PTI가 승리하면 군은 안 좋아할 것이 뻔하며 또다시 정치에 개입할지 모른다.

중앙아시아의 인기

—

중앙아시아는 러시아와의 유대를 약화시킬 수 있을까?

조애나 릴리스(Joanna Lillis) 알마티, 〈이코노미스트〉 프리랜서 통신원

러시아의 우크라이나 전쟁은 소련 붕괴 후 전통적인 중앙아시아 동맹국들에게 커다란 충격을 주었다. 이 국가들은 정치, 경제, 에너지 공급 같은 공식적인 유대뿐만 아니라 가족과 문화 그리고 언어 같은 비공식적인 유대로 모스크바와 연결되어 있으며 구소련의 이웃 국가를 침공한 러시아를 좋지 않게 바라봤다. 그러나 그들이 다른 동맹과의 유대를 모색하는 동안에도 어떤 면에서는 러시아와 더욱 밀접하게 유대를 강화하고 있다.

'스탄 국가(Stans)'로 알려진 중앙아시아의 5개 공화국이 취하는 기본 입장은 전쟁에 대해 중립을 표명하고 침략을 비난하는 유엔 결의

안 투표에서 기권하면서도 러시아를 외교적으로 지원하지는 않았다. 이는 2024년에도 계속될 것이다. 그러면서도 그들은 다른 동맹국과의 관계 구축을 위해 노력할 것이다.

그중 가장 중요한 것은 중국과의 관계다. 시진핑 주석은 2023년 첫 번째 중국-중앙아시아 정상 회담을 주최했으며 2024년에는 유대가 더욱 강화될 것으로 전망된다. 이에 뒤지지 않기 위해 바이든 대통령은 중앙아시아 정상들을 워싱턴으로 초청해 미국 대통령과의 첫 정상 회담을 가졌다. 유럽이사회 의장인 샤를 미셸은 러시아의 침공 이후 5명의 지도자들과 두 번이나 만났으며 서방과의 유대는 더욱 깊어질 것이다.

전통적으로 러시아와 가까운 동맹국이었지만 현재 러시아와 7,600km에 달하는 국경을 접하고 있어 침략에 취약하다고 느끼는 카자흐스탄은 특히 서방의 제안에 귀를 기울일 것이다. 중국, 유럽과 이들 중앙아시아 국가들은 러시아를 우회해 중국과 유럽을 연결하는 운송 경로인 중부 회랑(Middle Corridor)을 발전시키는 데 이해관계가 맞아떨어진다. 이 루트는 전쟁이 터지면서 교역이 급증했다. 2024년에는 병목 현상을 제거하고 교통 연결을 확장하는 데 진전이 있을 것이다. 한편 2023년에 발족한 중앙아시아-걸프 협력 회의(Central Asia-Gulf Co-operation Council) 이후 아랍 세계와의 관계도 확대되고 있다.

그렇지만 여전히 러시아에 의존하는 부분이 존재할 것이다. 키르기스스탄, 타지키스탄, 우즈베키스탄은 이주 노동자가 러시아에서 벌어들이는 외화 때문에 러시아에 기대지 않을 수 없다. 2024년에는 러시아의 징병으로 노동력 부족이 심화됨에 따라 더욱 의존하게 될 가능성이 있으며 에너지 수출입도 계속될 것이다. 카자흐스탄은 석

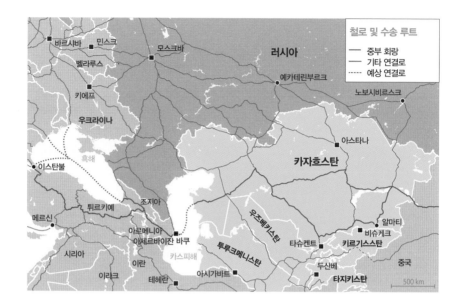

유의 90% 이상을 러시아를 통해 수출하고 있으며 가스 수입 계약을
검토하고 있다. 한편 우즈베키스탄은 이미 계약을 완료한 상태다.

제재 조치가 확대될 가능성은 여전히 높다. 중앙아시아 국가들은
여러 상품의 중간상 역할을 하면서 러시아와의 무역이 급증했다. 우
즈베키스탄과 키르기스스탄의 몇몇 기업은 제재 회피로 처벌을 받았
다. 2024년에는 러시아에 대한 경제 제재를 준수하도록 유도하는 서
방의 노력이 증가할 것이다.

러시아의 우크라이나 침공은 중앙아시아의 동맹국들 사이에 불안
을 야기해 다른 잠재적 파트너를 모색하도록 만들었다. 그러나 수 세
기에 걸쳐 형성된 중앙아시아와 러시아의 공생 관계를 과소평가해서
는 안 된다. 러시아는 자신의 뒷마당이라고 생각하는 지역에서 후퇴
하지 않을 것이다. 그 영향력은 2024년에도 여전히 강력할 것이다.

녹색 우정
———
에너지 전환이 만들어낼 뜻밖의 새로운 연합

도미니크 지글러(Dominic Ziegler) 싱가포르, 〈이코노미스트〉 반얀 칼럼니스트

중국과 미국 간의 강대국 경쟁에만 초점을 맞추면 아시아 국가들에게 중요한 다른 변화들을 놓칠 수 있다. 가장 큰 변화는 이 지역의 에너지 전환과 관련이 있다. 2024년에는 아시아 전역에서 급증하는 에너지 연결이 중국의 지배력을 어느 지역에서는 강화하고 다른 지역에서는 약화하는 방식으로 이 지역이 스스로를 다루는 방식을 다시 쓸 수 있다.

빠르게 성장하는 동남아시아 경제를 예로 들면 이 지역의 에너지 수요는 2050년까지 약 30%가 증가할 것으로 예상된다. 그러나 이들 국가들은 배기가스를 거의 0으로 줄이겠다고 약속했다. 이는 현재 재생 에너지가 아시아 전체 전력 생산량의 15%에 불과하다는 점을 감안하면 달성하기가 쉽지 않을 것이다. 인도네시아, 말레이시아, 필리핀에서는 여전히 석탄이 최고의 에너지원이다.

하지만 이 지역은 재생 에너지의 잠재력을 보유하고 있다. 메콩강은 특히 라오스를 중심으로 이미 수력 발전으로 (상당한 환경 파괴를 발생시키지만) 엄청난 에너지를 생산하고 있다. 인도네시아와 말레이시아로 나뉘는 거대한 섬 보르네오도 수력 발전 잠재력이 풍부하다. 그러나 문제는 주요 산업 및 도시 중심지에서 멀리 떨어져 있다는 것이다.

따라서 장거리 케이블과 국경 간 에너지 상호 연결 네트워크가 필요하다. 400개 이상의 상호 연계점을 보유한 유럽의 슈퍼 그리드(super grid)는 수요와 여유 용량을 일치시켜 막대한 비용을 절감할 수 있다. 아직 존재하지 않지만 동남아시아 그리드가 구축되면 청정에너지 가격을 낮추고 에너지 전환을 가속화하는  데 일조할 것이다. 또한 슈퍼 그리드를 구축하면 민감한 민족주의와 관료주의적 복지부동이 특징인 이 지역에서 더 넓은 협력 습관을 조성할 수 있다.

오랫동안 아시아 국가 간의 상호 연결에 대해 회의적인 시각이 팽배했지만 이러한 분위기는 빠르게 바뀌고 있다. 부분적으로는 탄화수소 가격 상승 때문이고 부분적으로는 그리드 기술이 발전했기 때문이다. 2023년 8월 발리에서 열린 지역 정상 회담에서 일련의 상호 연결 협정이 체결되었다. 시범 프로젝트로 라오스는 현재 태국과 말레이시아를 거쳐 싱가포르에 전기를 보내고 있다. 자체 재생 에너지를 저장할 공간이 거의 없는 싱가포르는 보르네오섬에서 출발하는 해저 케이블을 설치하는 것에 대해 말레이시아의 사라왁(Sarawak) 주정부와 논의 중이다. 싱가포르는 또한 2024년에 캄보디아와 인근 인도네시아 섬에 계획된 태양광 발전소에 대한 해저 에너지 케이블의 가능성을 보다 자세히 검토할 것이다. 이 모든 것이 잘 진행되면 향후 싱가포르 전력 수요의 거의 3분의 1을 공급할 계획이다.

이러한 프로젝트는 강대국끼리 다투는 시대에 지역적 결속을 강화할 수 있다. 에너지 프로젝트는 또한 자기 주장이 강한 중국에 맞서 귀중한 전략적인 균형추를 제공할 수 있다. 풍부한 태양과 바람 덕분에 호주는 재생 에너지로 물을 분해해 만드는 '그린' 수소에 엄청난 잠재력을 가지고 있다. 서호주 필바라(Pilbara) 지역에는 대규모 재생 에너지 허브를 설립하기 위한 야심 찬 계획이 추진되고 있다. 일본과 한국은 수소와 암모니아(수소를 보다 휴대하기 쉬운 형태로 저장하는 방법)를 도입하는 데 관심을 보였다. 이 기술은 아직 대규모로 테스트되지 않았지만, 제대로만 작동한다면 민주주의를 신봉하는 이 세 나라는 지정학적으로 더욱 가까워질 것이다.

재생 에너지 기술에 필수적인 희토류와 핵심 광물의 공급 및 처리에 대한 중국의 지배력을 약화시키기 위해 호주와 다른 친미 국가들 사이에서 이와 비슷한 일이 진행되고 있다. 민주적인 몽골은 풍부한 희토류 매장량을 이용해 서구 열강에 더 가까이 다가가기를 원한다. 이는 거대한 이웃인 중국과 러시아 사이에 불편하게 끼어 있는 문제에 대해 균형추 역할을 할 수 있다.

이러한 노력 중 어느 것도 에너지 전환의 여러 분야에서 중국의 지배력에 즉각적인 위협이 되지는 않는다. 중국은 여전히 가장 큰 태양광 패널 수출국이자 전기차 배터리 공급자이며 핵심 광물의 가공 업체다. 그렇지만 에너지 전환은 중국의 그림자 아래 있는 아시아 국가들에게 환영할 만한 새로운 선택권을 제공한다. 향후 몇 년 안에 이들은 그 기회를 잡을 것이다.

조코위의 후계자

지도자가 바뀌어도 정책은 거의 변화 없을 듯

수린 웡(Sue-lin Wong) 싱가포르, 〈이코노미스트〉 동남아 통신원

인도네시아의 조코 위도도 대통령은 높은 인기 속에 10년간의 임기를 마무리하고 있다. 대중적 이미지 구축을 위한 끝없는 노력과 강력한 경제 성장이 결합해 그는 주요 국가의 지도자 중 가장 인기 있는 지도자가 되었다. 여론 조사에 따르면 그는 80%의 지지도를 보이는데, 이는 인도의 나렌드라 모디 대통령조차도 감히 근접하지 못하는 지지율이다. 이는 2024년 발렌타인데이에 세계에서 세 번째로 큰 민주주의 국가에서 벌어질 투표에 조코위(Jokowi)라는 이름으로 널리 알려진 그가 차기 지도자 결정에 중추적인 역할을 할 것이라는 의미다.

두 명의 주요 후보인 간자르 프라노워(Ganjar Pranowo)와 프라보워 수비안토(Prabowo Subianto)는 여론 조사에서 치열한 접전을 벌이고 있다. 그러나 그들은 유권자뿐 아니라 조코위의 마음에 들기 위해 노력해야 한다. 두 사람 모두 호황을 누리고 있는 니켈 산업의 발전과 보르네오의 정글에 새로운 수도를 건설하는 것 등을 포함해 여러 야심 찬 인프라 구축 계획 등 조코위의 대표적인 정책을 계속할 것이라고 말했다.

조코위는 아직 어느 후보도 지지하지 않고 있다. 아마도 자신의 유산을 이어가고 그의 가족과 네트워크의 이익을 보호할 가능성이 가

아시아 | ASIA **297**

장 높은 사람을 선택할 것이다.

두 선두 후보는 매우 다르다. 수비안토는 의회에서 두 번째로 큰 위대한 인도네시아 운동당(Gerindra party)의 대표다. 그는 2014년과 2019년에 조코위에게 패했지만 두 번 모두 그는 선거 결과를 인정하지 않았다. 육군 장군 출신으로서 그는 오랫동안 1980년대와 1990년대에 자행된 인권 침해 행위의 주동자라는 혐의를 받아왔다.

그러나 많은 인도네시아 사람들은 한때 조코위의 적이었던 수비안토의 과거를 모르거나 신경 쓰지 않으며 2019년에 국방장관이 된 이후 그를 충성스러운 인물로 본 중산층의 강력한 지지를 받고 있다. 다혈질 성격으로 유명한 수비안토는 유권자들을 사로잡기 위해 조코위의 부드러운 말투를 열심히 연구했다.

프라노워는 중부 자바의 전 주지사로 조코위의 정당이자 다수당인 인도네시아 민주항쟁당(PDI-P)의 지원을 받고 있다. 조코위와 차이는 나지만 프라노워는 여전히 승리할 가능성이 있다. 그는 인기 있는 주요 주인 중부 자바에서 10년의 행정 경력을 가지고 있다. 그의 선거 운동 관리자는 존경받는 사업가이며 프라노워는 다른 어떤 후보보다 뛰어나게 정교한 정책을 제시했다.

경쟁의 다크호스로는 전 자카르타 주지사이자 전 교육부 장관인 아니스 바스웨단(Anies Baswedan)이 떠오를 가능성이 높다. 여론 조사에서 다른 두 사람만큼 강력한 지지를 받지는 못했지만 바스웨단은 지적이며 특히 종교적인 사람으로 여겨진다. 그는 최근 중요한 유권자 집단인 국가 최대의 이슬람 시민 사회 단체의 지지를 확보했다.

예측할 수 없는 인도네시아 정계에서 지금부터 선거일까지 무슨 일이 벌어질지 아무도 알 수 없다. 인도네시아 선거는 정책보다 인물이 좌우한다. 그러나 2월에 누가 승리하든 정책상의 큰 변화보다는 연속성이 계속될 가능성이 더 높다.

인도 외무장관인 **S. 자이샹카르**(s. Jaishankar)는 글로벌 무대에서 인도가 점점 더 중요한 역할을 할 것이라고 말한다.

초대석
커지는 인도의 영향력

우리는 다양하고 민주적이며 공정한 시장 위주의 재글로벌화 정책을 지지한다.

인도에게 2023년의 가장 확실한 업적은 G20 의장국으로서의 역할과 찬드라얀 3호의 달 탐사 임무 성공이다. 이런 업적은 급속한 코로나19 이후 빠른 회복과 강력한 성장에 힘입어 전 국가적으로 희망적인 분위기를 조성했다.

G20 회의를 주재하면서 인도는 성장과 개발의 여파로 나타나는 문제점에 집중했다. 그 결과는 지속 가능 개발 목표 달성, 녹색 개발 협약, 국제 금융 기관 개혁, 디지털 공공 인프라 홍보 및 여성 주도 개발 장려 등을 위한 행동 계획 수립으로 나타났다. 또한 글로벌 사우스(global south) 회담을 개최해 아프리카 연합(African Union)의 영구 G20 회원 자격을 보장하기도 했다.

지난 10년 동안 인도의 '주변국 우선 정책(neighbourhood first)' 덕분에 새로운 국가와의 연결이 확대되고 밀접성이 구축되었다. 스리랑카의 경제 위기에 대한 즉각적인 대응을 통해 팬데믹 시대의 지원 같은 호의를 보여주었다. 또한 인도의 '확대된 이웃(extended neighbourhood)'이라는 개념은 ASEAN, 중동, 중앙아시아 및 인도양에 깊은 뿌리를 내렸으며 태평양부터 카리브해까지 여러 국가들이 참여하면서 인도의 영향력이 더욱 세지고 있다.

그 과정에서 인도는 우크라이나 주변의 동서 분열을 극복하고 남북 개발의 불균형을 해소하는 방법을 보여주었다. 기울어진 세계화, 코로나 감염증의 피해, 우크라이나 전쟁, 미중 갈등, 기후 위기 그리고 이제 중동에서 발생한 전쟁으로 인해 세계는 훨씬 더 불안정하고 예측할 수 없게 되었다. 그러한 도전적인 상황에서 성장하기 위해서는 인도의 민첩한 다자 간 외교가 필요하다. 인도가 합의된 문제에 대해 파트너와 긴밀히 협력한다는 사실은 쿼드(Quad) 동맹, 인도-태평양 경제 프레임워크, 브릭스의 확대 및 창의적인 중동 문제 해결 방식 등에서 분명히 나타났다.

물론 결기와 지속적인 노력이 필요한 문제도 있다. 테러의 비합법화 및 반테러 대응 정책은 여전히 진행 중으로서 이는 이중 잣대가 허용되어서는 안 되는 문제다. 중국과의 관계도 국경 지역의 평화가 회복되고 두 국가 간의 실질 통제선이 완전히 존중될 때만 정상화될 수 있다.

세계는 이제 국제 경제에서 과도한 집중화로 나타난 문제를 해결하려 한다. 따라서 탄력적이고 신뢰할 수 있는 공급망에 참여하는 것이 인도의 중요한 목표가 되었다. 마찬가지로 디지털 영역에서 신뢰와 투명성을 보장하는 것도 필수적이다. 인도는 다가올 인공지능 시대와 새로운 영향력 수단을 준비하고 있다. 우리는 다양하고 민주적이며 공정한 시장 기반의 재세계화를 지지한다.

이제 세계는 녹색 성장과 지속 가능한 개발에 점점 더 중점을 두고 인도가 가져다줄 가치를 인정하고 있다. 최근 인도는 국제 태양광 연합(International Solar Alliance)과 재난 대비 인프라 복원 연합(Coalition for Disaster Resilient Infrastructure)의 창설을 주도했으며 신생 에너지원을 위한 글로벌 전력망과 식량 안보를 위한 기반이 되겠다고 선언했다. 또한 인도는 신생 에너지원을 수용하고 에너지 효율성을 강화하는 데 놀라운 성과를 거뒀다. 동시에 자체 전통에 따라 모디 총리의 미션 라이프(Mission LiFE) 계획은 우리의 일상생활 방식을 변화시켜 지구 전체의 안정성 향상을 목표로 한다.

국제 무대에서 인도의 지위 향상은 국내의 변화에도 그 원인이 있다. 코로나 대유행으로 전 세계는 대규모 공중 보건 대책뿐 아니라 근본적인 개혁을 이뤘다. 또한 대규모 디지털 인프라 구축은 사회 경제적 혜택과 공공 서비스 제공의 수준을 향상시켰다. 마찬가지로 2014년 이후 거버넌스의 질도 개선되어 사업을 수행하기 쉬워지고 생활의 편의성이 개선되었다. 이에 덧붙여 전국적으로 통합된 인프라 구축 계획, 기술 개발의 향상 그리고 스타트업의 혁신 장려 정책 등이 실시되고 있다.

민주주의 정착으로 인도의 정치는 보다 진정성 있고 확고한 위치를 향해 나아가고 있다. 한편으로는 문화와 유산을 소중하게 여기면서도 지난 10년간의 발전에서 기술과 근대성의 수용도 볼 수 있다. 오늘날의 인도는 현금 없는 결제, 5G망, 달 착륙 및 디지털 전송이 이뤄지는 곳이다. 또한 여성이 정치 무대에서 활동하며 '누구도 뒤처지지 않도록 하는 정책'이 펼쳐지는 곳이다. 인도는 이제 더욱 자신감 있고 유능하며 반응이 빠른 사회가 되었다. 이것은 고대 산스크리트어에서 인도를 지칭하는 '바라트(Bharat)'에 더 가까운 인도다.

CHINA

선언되지 않은 냉전

중국 공산당 통치자들은 화합을 설파하면서도
전 세계적 분열을 이용하려 들 것이다

데이비드 레니(David Rennie) 〈이코노미스트〉 베이징 지국장

중국은 2024년에 두 가지 상반된 목표를 동시에 추구할 것이다. 시진핑과 다른 공산당 지도자들은 미국 중심의 세계 질서에 회의적인 국가들을 결집하고 이끌려고 할 것이다. 하지만 중국의 통치자들은 분열과 강대국 경쟁의 시대를 준비하면서도 동시에 중국을 전 세계적 통합의 수호자로 내세울 것이다.

첫 번째 목표를 달성하기 위해 중국 지도자들은 미국과 그 동맹국들이 새로운 냉전을 부추기고 있다고 비난할 것이다. 그들은 서방을 세계 문제의 중심에서 밀어낼 기회를 감지하고 있다. 그들의 비판에는 경제적 요소도 포함될 것이다. 중국 내부를 포함해서 세계적 성장이 둔화함에 따라 중국 지도자들은 미국과 다른 부유한 서방 국가들

이 자유 무역에 대한 보호주의 장벽을 세우고 세계화의 미래를 위협하고 있다고 비난할 것이다.

두 번째 목표를 달성하기 위해 중국 통치자들은 자국을 현상 유지의 옹호자라고 부를 것이다. 이는 중국이 유엔 헌장에 명시된 기존 세계 질서의 '기본 원칙들'을 수호한다는 의미다. 이렇게 유엔 창립 문건들을 선택적으로 읽는 것은 주권 국가의 불가침성을 옹호하는 조항들을 선호하고 개인의 권리와 관련된 조항들은 경시하는 것이다. 또한 중국 관리들은 자국을 WTO의 지지자라고, 적어도 중국이 WTO에 가입한 2001년 이후 중국에 부유한 세계 시장을 개방해준 WTO 규칙의 지지자라고 내세울 것이다.

때때로 이러한 두 가지 메시지는 서로 모호하고 겹칠 수 있다. 서방의 부유한 나라들은 여전히 중국에 필요한 노하우를 가지고 있으므로, 때때로 중국 지도자들은 자신들이 서방에 대한 적대감을 품고 있다는 사실을 부인할 것이다. 미국과 그 동맹국들이 중국의 인권 침해를 비난하거나 반도체 및 기타 기술 수출을 통제하는 등의 적대적 행위를 중단한다면, 기후 변화와 다른 전 세계적 물자에 관해 협력하겠다고 제안할 수도 있다.

이러한 균형 잡기는 어려운 일이다. 2024년에는 우크라이나 전쟁과 미국 대통령 선거라는 두 가지 요인으로 인해 그것이 더 어려운 일이 될 것이다.

전쟁은 중국에 위험과 기회를 동시에 제공한다. 2024년 중국 관리들은 아프리카, 남아시아 등의 지도자들과의 회의에서 높은 식량 및 에너지 가격을 서방의 제재 탓으로 돌릴 것이다. 그들은 미국의 무기 그리고 에너지 수출업자들이 유럽인들의 희생으로 이익을 얻고 있다고 비난할 것이다. 중국은 우크라이나 분쟁에서 중립을 계속 주장할 것이다(중동에서도 그렇게 하듯). 그리고 골치 아프지만 중요한 파트너로 여겨지는 푸틴 러시아 정권과의 관계를 더욱 강화할 것이다.

중국은 고립된 러시아가 유럽 시장을 외면하고 동쪽으로 눈을 돌려야만 하는 상황에서 이득을 보고 있다. 중국은 석유, 가스, 광물, 무기 구매를 늘릴 준비가 되어 있으며, 그 대금을 자국의 불태환 통화인 위안화로 내고자 한다. 중국 지도자들은 푸틴 대통령을 모욕하거나 구소련에 해당하는 영역에 대한 안보 제공자로서의 러시아의 위치에 도전하지는 않겠지만, 이제 러시아의 거부권을 두려워하지 않고 중앙아시아나 북극에서 영향력을 확대할 수 있다.

2024년에 우크라이나에서 전쟁을 종식시키기 위한 회담이 열리면 중국은 평화 중재자 역할을 할 기회를 잡을 것이다. 시진핑 주석은 가능한 모든 합의의 보증인으로서 협상 테이블에 나와야 한다는 우

**전쟁은 중국에
위험과 기회를 동시에
제공한다.**

크라이나 정부의 주장에 도움을 받을 것이다. 이러한 회담에서 중국의 입장은 냉정하고 감정적이지 않은 현실주의가 될 것이다. 시진핑 주석은 우크라이나 전체에 대한 러시아의 영유권 주장을 지지하지 않을 것이다. 실제로 중국은 영토 보전의 원칙을 중시하기 때문에 러시아의 2014년 크림반도 병합을 인정한 적이 없다. 대신 중국은 러시아의 '정당한 안보 우려'를 고려할 필요성을 강조하고 우크라이나 재건을 돕겠다고 제안할 것이다.

한편 11월에 있을 미국 대선은 딜레마다. 미국의 고장 난 정치는 서방이 쇠퇴하고 있으며 자유 민주주의 가치는 막다른 골목에 다다랐다는 중국의 주장을 강화한다. 러시아와 마찬가지로 중국은 대선 후보들의 고립주의적 수사에 짜릿함을 느끼게 될 터인데, 그것이 강대국들이 각자의 세력권 내에서 면책 특권을 누리는, 중국이 선호하는 일종의 19세기 세계 질서로 돌아간다는 신호가 될 때 그렇다. 하지만 미국의 거친 선거 운동은 후보들이 중국을 두고 경쟁하듯 더 강경한 태도를 내보이는 가운데 위험을 초래할 수 있다. 시진핑 주석이 가질 수 있는 최선의 희망은 2024년 대선에서 미국의 민주주의가 끔찍하게 보이지만 중국이 머리기사를 장악하지 않는 것이다. 그러기 위해서는 중국의 선전 책임자들과 '늑대 전사' 외교관들의 자제가 필요할 것이다.

서방에 대한 공통의 분노는 중국을, 중국의 가장 가까운 파트너 국가들(그런 공통의 분노가 없었더라면 그저 잡다하게 뒤섞인 한 무리에 불과한)과 엮어주는 힘이다. 하지만 중국이 미국 정치라는 무대를 장악하게 되면 이런 경멸을 너무 노골적으로 드러내는 것은 역효과를 낼 수 있다. 시진핑 시대 국정 운영 기술은 미묘함을 보여주지 않았지만, 2024년은 절묘한 시험을 치르는 한 해가 될 것이다.

돈은 적고, 메시지는 많은

가난한 나라들을 향한 시진핑의 제안이 바뀌고 있다

로저 맥셰인(Roger McShane) 요하네스버그, 〈이코노미스트〉 중국 담당 편집자

20 12년 시진핑 주석은 집권한 지 얼마 지나지 않은 때 동서를 연결했던 무역로 네트워크인 '실크로드'의 부활에 관해 이야기하기 시작했다. 이러한 생각이 시진핑 주석의 대표적인 외교 정책으로 발전할 줄은 아무도 몰랐다. 그 후 몇 년 동안 중국은 수천 마일의 활주로를 깔고 바다를 메울 만큼의 콘크리트를 쏟아부으며 전 세계에 항구와 파이프라인을 건설했다. 2023년에 중국은 '일대일로 이니셔티브(BRI)'로 불리게 된 이 인프라 폭식의 10주년을 맞이했다.

150개 이상의 국가가 이 이니셔티브에 동참했고, 이에 따라 중국은 수천억 달러의 대출과 보조금을 제공했다. 많은 수혜국들은 중국이 도움을 주어 제공한 인프라를 절실히 필요로 했다. 하지만 문제도 아주 많았다. 그래서 10주년을 기념하는 행사에서는 BRI에 대한 재평가가 수반되었다. 시진핑 주석의 남반구의 저개발국들에 대한 메시지와 함께 BRI는 변화하고 있다.

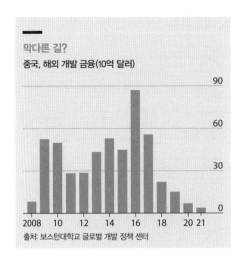

막다른 길?
중국, 해외 개발 금융(10억 달러)

출처: 보스턴대학교 글로벌 개발 정책 센터

BRI에 대한 가장 강력한 비판은 그것이 빈곤국의 위험한 부채 수준을 높이는 데 기여했으며, 그중 일부는 현재 채무 불이행 위기에 처해 있다는 점이다. 이 사업이 시행된 첫 10년 동안 중국 대출 기관들은 인권, 부패, 심지어 위험 평가에 거의 관심을 기울이지 않았다. 거래는 비밀리에 이뤄지는 경우가 많았고, 그 결과 수많은 애물단지들이 생겨났다. 부채 구조 조정이 필요한 경우, 중국은 다른 대출 기관을 배제하고 비공개로 가혹한 거래를 추진하는 경향이 있다.

이로 인해 일부 국가는 참여를 꺼렸다. 한편 투자에 대한 일관된 수익이 나오지 않자 중국 은행들은 실망했다. 하지만 시진핑 주석은 자신의 프로젝트를 폐기하기는커녕 더 지속 가능한 것으로 만들려고 노력하는 중이다. 그는 이제 중국이 친환경 에너지와 디지털 인프라에 중점을 두고 위험은 적고 수익성은 높은 '작지만 아름다운' 프로젝트를 추구해야 한다고 말한다. 이는 오늘날 전 세계의 우려에 대한 양보가 아니라, 항상 존재했던 그 이니셔티브 규범적 부분이 이제 경제적인 부분만큼이나 중요해질 수 있다는 신호다.

콘크리트를 덜 쏟아붓고 있을지는 몰라도, 중국은 남반구 저개발 국들을 주도하려는 열망을 잃지 않았다. 시진핑 주석은 "중국은 아무리 부유해지더라도 항상 개발도상국일 것이며, 글로벌 거버넌스 시스템에서 개발도상국의 대표성과 발언권을 높이는 데 최선을 다할 것"이라고 말했다. 이 말은 순진하게 들릴지 모르지만 시진핑 주석의 말에는 더 깊은 의미가 담겨 있다. 시진핑 주석은 보편적 가치를 거부하는 자신만의 글로벌 거버넌스에 대한 비전을 중심으로 가난한 나라들을 결집하려 하고 있다. 시진핑 주석은 글로벌 개발 이니셔티브, 글로벌 안보 이니셔티브, 글로벌 문명 이니셔티브와 같은 새로운 외교 정책 제안들을 통해 중국의 주장을 분명히 밝혔다.

이러한 프로젝트들은 미국의 괴롭힘과 유럽의 식민지 유산에 분개하는 국가들에게 매력적으로 보일 수 있다. 그것들은 인권을 경시하는 중국의 발전 모델이 오만한 서구 민주주의 국가들이 제시하는 모델보다 가난한 국가들에게 더 낫다는 암묵적인 메시지를 강화하는 것이다. 중국 관리들은 각국에 자유 선거를 실시하거나 언론의 자유를 존중하라고 요구하는 것은 내정 간섭이라고 말한다. 그들은 자유주의적 가치를 서방이 전파한 인종주의의 한 형태로 간주한다.

중국은 독재자들이 솔깃해하는 도덕적 상대주의를 설파하고 있다. 2024년에는 그 소리가 더욱 커질 것이다. 미국과 그 동맹국들은 중국이 던지는 메시지의 매력을 과소평가해서는 안 된다. 많은 국가가 현재의 세계 질서에 불만을 품고 있다. 이 질서의 가치를 인정하는 국가들은 그 질서를 방어해야 한다.

시진핑과 예스맨들

주석팀의 인사 교체를 읽는 법

제임스 마일스(James Miles) 〈이코노미스트〉 중국 선임 통신원

중국의 지도자 시진핑은 날씨와 항해에 관련된 은유를 좋아한다. 그는 종종 중국의 부상을 방해할 수 있는 사나운 폭풍에 대해 이야기한다. 최근 몇 달 동안 시진핑 주석은 공무원들에게 "강풍, 거친 바다, 그리고 주눅 들게 하는 파도" 속 "여러 큰 시련"에 대비하라는 경고를 날렸다. 이제 시진핑 주석이 2022년 말과 2023년 초에 구성한 팀이 중국의 점증하는 경제적, 외교적, 사회적 도전을 헤쳐나가는 데 도움을 줄 수 있을지 시험대에 오를 시기다. 이미 팀의 고위급 인사 두 명이 나락에 빠졌다. 2024년에는 시진핑 주석의 다른 수족들도 순탄한 항해를 기대하기는 어려울 것이다.

시진핑 주석은 2023년에 안도의 한숨을 내쉴 수 있길 바랐는지도 모른다. 그는 정부의 고위급 관료들을 대대적으로 교체하고 그보다 몇 개월 앞서 공산당 최고 지도부를 개편하면서 자신이 잘 알고 신뢰하는 사람들로 자기 주변을 에워쌌다. 2022년 말 시진핑 주석이 팬데믹에 대처하기 위한 중국의 엄격한 '제로 코비드' 접근법을 포기하면서 사망자가 급증했지만, 당국자들은 경제 회복이 일반 국민의 분위기를 끌어올리는 데 도움이 될 것이라고 확신했다.

하지만 성장은 재점화되지 못했다. 여름이 되자 시진핑 주석의 정치적 구조에 결함이 나타나기 시작했다. 먼저 외교부장 진강(Qin

Gang)이 사라졌다. 몇 주 후 국방부장 리상푸(Li Shangfu) 장군도 그 뒤를 따랐다. 이러한 숙청은 수년 동안 볼 수 없었던 일이다.

비밀 브리핑에서 간부들은 외교부장 진강이 내연녀 그리고 사생아와 관련된 '사생활 문제'가 있었다는 말을 들은 것으로 알려졌다. 리상푸 장군은 이전 직위에서의 부패 혐의로 조사를 받는 것으로 전해졌다. 중국 집권 엘리트들에게 전해진 분명한 메시지는 그들의 정치적 몰락이 시진핑 주석의 청렴함과 결단력을 보여줬으며, 시진핑 주석은 자신의 측근이라도 잘못된 행동을 하는 경우 주서 없이 처벌할 것이라는 점이었다.

하지만 고위 관리들 사이에서는 그러한 개편에 의문을 제기했을 가능성이 크다. 시진핑 주석은 임명 전에 그들을 얼마나 알고 있었을까? 만약 시진핑 주석이 그들의 비행을 전혀 감지하지 못했다면(공산당은 정부 관리가 혼외정사를 하는 것을 금지한다), 이것이 시진핑 주석의 검증의 엄격성에 대해 시사하는 바가 무엇이겠는가? 그는 그 과정이 얼마나 엄격해야 하는지 여러 차례 강조한 바 있었다.

시진핑 주석이 정치적으로 곤경에 처했다는 징후는 아직 보이지 않는다. 국가가 통제하는 미디어는 여전히 평소처럼 그에게 호의적이다. 앞으로 몇 달 안에 진강 부장과 리상푸 장군에 대한 좀 더 자세한 정보가 나올 것이다. 시진핑 주석이 두 사람을 임명할 때 실수를 저질렀거나 측근을 선택하는 데 판단력이 부족했다는 암시를 피하기 위해 보도는 신중한 사전 처리 과정을 거칠 것이다.

하지만 2024년에는 시진핑 주석의 수족들 사이에서 더 많은 놀라운 일이 벌어질 수 있다. 시진핑 주석은 아직 후계자를 지정하지 않았다. 후보들이 관심을 끌기 위해 경쟁하거나, 또는 장기적인 야망과 상관없이 그저 예스맨들이 서로 경쟁할 때 긴장이 고조될 수 있다.

주목해야 할 인물 중 한 명은 2023년 3월 시진핑 주석의 비서실장이 된 차이치(Cai Qi)다. 그는 7명으로 구성된 정치국 상무위원회(PBSC)에서 서열이 5위에 불과하다. 하지만 1980년대와 1990년대에 푸젠성에서, 이후에는 저장성에서 시진핑 주석과 함께 일했던 만큼 친밀함은 분명하다. 그는 공산당 선전 및 이념과 관련된 문제와 시진핑 주석의 개인 경호 문제를 총괄한다.

2023년 3월에 임명된 리창(Li Qiang) 총리는 PBSC에서 서열이 2위이지만, 주로 경제에 초점을 맞추고 있기 때문에 영향력이 덜 광범위하다. 많은 분석가는 2000년대 초 저장성에서 시진핑 주석과 긴밀히 일했음에도 불구하고 맡은 직책에 비해 영향력이 비정상적으로 약하다고 보고 있다. 경제가 어려운 상황에서 리창 총리가 자기 상사에게 깊은 인상을 남기기는 어려울 것이다.

시진핑 주석도 자신의 이미지를 개선하는 일에서 어려움을 겪을 것이다. 중국의 경제 불황과 거의 3년간의 엄격한 팬데믹 통제에서 벗어난 혼란스러운 상황(제로 코비드 정책에 반대하는 소규모 시위가 산발적으로 벌어지고 일부 시위대가 시진핑 주석의 퇴진을 요구한 다음이었다)으로 인해, 시진핑 주석의 이미지에 흠집이 났을 가능성이 크다. 2024년에 중국의 주석은 서방과의 긴장된 관계를 관리해야 하는 과제에 직면하게 될 것이다. 하지만 그는 국내에서도 거센 바람과 험난한 파도에 직면하고 있다.

 WHAT IF?

중국의 부동산 업계는 지난 2년 동안 혼란에 빠졌다. 많은 대형 개발 업체가 채무 불이행에 빠졌다. 매출은 크게 감소했다. 하지만 지금까지 본격적인 붕괴는 피했다. **중국의 집값이 절반으로 떨어지면 어떻게 될까?** 미약한 경제 회복세가 멈추고 세계 경제에 영향을 미칠 것이다. 공산당에 더 위험한 것은 사회 안정에 미치는 영향일 것이다. 사람들은 일당 통치에 항의하기 위해 거리로 나오지 않는다. 그들의 주요 투자 대상의 가치가 큰 폭으로 하락한 것에 항의하기 위해 거리로 나설 수는 있다.

가장 어려운 목표물

중국 통치자들은 확신과 신뢰성 사이의 거래 관계에
직면하게 될 것이다

사이먼 콕스(Simon Cox) 〈이코노미스트〉 중국 경제 부문 편집자

2024년 봄, 중국 총리 리창과 그의 동료들은 이상한 딜레마에 직면하게 될 것이다. 그들은 기업가들의 사기를 되살릴 것인가, 아니면 집권 공산당의 신뢰성을 지킬 것인가 이 둘 사이에서 선택해야 할 것이다. 리창 총리가 3월 베이징에서 중국 입법부를 향해 정부 업무에 대한 첫 보고서를 낭독할 때, 그들의 선택이 드러날 것이다. 이 보고서에는 공산당이 늘 하는 상투어들로 가득 차 있겠지만 중요한 수치도 포함될 것이다. 바로 2024년 중국의 공식 경제 성장률 목표치다.

이러한 목표치는 중앙 계획의 유물이라고 조롱받기 쉽다. 오늘날의 중국에서 경제 성장은 가계, 기업, 관료의 수많은 결정이 만들어낸, 연금술에서 나온 것과 같은 결과다. 심지어 공산당이라도 목표치를 0.5%포인트 정도 조정하는 것이 어렵지 않을까?

실제로 중국은 몇 년 동안 성장률 목표를 큰 폭으로 벗어난 적이 있었고, 그런 경우에는 몇 %포인트를 초과하기도 했다(도표 참조). 하지만 최근에는 거의 근접해 있었고, 따라서 정책 결정에서 목표치가 크게 부각되었다. 예를 들어 2023년에 정부는 5% 목표에 미치지 못할 것이라는 우려 때문에 통화적, 재정적 완화를 단행했다.

많은 경제학자는 자의적인 목표치를 달성하려는 이러한 노력들이

중국의 정책 결정을 왜 곡해 무분별한 대출이 나 낭비적인 인프라 프로젝트를 초래할 수 있 다고 우려한다. 어떤 이 들은 중국이 성장률 목 표를 완전히 철회할 것 을 촉구하기도 했다. 코 넬대학교의 에스와르 프라사드(Eswar Prasad)

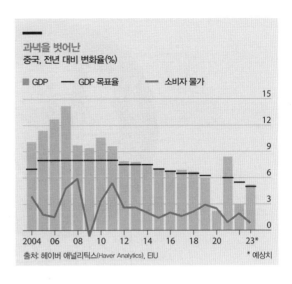

과녁을 벗어난
중국, 전년 대비 변화율(%)

■ GDP　　— GDP 목표율　　—— 소비자 물가

출처: 헤이버 애널리틱스(Haver Analytics), EIU　　* 예상치

교수는 2014년 "그렇게 하는 것은 중국 정부의 우선순위가 어떤 대 가를 치르더라도 성장을 제일 중요시하는 입장에서 멀어졌다는 것을 명확히 보여주는 것"이라고 말했다.

하지만 2024년은 그런 태도를 취하기에 부적절한 해다. 중국 기업 가들은 2021년 중반부터 시작된 부동산 침체, 2022년 경제를 발목 잡았던 봉쇄 조치, 2023년의 실망스러운 회복세로부터 여전히 회복 중일 것이다. 이들에게는 공식적인 성장 목표가 제공할 수 있는 안도 감이 필요할 것이다.

그렇다면 리창 총리는 3월에 어떤 수치를 발표해야 할까? 중국 경제 는 2023년에 공식 목표치인 5% 근방을 달성하기 위해 고군분투했 고, 인플레이션은 위험할 정도로 낮아졌다. 경제학자들은 물가 하락 이 이윤을 감소시키고 투자를 억제해 수요를 더욱 약화할 것이라고 우려했다. 하지만 낮은 인플레이션은 위협이자 기회이기도 하다. 그 것은 소비만 더 강해진다면 경제가 더 빠르게 성장할 수 있는 여력이

있다는 신호다. 따라서 리창 총리의 첫 번째 성장 목표는 필요한 경우 정부도 똑같이 할 것이라는 신호를 보내 민간 부문의 지출을 유도해야 한다. 이를 위한 방법은 최소 5%의 성장 목표치를 설정하는 것이다.

그것은 경제가 회복 2년차에 접어들기 때문에 2023년의 똑같은 목표보다 더 달성이 어려운 목표가 될 것이다. 사회적 제한을 없애고 억눌린 수요를 풀어주는 데 따른 반등을 기대할 수 없기 때문이다. 하지만 실망스러운 재개 이후에도 중국은 여전히 만회할 수 있는 부분이 있을 것으로 보인다. 2024년 말에 경제가 활기를 띠고 임금과 물가에 상승 압력을 가한다면 나쁘지 않을 것이다. 이것은 디플레이션에 대한 우려를 불식시키고 중국의 부채 부담을 줄이는 데 도움이 될 것이다.

더 큰 우려는 낙담하고 약화된 중국이 정부의 추가 부양책에도 불

구하고 그러한 목표치에 미치지 못할 수 있
다는 점이다. 이는 그 자체로 나쁜 일이 될 것
이다. 또한 공산당으로서는 당혹스러운 일이
며, 공산당의 경제 관리의 신뢰성에 흠집이
날 수도 있다.

그러나 달성하기 쉬운 목표를 설정하는 것은 그 자체로 위험이 따
른다. 민간 부문의 기대치를 더욱 떨어뜨려 보통 수준 이하의 결과를
초래할 가능성이 크다. 2024년 중국 공산당은 목표의 신뢰성을 지키
는 것보다 민간 부문의 신뢰를 회복하는 것이 더 중요하다는 사실을
알아야 한다.

뉴노멀

중국에서 비즈니스를 하는 외국 기업들의 사정이 나아질 것이라 기대하지 말길

돈 웨인랜드

2023년 9월, 며칠 사이에 글로벌 기업에서 일하는 두 명의
사업가가 중국을 떠나는 것이 허락되지 않았다는 소문이
퍼졌다. 그중 한 명은 일본 은행인 노무라의 중국 지역 투자 은행 부
문 책임자로 부패 수사에 얽인 것으로 보였다. 그는 '출국 금지' 처분
을 받았는데, 이는 중국 내 여행은 가능하지만 출국할 수 없다는 의
미였다. 며칠 후 실사 회사인 크롤(Kroll)의 한 고위 임원도 비슷한 상

황에 처했다는 소식이 전해졌다. 〈월스트리트저널〉에 따르면 그는 7월부터 중국에 붙들려 있다고 한다.

중국은 전 세계적인 팬데믹으로 인해 3년간 고립 상태에 있었고, 리오프닝(re-opening)을 실시한 지 거의 1년이 지난 지금, 외국 경영진은 여전히 비즈니스의 뉴노멀이 무엇인지 파악하기 위해 노력 중이다. 경제 성장이 둔화하면서 중국 시장은 전 세계 소매업자들에게 덜 매력적으로 다가오고 있다. 시진핑 주석이 러시아-우크라이나 전쟁에서 러시아를 이념적으로 지지하면서 투자자들을 두려움에 떨게 했다. 펀드 매니저들은 지정학적 위험의 증가를 정당화하기 위해 더 높은 수익을 요구하고 있으며, 많은 펀드 매니저들이 충분한 수익을 얻지 못해 다른 곳으로 자본을 배분하고 있다.

3년 만에 처음으로 중국을 방문하는 임원들은 상황이 더 나빠졌다고 생각할 수밖에 없다. 베이징과 상하이 같은 일류 대도시는 팬데믹 이전과 비교했을 때 국제적인 느낌이 확연히 덜하다.

팬데믹 시기는 중국 정치 지도자들에게는 내면을 들여다보는 시기였다. 그들은 미국과 다른 외국 경쟁자들에 대해 훨씬 더 편집증적인 태도를 견지하는 쪽으로 바뀌었다. 이로 인해 경제 성장보다 안보를 우선시하게 되었고, 외국 기업들의 중국 내 비즈니스를 훨씬 더 어렵게 만드는 새로운 법과 규제를 도입하는 데 박차를 가했다.

예를 들어 새로운 데이터 법률로 인해 중국 지사에서 해외 수신자들에게 어떤 정보를 보내는 것이 안전한지 불분명해졌다. 외국 실사회사에 대한 일련의 압수수색으로 인해 이러한 회사들이 중국 기업과 경영진에 대한 정상적인 배경 조사를 수행할 수 있는지에 대한 의문도 제기되었다. 공식적인 정보원들에 대한 접근도 제한되었다. 전 세계적인 법률 회사인 덴톤스(Dentons)가 8월에 중국 법률 회사와의 파트너십을 중단하겠다고 발표했고, 이는 중국이 가진 글로벌 비즈니스 허브로서의 이미지에 큰 타격을 주었다. 내부자들은 데이터 법률과 자의적 구금에 대한 두려움이 영향을 미쳤다고 말했다.

중국 정부는 외국 기업들의 불만을 잘 알고 있다. 중국의 새 총리인 리창과 같은 사업적 생각을 가진 기술자 출신의 고위급 관료들이 고통을 덜어주기 위해 노력하고 있다. 2023년 9월 중앙 정부는 적어도 현재로서는 일부 데이터 이전 규정을 완화하겠다고 발표했다. 아울러 외국인에 대한 엄격한 과세 규정도 몇 년 더 연기했다.

2024년에 다국적 기업들은 중국으로부터 친기업적인 양보를 몇 가지 더 기대할 것이다. 하지만 더 많은 경영진이 출국 금지 조치를 당해도 놀라지 말길. 중국의 코로나 시기는 중국 통치자들이 외부 세계를 바라보는 방식을 바꿔놓았다. 그들은 외부인의 시선을 덜 신경 쓰며 성장보다 안보를 중시하는 태도에서 물러서지 않을 것이다. 뉴노멀은 앞으로도 계속될 것으로 보인다.

쓴 것 삼키기

공산당은 청년들에게 영감을 주려고 애쓸 것이다

앨리스 수

〈인민일보〉는 중국 젊은이들에게 보내는 메시지에서 이렇게 역설했

취업 지원

다. "온실 속 나무는 하늘 높이 자랄 수 없고, 게으른 사람은 큰일을 이룰 수 없다." 공산당은 국가 부흥을 위해 청년들에게 고통을 받아들일 것을 거듭 권고해왔다. 시진핑 주석은 청년들에게 노동을 통해 희생 정신을 키울 수 있는 시골에서 일해야 한다고 말한다. 젊은이들에게 "입에 쓴 것을 삼켜야 한다", 즉 가치 있는 대의를 위해 고난을 감수하라는 그의 외침은 2024년에도 계속될 것이다. 하지만 중국 청년들은 지금껏 그랬듯 계속해서 그렇게 하지 않을 것이다.

시진핑 주석의 수사는 애국심보다는 온라인상의 조롱에 더 많은 영감을 주었다. 젊은 누리꾼들은 탈진과 무한 경쟁을 그만두고 싶다는 뜻을 가진, 청년들이 쓰는 속어인 '탕핑(드러눕는다)'과 '바이란(썩게 내버려두다)'에 대해 자주 이야기한다.

중국 경제가 계속 어려움을 겪으면서 2024년에는 불안이 확산할 것이다. 2023년 도시 청년 실업률은 21.3%로 사상 최고치를 기록했으며, 통계청은 8월에 수치 발표를 중단하기로 결정했다. 2024년에도 상황이 개선될 가능성은 작다. 직장을 구하지 못한 일부 청년들은 그들의 부모의 집으로 돌아와 '풀타임 자녀'가 되었다. 많은 이가 취업을 미루기 위해 대학원에 지원했다. 이들이 대학원을 마칠 때 즈음이면 사상 최대로 많은 졸업생(2023년 1,100만 명 이상)과 경쟁하게 될 것이다.

일부는 '철밥통'인 공무원 자리를 노리기도 했다. 2023년에는 10년 만에 가장 많은 숫자인 약 250만 명이 공무원 시험에 응시했다. 다른 이들은 해외의 학위나 일자리를 구하거나 동남아시아나 남미를 통한 밀입국 경로를 따라 피신하고 있다. 유엔 난민기구(UNHCR)는 2022년 중국 망명 신청자 수가 2012년보다 7배 증가한 11만 6,000명에 달할 것으로 보고했다.

국가의 통제가 느슨해지는 것은 청년들에게 활력을 불어넣을 수 있다. 하지만 그 반대가 될 가능성이 더 크다. 시기적으로 초입과 끝자락에 있는 대만과 미국의 선거로 인해 정치적 불확실성이 커지는 한 해에는 본능적으로 통제를 강화하려는 경향이 강해질 것이다.

THE WORLD AHEAD 2024

THE WORLD IN NUMBERS COUNTRIES 세계 주요 지표

2024년 숫자로 본 국가별 전망

특별한 표시가 없는 수치는 모두 2024년 예상치이며, 2023년 수치는 추정치다.
달러 GDP는 2024년 예상 달러 환율로 계산했고, 괄호 안은 구매력평가(PPP) 환산 GDP다.

출처: 이코노미스트 인텔리전스(ECONOMIST INTELLIGENCE)

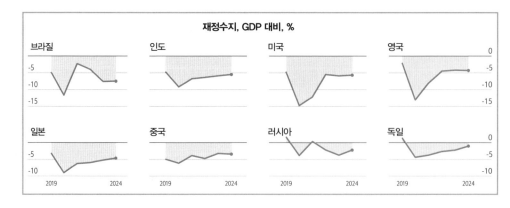

재정수지, GDP 대비, %

2024년에 최상위 성장 국가는 세계 GDP의 1% 미만을 차지하며, 피라미가 몸집이 큰 물고기를 이길 것이다. 세계의 대형 경제국들은 전쟁, 인플레이션, 높은 금리, 둔화하는 중국을 비롯한 역풍을 마주하고 있다. 물론, 중국이 성장률 상위 10대 국가에 들었던 날은 이제 지나간 지 오래다. 하지만 중국 본토의 도박꾼들이 도박의 파라다이스인 마카오로 쏟아져 들어가면서, 2024년에 중국은 세계에서 가장 빠르게 성장하는 마카오(23.2%)에 간접적으로 힘을 실어줄 것이다. 다른 국가의 경우, 강력한 GDP 성장률은 앵귈라(7.0%)의 포스트 팬데믹 관광 산업 복구와 피지(6.9%)의 사이클론 코디 이후 회복 등 일회성 요소를 반영한다. 또 다른 국가에서는 천연자원 호황을 즐기고 있다. 가이아나(20.0%), 세네갈(9.7%), 리비아(7.7%)에서는 석유 호황, 모리타니(8.0%)에서는 가스 호황을 맞이했다. 르완다(7.1%), 코트디부아르(6.9%), 캄보디아(6.7%)의 경제 성장에만 정책 주도형 개선이 반영됐다.

유럽

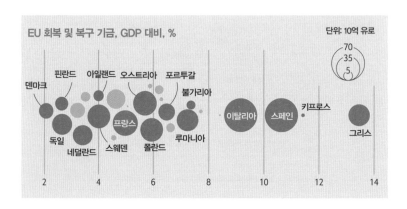

EU 회복 및 복구 기금, GDP 대비, %

단위: 10억 유로

오스트리아

GDP 성장률: 0.4%

1인당 GDP: 6만 2,476달러(PPP: 7만 4,610달러)

인플레이션: 3.1%

재정수지(GDP 대비, %): -2.4

인구: 870만 명

집권 연합 정부는 인기가 없지만, 중도우파 오스트리아 국민의 당(Austrian People's Party)은 아마 9월에 예정된 선거에서, 이번에는 극우파 자유당(Freedom Party, FPÖ)의 하위 파트너로서 한 자리를 확보할 것이다. 이번 선거는 2019년 부패 추문으로 끝난 자유당의 최근 정권 진출 이후 당의 네 번째 도전이다. 자유당의 대중적인 반이민 미사여구는 연합 파트너와 평화를 모색하기 위해 완화될 것이다. 2024년에 경제 성장은 계속 부진할 것이다.

벨기에

GDP 성장률: 1.1%

1인당 GDP: 5만 5,595달러(PPP: 7만 230달러)

인플레이션: 2.4%

재정수지(GDP 대비, %): -3.7

인구: 1,170만 명

일곱 개 정당으로 구성된 '비발디' 연합 정부는 정책 합의에 어려움을 겪을 것이고, 주요 세금 및 연금 개혁은 무리일 것이다. 왈로니아 지역은 왼쪽으로, 플랑드르 지역은 오른쪽으로 계속 갈라져 있을 것이다. 경제는 공급 압박이 사라지고 무역 상대들이 회복하면서 조금 반등할 것이다.

볼거리: 가스 집어삼키기. 벨기에의 산업 부문은 유럽에서 가장 가스를 많이 사용한다. 새로운 공급 충격은 경제를 넘어뜨릴 것이다.

불가리아

GDP 성장률: 2.4%

1인당 GDP: 1만 6,561달러(PPP: 3만 7,410달러)

인플레이션: 3.3%

재정수지(GDP 대비, %): -1.8

인구: 640만 명

불가리아 연합 정부의 총리직은 주요 정당인 중도우파 불가리아 유럽 개발 시민(Citizens for European Development of Bulgaria)당과 중도파 우리는 변화를 지속한다-불가리아 민주(We Continue the Change-Democratic Bulgaria)당 사이에서 9개월에 한 번씩 번갈아 맡을 것이다. 2025년 불가리아의 유로존 진입을 준비하려고 설계된 개혁에 대한 광범위한 의견 일치가 존재한다. 반부패 운동과 더 큰 사법적 독립을 비롯한 정치 개혁은 EU의 회복 및 복구 기관에서 자금이 풀리게 하는 데 도움을 주면서, 경제 성장을 코로나 팬데믹 이전의 경향으로 들어 올릴 것이다.

크로아티아

GDP 성장률: 2.6%

1인당 GDP: 2만 2,397달러(PPP: 4만 1,890달러)

인플레이션: 3.4%

재정수지(GDP 대비, %): -0.9

인구: 400만 명

집권 연합 정부를 장악한 중도우파 크로아티아 민주 연합(Croatian Democratic Union)당은 여론 조사에서 좋은 성과를 거두고 있으며, 연합의 구성이 바뀔 가능성은 있지만 7월에 예정된 선거에서 권력을 유지할 것이다. 안드레이 플렌코비치(Andrej Plenkovic)는 비록 연속적으로 터진 추문이 그의 리더십에 대한 신뢰를 떨어뜨리기는 했지만, 총리로서 세 번째이자 마지막 임기를 보내고 있다. 2023년 초반에 시작된 솅겐(Schengen) 자유 여행 지역 편입과 유로화 도입은 GDP의 4분의 1가량에 기여하는 관광업에 힘

을 실어줄 것이다. EU 자금의 유입은 경제 회복에 추가적인 도움을 줄 것이다.

체코

GDP 성장률: 1.9%

1인당 GDP: 3만 3,568달러(PPP: 5만 4,230달러)

인플레이션: 2.7%

재정수지(GDP 대비, %): -2.9

인구: 1,050만 명

2025년 중도우파 연합 정부의 긴장 상태는, 수지 균형 결정이 의견 불일치의 주요 영역인 상태로 소속된 다섯 정당이 2025년 선거 준비를 시작하면서 심화할 것이다. 상대 정당들은 점점 더 강력해지고 있고 선거 준비 기간에 요구 사항을 강경하게 주장하는 민중 시위가 일어날 수 있다. 경제는 에너지 시장이 안정화되고 무역 블록의 수요가 되살아나면서 유럽의 성장을 나눠 가질 것이다. 그렇기는 하지만, 공급망 파괴와 자동차 산업의 전기차 전환은 성장 잠재력에 제한을 가할 것이다.

덴마크

GDP 성장률: 2.6%

1인당 GDP: 8만 3,366달러(PPP: 8만 2,850달러)

인플레이션: 2.5%

재정수지(GDP 대비, %): 1.0

인구: 590만 명

메테 프레데릭센(Mette Frederiksen) 총리가 이끄는 '레드 블록' 중도좌파 연합은 덴마크인의 당(Danish People's Party)과 기타 극우 정당들을 저지하려고 하면서 적대적인 이민 정책과 함께 사회적으로 진보적인 의제를 밀어붙일 것이다. 정부는 세금 감면과 군비 증가를 모두 요구하면서 덴마크의 재정적 힘을 약화시킬 것이며, 동시에 더 많은 사람이 일자리를 얻도록 격려하고 에너지 안보를 강화할 것이다. 산업과 서비스가 모두 정상화되면서 경제는 다시 반등할 것이다.

볼거리: 커피콩. 6월에 코펜하겐은 월드 라테

아트 챔피언십(World Latte Art Championships)을 포함한 월드 오브 커피(World of Coffee) 행사를 주최할 것이다.

에스토니아

GDP 성장률: 2.6%

1인당 GDP: 3만 6,741달러(PPP: 5만 2,090달러)

인플레이션: 3.1%

재정수지(GDP 대비, %): −0.4

인구: 130만 명

뜻이 맞는 세 개의 중도 정당과 중도좌파 정당으로 구성된 연합은 자신의 수월한 과반수를 활용해 긴축 예산(증세 및 생활비 지원 감축 포함), 더 신속한 친환경 전환과 러시아 안보 위협에 대한 강력한 대응을 지지할 것이다. 비즈니스 서비스와 정보통신 기술에 대한 경제 의존은 부실한 제조업의 영향

2024년의 인물

1956년 전임 나치 장관이자 히틀러 친위대 간부가 창립한 오스트리아의 자유당은 세 번의 집권 연합(1983~1986년, 1999~2006년, 2017~2019년)에서 하위 파트너로서 역할을 했고, 9월에 예정된 선거에서 정부로 돌아오려고 한다. 연합에서 이 정당의 마지막 활동은 추문으로 끝났고 정부를 붕괴시켰지만, 정당의 운명은 자유당 주도의 연합에서 수상을 맡게 될 카리스마 넘치는 **허버트 키클**(Herbert Kickl) 아래에서 부활했다. 키클은 "우리 빈의 피를 위한 더 큰 용기(More courage for our Viennese blood)", 그리고 이보다 독창성이 떨어지는 "오스트리아를 다시 위대하게(Make Austria Great Again)"와 같은 포퓰리스트 슬로건을 만들었다. 민족주의, 반이민 아이디어를 요란스럽게 지지하는 키클은 유럽 우익에서 새롭게 떠오른 스타이지만, 연합 파트너들이 그의 극단주의를 점검할 것이다.

을 완화하는 데 도움을 줄 것이며, 성장은 2023년의 침체 이후 활기를 되찾을 것이다.

핀란드

GDP 성장률: 1.0%

1인당 GDP: 5만 7,174달러(PPP: 6만 4,230달러)

인플레이션: 2.2%

재정수지(GDP 대비, %): -2.1

인구: 560만 명

중도우파부터 극우파까지 집권 연합에 있는 네 개의 보수 정당들은 더 강력한 에너지 안보와 방위 정책을 지지한다. 그러나 EU, 기후 정책, 이민을 비롯한 다른 주제에는 대개 타협적이며, 관계는 팽팽할 것이다. 생산 가능 인구는 감소 추세이며 느슨해진 이민 정책은 도움이 되겠지만, 두 번째

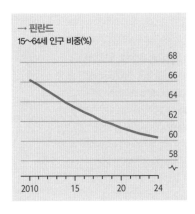

→ 핀란드
15~64세 인구 비중(%)

임기를 수행 중인 극우파 핀스당(Finns Party)은 더 강력한 국경 통제를 원한다. 핀란드의 수출업자들은 러시아에 대한 서구의 제재에 아주 많이 노출되어 있지만, 다른 곳의 수요는 회복하고 경제는 반등할 것이다.

볼거리: 지식인들의 미팅. 6월 헬싱키에서 유럽 신경학회(European Academy of Neurology)가 열 번째 연례 행사를 개최할 것이다.

프랑스

GDP 성장률: 0.8%

1인당 GDP: 5만 1,131달러(PPP: 6만 3,250달러)

인플레이션: 2.7%

재정수지(GDP 대비, %): -4.7

인구: 6,490만 명

두 번째 임기 중에 논란이 많은 연금 개혁을 투표 없이 통과시키겠다는 에마뉘엘 마크롱 대통령의 결정은, 앞서 공통의 이해관계를 가진 사안에 대해 소수 여당 정부를 지지하고자 했던 주류 정당들과의 사이를 멀어지게 했다. 이민에 대한 두 번째 주요 개혁안은 유사한 전술을 요구하면서 정부를 새로운 민중 시위에 노출할 것이다. 경제는 지역 산업과 '친환경' 계획을 부양하는 300억 유로(321억 달러) 프로

그램과 EU가 일부 자금을 지원하는 1,000억 유로 회복 부양책의 도움을 받을 것이다. 그렇기는 하지만 성장은 EU 평균에 미치지 못할 것이다.

독일

GDP 성장률: 0.9%

1인당 GDP: 5만 8,245달러(PPP: 6만 8,550달러)

인플레이션: 2.4%

재정수지(GDP 대비, %): -1.0

인구: 8,280만 명

독일의 첫 좌-우-친환경 연합 정부는 의견 일치를 이루는 데 어려움을 겪었고, 우경 경쟁자들은 여론 조사에서 좋은 성과를 거두고 있다. 특히 2024년 20% 이상의 지지율과 함께 떠오를 극우파 독일을 위한 대안(Alternative for Germany)당의 부상은 반이민 및 EU 통합에 대한 회의적인 입장을 부인하는 주류 정당에 충격을 줄 것이다. 연합 내부의 긴장 상태는 연합의 인기가 시험대에 오르면서 강화할 것이다. 2024년에 에너지 압박이 완화되면서 경제는 되살아날 것이다.

그리스

GDP 성장률: 2.6%

1인당 GDP: 2만 4,630달러(PPP: 4만 1,950달러)

인플레이션: 2.6%

재정수지(GDP 대비, %): -1.5

인구: 1,030만 명

키리아코스 미초타키스(Kyriakos Mitsotakis) 총리가 이끄는 중도우파 새 민주(New Democracy)당 정부는 2023년 선거에서 과반수를 확장했으며, 두 번째 임기에 기업 친화적인 정부가 될 것이다. 사회 기반 시설을 업그레이드하는 것은 2023년의 끔찍한 열차 사고 이후 우선시될 것이며, 수송 자산의 추가 민영화 계획을 지연시킬 가능성이 있다. 정부는 관광업에 대한 경제적 의존도를 줄이고 공공 재정을 강화하려고 노력할 것이다.

볼거리: 브뤼셀 부스트. GDP 비율 기준으로 그리스가 가장 큰 수혜자인 EU의 코로나19 회복 펀드 자금은 경제 성장을 증폭시킬 것이다.

헝가리

GDP 성장률: 2.4%

1인당 GDP: 2만 6,331달러(PPP: 4만 3,520달러)

인플레이션: 4.8%

재정수지(GDP 대비, %): -3.8

인구: 1,000만 명

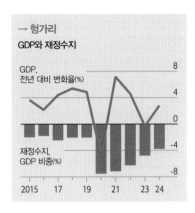

→ 헝가리
GDP와 재정수지

GDP, 전년 대비 변화율(%)

재정수지, GDP 비중(%)

2015 17 19 21 23 24

빅토르 오르반 총리의 강력한 통제는 EU 파트너들을 진저리나게 했지만, 정치와 경제 지형에 어느 정도의 안정성을 가져다줬다. 그러나 예산이 지원금을 만들어내지 못한다면 상황이 바뀔 수도 있다. 생활 수준은 생활비 증가 때문에 악화했다. 오르반 총리는 러시아에 대한 서구의 제재를 탓할 것이며, 그가 계속 집권을 이어갈 만큼 충분한 세력이 그를 믿을 것이다.

볼거리: 매우 영향력 있는 사람. 2024년에 오르반 총리는 헝가리의 EU 의장직을 이용해서 극우 성향의 사회적 의제를 밀어붙일 것이다.

아일랜드

GDP 성장률: 3.1%

1인당 GDP: 12만 154달러(PPP: 14만 2,550달러)

인플레이션: 2.4%

재정수지(GDP 대비, %): 1.2

인구: 510만 명

집권 정당, 즉 중도 성향의 예전 경쟁 상대인 통일아일랜드(Fine Gael)당, 아일랜드공화(Fianna Fáil)당, 녹색당(Green Party) 사이의 긴장 상태는 2025년 3월에 예정된 선거가 다가오면서 표면 위로 드러날 것이며, 연합 정부는 붕괴할 수 있다. 지금까지 일관된 차이로 여론 조사의 선두를 달리고 있는 좌익 민족주의의 신페인(Sinn Féin, SF)당의 전진이 이 긴장 상태를 억눌러왔지만, 연합 정당이 선거에서 승리할 가능성이 줄어들면서 상황이 변할 것이다. 신페인당은 모든 초기 선거를 장악하겠지만 안정적인 연합을 형성하기 힘들 것이다.

볼거리: 외국 수치. 아일랜드 기반 외국계 회사의 대차 대조표가 움직인 영향이 GDP 성장 계산을 왜곡할 것이다.

이탈리아

GDP 성장률: 0.7%

1인당 GDP: 4만 684달러(PPP: 5만 6,330달러)

인플레이션: 2.5%

재정수지(GDP 대비, %): −5.3

인구: 5,870만 명

이탈리아의 첫 여성 총리이자 무솔리니(Mussolini) 이후 가장 강력한 우익 성향을 보여준 조르자 멜로니 총리가 2023년 6월 포르자 이탈리아(Forza Italia)당을 이끈 실비오 베를루스코니(Silvio Berlosconi)의 사망으로부터 이익을 얻을 것이다. 총리의 연합에서 다루기 어려운 존재였던 포르자 이탈리아당은 베를루스코니의 부재로 서서히 약화할 것이다. 2024년 6월의 유럽의회 선거는 새로운 연합의 미리 보기를 제공할 것이다. 세금을 간소화하고 연금 체계를 만지작거리는 것이 우선순위일 것이다. 이탈리아의 공공 재정과 경제 정책의 지속 가능성에 대한 우려는 투자자들을 계속 두려움에 떨게 할 것이다.

볼거리: 단체 역학. 6월에 풀리아의 남부 지역에서 50번째 G7 연례 정상 회담이 열릴 것이다.

라트비아

GDP 성장률: 2.0%

1인당 GDP: 2만 7,567달러(PPP: 3만 1,050달러)

인플레이션: 2.7%

재정수지(GDP 대비, %): −3.2

인구: 180만 명

2023년 9월 라트비아 의회는 중도파 새 연합(New Unity, JV)당의 에비카 실리냐(Evika Silina)가 이끄는 신규 3당 정부 연합을 승인했다. 이념적으로 서로 전혀 다른 정부 연합에서 새 연합당은 보수적인 녹색 농부 연합(Union of Greens and Farmers)과 친환경·사회 민주적인 진보(Progressives)당과 협력했다. 정당 간 차이는 연합을 불안정하고 충격에 민감하게 만들 것이다. 정부는 EU에 우호적이고, 강력한 범대서양주의를 추구하고, 우크라이나의 강력한 지지자로 남을 것이다. 인플레이션이 3분의 2 수준으로 떨어지면서 GDP 성장이 속도를 높일 것이다.

볼거리: 국영 시설 매각. 2024년에 정부는 라트비아의 자본 시장을 확장하기 위해 새로운 민영화를 한 차례 시작할 수 있다.

리투아니아

GDP 성장률: 2.0%

1인당 GDP: 3만 1,709달러(PPP: 5만 5,090달러)

인플레이션: 3.0%

재정수지(GDP 대비, %): −1.8

인구: 270만 명

잉그리다 시모니트(Ingrida Simonyte) 총리의 정부와 그녀의 집권 연합은

2023년 중반에 부패 추문으로 절뚝거렸지만, 2024년 10월의 선거 때까지는 정권을 유지할 예정이다. 야당인 사회민주당(Social Democratic Party)은 분명히 차기 연합의 리더 자리를 보수파 조국 연합-리투아니아인 기독교 민주(Homeland Union-Lithuanian Christian Democrats)당으로부터 빼앗아올 것이다. 그때까지 보건, 교육 및 사회 복지 체계의 개혁은 근일의 정치가 무대를 장악하면서 약화할 것이다. 경제는 경기 침체를 맞이한 뒤 활기를 되찾을 것이다.

네덜란드

GDP 성장률: 0.3%

1인당 GDP: 6만 2,381달러(PPP: 7만 6,100달러)

인플레이션: 3.0%

재정수지(GDP 대비, %): −2.4

인구: 1,760만 명

2024년 초의 초점은 2023년 11월 스냅 선거 이후 새로운 정부를 형성하는 것에 맞춰질 것이다. 정치적 분열은 또 다른 거대 다수 정당 연합과 이민에 더 강경한 중도적 정책을 의미할 것이다. 새 정부는 농업 부문에 악영향을 주지 않고 어떻게 질소 배출량을 줄일 것인지에 대한 골치 아픈 사안 등 전임자를 괴롭혔던 것과 똑같은 문제와 씨름하며 힘겨워할 것이다. 개방 경제는 글로벌 무역 침체의 영향을 받을 것이며 성장은 계속 부진할 것이다.

볼거리: 꽃잎 파워. 1월 20일 국경일 '튤립의 날'에 암스테르담에 있는 뮤지엄 스퀘어가 튤립 시즌 시작 행사를 주최할 것이다.

노르웨이

GDP 성장률: 1.8%

1인당 GDP: 10만 8,586달러(PPP: 12만 3,170달러)

인플레이션: 2.8%

재정수지(GDP 대비, %): 9.8

인구: 560만 명

노동당(Labour Party)과 중앙당(Centre Party)의 노동당 협력자가 소수 여당 정부를 이끌고 있지만 이러한 상황은 전에도 있었으므로 노르웨이는 정치적 안정을 유지할 것이다. 정부는 보건과 교육에 대한 지출을 늘리고, 노르웨이를 석유와 가스에서 멀어지고 지속 가능한 어획, 전문 서비스와 간단한 제조업의 방향으로 이끌고자 한다. 하지만 우선 지금으로서는 화석 연료가 경제의 기둥으로 남을 것이다. 성장은 2024년에 회복될 것이다.

폴란드

GDP 성장률: 2.3%

1인당 GDP: 2만 1,368달러(PPP: 4만 3,990달러)

인플레이션: 4.9%

재정수지(GDP 대비, %): -4.5

인구: 4,020만 명

2023년 10월 선거에서 보수파 법과 정의(Law and Justice, PiS)당은 기대에 미치지 못하는 성과를 얻었고 8년간의 집권 이후 힘을 빼앗길 가능성을 마주했다. 주요 경쟁자인 시민 플랫폼(Civic Platform, PO)당과 그 협력자들은 법과 정의당이 러시아에 관대한 시민 플랫폼당의 모습을 그리려는 노력에도 불구하고 권력을 잡을 태세를 취하고 있다. 시민 플랫폼 정부는 적대적인 입법부를 마주하겠지만, EU와의 불화를 개선하고 법과 정의당의 권력 장악을 통한 강탈에서 벗어나는 것을 강조할 것이다. 유럽의 회복은 경제 성장을 북돋울 것이다.

포르투갈

GDP 성장률: 1.6%

1인당 GDP: 2만 9,547달러(PPP: 4만 5,580달러)

인플레이션: 2.8%

재정수지(GDP 대비, %): -0.1

인구: 1,040만 명

중도좌파 사회주의당의 수장인 안토니우 코스타(António Costa) 총리는 광산 및 에너지 허가와 관련된 부패 조사에 착수한다는 검찰의 발표 이후 2023년 11월 사임했다. 마르셀루 헤벨루 드 소자(Marcelo Rebelo de Sousa) 대통령은 2024년 3월 2년 만에 두 번째인 스냅 선거를 요청했다. 선거 이후 연금과 최저 임금을 올리고 노동력 부족 문제를 해결하는 과제가 우선시될 것이다.

루마니아

GDP 성장률: 3.4%

1인당 GDP: 1만 9,902달러(PPP: 4만 5,300달러)

인플레이션: 4.7%

재정수지(GDP 대비, %): -4.1

인구: 1,960만 명

중도우파 국가 자유당(National Liberal Party)과 중도좌파 사회민주당(Social Democratic Party, PSD) 사이의 원대한 연합은 안정성을 가져왔고, 아마 2024년 말 선거에서 승리할 것이다. 화합력이 더 견고한 사회민주당은 정책 입안을 장악하면서 느슨한 예산과 '메이드 인 루마니아' 경제를 요구하겠지만, 힘

없는 행정 조직과 고질적인 부패는 해결되지 않은 채 나아갈 것이다. 무역 개선이 성장을 촉진할 것이다.

볼거리: 무너지는 국경. 2024년의 어느 시점에 솅겐 자유 여행 지역으로 편입되면서 투자와 관광업이 살아나는 데 도움을 줄 것이다.

→ 러시아
상품 수출, 1조 달러

러시아

GDP 성장률: 1.4%

1인당 GDP: 1만 3,193달러(PPP: 3만 8,860달러)

인플레이션: 5.7%

재정수지(GDP 대비, %): -2.6

인구: 1억 4,700만 명

스스로 선택한 전쟁에 갇힌 채 푸틴의 유사 독재 정권은 국민 생활을 전방위적으로 단단히 옥죌 것이다. 정권에 대한 진실하고 가식적인 충성과 어마어마한 국가 탄압 기관은 러시아에서 대중 폭동이 일어나지 못하게 막을 것이다. 그런데도 중앙 권력에 가까운 원인이 쿠데타나 이보다 교묘한 권력 중심의 이동을 통해 푸틴을 실각시키려 할지도 모른다. 경제는 보통 수준으로 성장하겠지만 계속 전쟁의 수요에 의해 왜곡될 것이다.

볼거리: 자산 쟁취. 아직 러시아에서 영업 중인 외국 기업들은 자산과 일자리를 남겨두려는 러시아에 이를 전부 빼앗기는 상황에 놓일지 모른다.

슬로바키아

GDP 성장률: 2.4%

1인당 GDP: 2만 6,590달러(PPP: 3만 9,220달러)

인플레이션: 2.7%

재정수지(GDP 대비, %): -4.3

인구: 570만 명

로버트 피코(Robert Fico) 전 총리가 이끄는 포퓰리스트 국가주의의 사회민주(Direction-Social Democracy, Smer-SD)당은 2023년 9월 선거에서 가장 많은 표를 받았고, 이제 중도파와 초국가주의 정당과 함께 연합 정부를 이끌고 있다. 새 정부는 불안정하겠지만, 피코 전 총리는 주로 실용적인 통치를 선보일 것이다. EU와의 관계는 악화하겠지만, 슬로바키아는 EU 복구 펀드가 필요하므로 주요한 갈등을 피하려고 할 것이다. 비즈니스 투자는 버텨낼 것이고 에너지 위기는 서서히 사라질 것이다.

슬로베니아

GDP 성장률: 2.4%

1인당 GDP: 3만 6,017달러(PPP: 5만 4,850달러)

인플레이션: 3.8%

재정수지(GDP 대비, %): -2.9

인구: 210만 명

소수 파트너인 좌익(The Left)당과의 긴장 상태가 존재하기는 하지만, 로베르트 골로프(Robert Golob) 총리가 이끄는 중도좌파 3당 연합은 안락한 입법부의 과반수를 즐기고 있다. 생활비 위기는 대중의 지지를 약화했고 포퓰리스트 우익 슬로베니아 민주당 (Slovenian Democratic Party)은 만만찮다. 2023년 8월에 일어난 최악의 홍수로부터의 복구 작업은 성장을 촉진할 것이다.

스페인

GDP 성장률: 1.2%

1인당 GDP: 3만 5,151달러(PPP: 5만 460달러)

인플레이션: 2.7%

재정수지(GDP 대비, %): -3.5

인구: 4,750만 명

연말에 페드로 산체스(Pedro Sanchez) 총리 대행이 이끄는 좌파 정당인 스페인 사회주의 노동자당(Spanish Socialist Workers' Party, PSOE)은 분리주의 정당과 산체스 총리 대행과 스페인 사회주의 노동자당이 계속 권력을 유지하게 해줄 타협을 했다. 타협안에는 카탈루냐 분리주의자에 대한 사면이 포함됐다. 스페인은 2023년 7월의 스냅 선거에서 중도우파 국민의 당(People's Party)이 최다 득표라는 결과를 얻었으나 당과 당의 동맹이 과반수를 차지하지는 못하면서 교착 상태에 빠져 있다. 불안정한 스페인 사회주의 노동자당 정부는 성과를 낼 공간이 거의 없는 상태로 절뚝거리면서 나아갈 것이다. 정치적 불확실성은 힘이 없었던 2023년 이후 경제가 추가적인 모멘텀을 잃을 것을 의미한다.

스웨덴

GDP 성장률: 1.0%

1인당 GDP: 6만 4,529달러(PPP: 6만 9,070달러)

인플레이션: 4.0%

재정수지(GDP 대비, %): −0.2

인구: 1,050만 명

소수 여당 정부의 우파 및 중도우파 정당으로 구성되고 외부에서 극우파 스웨덴 민주(Sweden Democrats)당이 지원을 해주는 형태의 거추장스러운 정치 체제는 2026년에 임기가 끝나기 전에 무너져 내릴지도 모른다. 하지만 야당 사회민주당(Social Democratic Party)은 여론 조사에서 월등히 앞서가고 있지만, 안정성을 가져오기에 더 나은 위치에 있다고 할 수 없다. 정치적 불확실성은 정책 결정의 속도를 늦추겠지만, 범죄와의 전쟁, 안보 강화, 기후 목표 달성에 초점을 맞춘 의제는 서서히 진전을 보일 것이다.

스위스

GDP 성장률: 1.0%

1인당 GDP: 9만 9,502달러(PPP: 9만 1,060달러)

인플레이션: 1.3%

재정수지(GDP 대비, %): −0.3

인구: 890만 명

입법부가 일곱 명의 간부를 선출하는 스위스의 고유 정치 체계는 이념적 스펙트럼을 가로지른 이해관계가 대변되도록 보장한다. 정책은 에너지 안보와 친환경 에너지 계획을 강화하고, (스위스 기준으로) 재정에 부주의했던 기간 이후 공공 재정을 손보면서 위기에 시달렸던 2023년 이후 금융 부문의 신뢰를 재건하는 데 초점을 맞출 것이다. 개선되는 시장 상황은 경제에 도움을 줄 것이다.

튀르키예

GDP 성장률: 2.7%

1인당 GDP: 1만 1,147달러(PPP: 4만 1,400달러)

인플레이션: 49.3%

재정수지(GDP 대비, %): −4.0

인구: 8,630만 명

레제프 타이이프 에르도안 대통령은 (총리로 보낸 세 번의 임기 이후) 세 번째 연임을 시작하면서 점점 더 독재적이고 예측이 어려운 정부를 관장할 것이다. 2024년 3월 지역 선거는 그의 인기를, 특히 야당 근거지이자 가장 큰 도시인 이스탄불에서 시험해볼 기회를 제공할 것이다. 에르도안 대통령의 서구에 대한 외교 정책은 계속 거래적일 것이다. 정부는 일반적인 경제 정책을 채택하는 방법으로 인플레이션을 가라앉히는 데 초점을 맞추겠지만 인플레이션은 2024년 중반까지 결정적인 감소세를 보이지 않을 것이다.

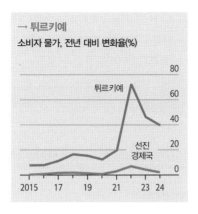

→ 튀르키예

소비자 물가, 전년 대비 변화율(%)

튀르키예

선진
경제국

80
60
40
20
0

2015 17 19 21 23 24

우크라이나

GDP 성장률: 3.2%

1인당 GDP: 5,209달러(PPP: 1만 3,390달러)

인플레이션: 5.2%

재정수지(GDP 대비, %): -18.3

인구: 3,700만 명

2024년 초에 예정된 대선은 계엄령 아래에서 연기될 것이다. 만약 그렇게 된다면, 정부와 볼로디미르 젤렌스키(Volodymyr Zelensky) 대통령은 넓은 대중의 지지를 받으며 자리를 지킬 것이다. 국내의 인도주의적 위기를 완화하고 외국의 지원을 강화하면서 러시아와 전쟁을 치르는 것은 입도적인 우선순위일 것이다. 부정부패 방지 노력은 계속 국민과 우크라이나의 서구 지원군들 모두를 위한 우선순위일 것이다. 경제는 성장하겠지만 수년간 전쟁 전 수준으로 회복하지 못할 것이다.

볼거리: 폴 댄스. 만약 국내에서 선거가 치러지지 않는다면 우크라이나인들은 트럼프의 승리가 전쟁의 균형을 바꿀 수 있는 미국 선거에 주목할 것이다.

영국

GDP 성장률: 0.7%

1인당 GDP: 5만 4,800달러(PPP: 5만 8,640달러)

인플레이션: 2.6%

재정수지(GDP 대비, %): -4.3

인구: 6,800만 명

국내와 해외에서 연속으로 발생한 문제들로 인해 수낵 총리가 이끄는 보수당은 2024년 말에 예정된 선거에서 14년 만에 야당인 노동당에 권력을 양도할 가능성이 높다. 깊은 내부 분열은 수낵 총리가 넉넉한 다수당을 지휘하고 있음에도 마지막 달을 정당의 인기를 재건하는 데 사용하지 못하게 막을 것이다. 공공 지출은 예산 제약이 누그러지면서 증가하겠지만, 위태로운 공공 서비스를 재활성화하기에는 부족할 것이다.

아시아

호주

GDP 성장률: 1.9%

1인당 GDP: 6만 6,969달러(PPP: 7만 1,240달러)

인플레이션: 3.2%

재정수지(GDP 대비, %): −1.1

인구: 2,660만 명

외부에서 녹색(Greens)당과 무소속 당원들의 지지를 받는 중도좌파 노동당(Labor Party) 정부는 공공 서비스 강화, 사업 환경 개선, 친환경 전환 가속화를 위해 노력할 것이다. 원주민의 정치적 대표성을 신장하겠다는 당의 제의가 2023년 10월 국민 투표에서 받아들여지지 않았지만, 노동당은 정권을 유지할 것이다. 영국, 미국과 맺은 AUKUS 협의체는 중국과의 마찰이라는 희생을 치르고 안보를 강화할 것이다. 높은 금리는 걸림돌이 되겠지만, 글로벌 상품 수요 회복은 무역에 힘을 실어줄 것이다.

방글라데시

GDP 성장률: 6.2%

1인당 GDP: 2,615달러(PPP: 8,740달러)

인플레이션: 8.8%

재정수지(GDP 대비, %): −5.4

인구: 1억 7,470만 명

아와미 연맹(Awami League, AL) 정부는 견고한 임명 제도와 군사 지원을 기반으로 의회에서 과반을 유지할 것이다. 셰이크 하시나(Sheikh Hasina) 총리(2024년의 인물 참고)는 2024년 초 선거에서 승리하고 네 번째 임기를 시작하

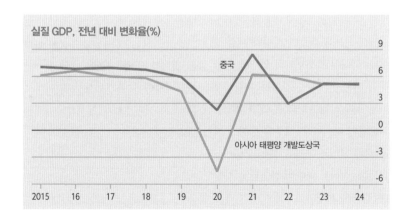

실질 GDP, 전년 대비 변화율(%)

중국

아시아 태평양 개발도상국

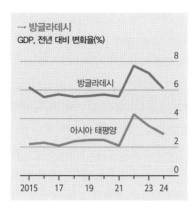

→ 방글라데시
GDP, 전년 대비 변화율(%)

방글라데시

아시아 태평양

2015 17 19 21 23 24

겠지만, 이후 승계에 대한 추측이 난 무하면서 아와미 연맹 내부의 관계에 긴장감을 불어넣을 수 있다. 생활비 상승에 대한 대중의 불만이 공공 집회로 나타날 수 있지만, 이는 정부의 재임 기간에 큰 위협이 되지 않을 것이다. 경제 성장은 2011년 이후 한 해를 제외하고 매년 6%씩 이뤄졌으며, 2024년에도 같은 결과가 나타나면서 지역 평균을 앞지를 것이다.

볼거리: 베이워치. 방글라데시는 전략적인 벵골만의 위치를 활용해 지역 강국으로부터 원조와 혜택을 확보할 것이다.

중국

GDP 성장률: 4.8%

1인당 GDP: 1만 3,601달러(PPP: 2만 5,250달러)

인플레이션: 1.9%

재정수지(GDP 대비, %): -3.4

인구: 14억 명

시진핑은 세 번째 임기에 그의 '제로 코비드' 정책으로 인한 불만을 누그러뜨리려는 목적의 기관 개편을 활용해 통제를 더 강화할 것이다. 현재로서 중국은 대만에 대한 야망을 참고 있다. 경제는 초과 생산 능력, 수요 저하, 부동산 부문의 격변, 청년 실업, 부채 우려에 짓눌려서 저속 기어로 바뀌고 있다. 수요 주도 경제로의 전환은 하락하는 인구 통계 (적은 인구와 노동 인구 감소) 속에서 느리게 일어날 것이다.

볼거리: 파헤칠 수 있겠어? 4월 선전에서 세계 터널 회의(World Tunnel Congress)가 '더 나은 삶을 위한 터널링'이라는 슬로건으로 개최될 것이다.

홍콩

GDP 성장률: 3.2%

1인당 GDP: 5만 3,227달러(PPP: 7만 5,610달러)

인플레이션: 1.6%

재정수지(GDP 대비, %): 0.0

인구: 760만 명

2020년 국가보안법의 시행이 정치적 자유를 제한하고 반대 세력을 억누르면서 주요 사회적 불안을 가라앉히겠지만, 정부는 상업적 안건과 관련된 법률 제도와 사법 체계가 안정을 유지하도록 보장할 것이다. 입법부의 개혁은 야당의 정밀 조사를 축소하고 존 리(John Lee) 행정장관과 그의 본토 담당자들 아래 추가적인 권력을 집중시키면서 정책 입안을 간소화할 것이다. 중국과 세계 경제를 연결하는 경제의 고유한 역할은 성장을 촉진할 것이다.

공 서비스의 '라스트마일 배송'을 비롯한 그의 정책 덕분에 4월과 5월에 예정된 선거에서 정권을 유지할 것이다. 그렇기는 하지만 주요 야당인 회의(Congress)당은 일부 국가 차원의 선거에서 치열하게 경쟁할 예정이다. 정부는 인도를 공급망에 더 가까이 연결하려고 사회 기반 시설 개선과 규제 개혁에 계속 초점을 맞출 것이다. 경제 성장은 억눌린 수요가 충족되면서 속도를 늦출 것이다.

볼거리: 서쪽으로 가? 인도의 서구 친화적인 태도는 시크교 분리주의자의 죽음과 관련된 캐나다와의 분쟁으로 인해 시험대에 오를 것이다.

인도

GDP 성장률: 6.0%

1인당 GDP: 2,727달러(PPP: 9,890달러)

인플레이션: 4.8%

재정수지(GDP 대비, %): −5.5

인구: 14억 4,200만 명

인도 인민당(Bharatiya Janata Party) 정부는 나렌드라 모디 총리의 인기와 공

인도네시아

GDP 성장률: 5.1%

1인당 GDP: 5,359달러(PPP: 1만 7,110달러)

2024년의 인물

방글라데시에서 **셰이크 하시나** 총리는 연속의 상징이다. 인도의 분할 한 달 뒤 태어난 그녀는 방글라데시가 세워졌을 때 20대 중반이었다[그녀의 아버지 셰이크 무지부르 라만(Sheikh Mujibur Rahman)은 초대 대통령이었다]. 1996년 처음 총리가 되었고, 이후 네 번의 임기를 맡으면서 세계에서 가장 오래 집권한 여성 국가 원수가 됐다. 1월에 그녀는 다섯 번째 승리를 거머쥐려고 한다. 그녀의 무자비함과 권위주의적 성향 때문에 아시아의 철의 여인이라는 이름을 얻게 됐다. 그녀는 지속 성장과 빈곤의 급격한 감소를 감독해왔다. 하지만 생활비 인상, 급진 이슬람 세력의 위협, 저지대에 자리한 모국의 기후 변화 등의 문제가 기다리고 있다. 은유적으로, 그리고 실제로도 먹구름이 모여들고 있다.

인플레이션: 2.2%

재정수지(GDP 대비, %): −2.5

인구: 2억 7,640만 명

정치는 2월 선거 이후 임기 만료가 임박한 조코 위도도(조코위) 대통령의 퇴진에 주목할 것이다. 조코위의 중도좌파 정당은 과반수를 유지하고 당의 후보이자 중부 자바의 주지사인 간자르 프라노워가 대통령직을 꿰찰 것이다. 조코위의 '빅 텐트(big tent)' 전략은 정치적 안정성을 지원하며 지속할 것이다. 인도네시아는 중국과 계속 신중하지만 우호적인 관계를 유지할 것이다. 경제는 상품 수출과 소비자 지출 덕분에 5% 이상으로 계속 성장할 것이다.

일본

GDP 성장률: 1.1%

1인당 GDP: 3만 9,009달러(PPP: 5만 990달러)

인플레이션: 1.5%

재정수지(GDP 대비, %): −4.6

인구: 1억 2,260만 명

기시다 후미오(Kishida Fumio) 총리는 2024년 초반 몇 개월 안에 이른 총선을 치를 것이며, 이 선거에서 자신이 이끄는 자유민주당을 승자로 만들 것

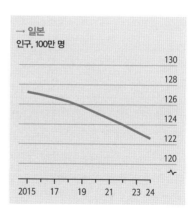

→ 일본
인구, 100만 명

연도	값
130	
128	
126	
124	
122	
120	

2015 17 19 21 23 24

이다. 이것은 국방 예산과 출산 장려 용도의 사회 복지 지출이 증가함에 따라 필요한 세수 확대를 추진할 수 있게 해줄 것이다. 외교 정책은 일본의 대미 핵심 관계에 더 강력한 경제적 유대와 지역 방어를 추가할 것이다. 국내 수요는 경제를 계속 나아가게 할 것이다.

볼거리: 베이징과의 갈등 완화. 대중 관계는 긴장 상태이지만, 일본은 직접적인 갈등을 피하고자 안보와 경제적 이익의 균형을 찾으려고 노력할 것이다.

카자흐스탄

GDP 성장률: 5.5%

1인당 GDP: 1만 4,143달러(PPP: 3만 6,600달러)

인플레이션: 8.6%

재정수지(GDP 대비, %): −1.3

인구: 1,980만 명

카심-조마르트 토카예프(Kassym-Jo-mart Tokayev) 대통령은 불만 가득한 대중을 달래는 데 2022년 폭력 시위 이후에 생긴 명목적인 정치의 틈새를 활용할 것이다. 사실 카자흐스탄은 독재 국가로 남았고 그 어디에서도 진정한 정치적 다원주의는 찾아볼 수 없다. 경제 성장은 높아진 글로벌 가격 가운데 수출과 탄탄한 석유 생산 덕분에 되살아날 것이다. 수출 경로는 여전히 러시아의 제재로 지장을 받을 위험에 놓일 것이다.

볼거리: 염소 잡아채기. 아스타나는 레슬링, 활쏘기, 말을 탄 선수들이 염소 사체를 옮기는 콕 보루(Kok boru)를 특징으로 하는 다섯 번째 세계 유목민 게임(World Nomad Game)을 주최할 예정이다.

말레이시아

GDP 성장률: 4.4%

1인당 GDP: 1만 3,581달러(PPP: 3만 7,800달러)

인플레이션: 1.9%

재정수지(GDP 대비, %): -4.3

인구: 3,470만 명

안와르 이브라힘(Anwar Ibrahim)은 강력한 보수 파당을 포함하는 연합의 개혁주의 리더이므로, 그가 움직일 수 있는 공간은 제한될 것이다. 이전 정부 연합이 주요 야당인 이슬람 범말레이시아 이슬람당(Islamist Pan-Malaysian Islamic Party)과 협력하기를 꺼리는 상황이 이브라힘의 권한을 강화하는 동안, 비말레이계보다 말레이계를 우대하는 정책인 부미푸트라(bumiputera) 체계를 해체하려는 열망은 정치적 평화를 유지하기 위해 보류될 것이다. 소비자 지출은 성장이 지속하도록 유지할 것이다.

뉴질랜드

GDP 성장률: 2.6%

1인당 GDP: 5만 856달러(PPP: 5만 4,200달러)

인플레이션: 2.3%

재정수지(GDP 대비, %): -1.0

인구: 530만 명

6년간 이어진 노동당(Labour Party) 정부의 집권 이후 보수파인 국민당(National Party)은 2023년 10월 선거에서 결정적인 승리를 거뒀다. 범죄와 세금에 대한 우려는 물론, 물가 상승 지속이 촉발한 생활비 위기는 노동당을 침몰시켰다. 신임 총리로 선출된 전 사업가 크리스토퍼 럭슨(Christopher Luxon)은 국가의 통제를 줄이고, 주택 시장을 신장시키고, 마오리 원주민을 향한 관심을 줄이겠다고 약속했다. 경제는 한 번 하락한 뒤 회복할 것이다.

파키스탄

GDP 성장률: -0.3%

1인당 GDP: 1,295달러(PPP: 6,630달러)

인플레이션: 21.3%

재정수지(GDP 대비, %): -6.7

인구: 2억 4,520만 명

불발된 경제에 대한 불만에도 불구하고 집권 정당인 파키스탄 이슬람 동맹(Pakistan Muslim League, Nawaz) 정부는 2024년 초에 예정된 선거에서 권력을 유지할 태세였다. 특히 주요 야당 인사인 이므란 칸(Imran Khan)이 선거 전에 투옥됐기 때문이다. 높은 인플레이션과 세금에 반발해 일어날 수 있는 시위의 가능성으로 인해 정치적 불안정성의 위험이 계속된다. 강력한 군대는 불안을 가라앉히겠지만, IMF 합의에 대한 대중의 반대는 곪아 터질 것이다.

필리핀

GDP 성장률: 5.9%

1인당 GDP: 3,982달러(PPP: 1만 1,500달러)

인플레이션: 3.3%

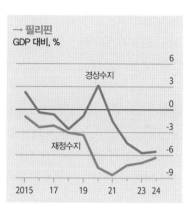

→ 필리핀
GDP 대비, %

재정수지(GDP 대비, %): -6.3

인구: 1억 1,910만 명

2025년 5월 중간 선거가 다가오는 동안 정치적 음모가 격렬해지겠지만, 페르디난드 '봉봉' 마르코스 주니어(Ferdinand 'Bongbong' Marcos Junior) 대통령은 비즈니스 환경 개선과 (중국의 반감에도 불구하고) 미국과의 유대 강화를 포함한 의제를 강행할 것이다. 뜨거운 경제가 예산 격차와 경상수지 적자를 늘리겠지만, 팬데믹과 러시아의 우크라이나 침략의 영향이 줄어들면서 탄탄한 따라잡기 성장(catch-up growth)이 재개될 것이다.

싱가포르

GDP 성장률: 2.5%

1인당 GDP: 9만 5,929달러(PPP: 13만 7,000달러)

인플레이션: 3.1%

재정수지(GDP 대비, %): -0.1

인구: 580만 명

총선은 오랫동안 집권해온 인민행동당(People's Action Party)이 2023년 추문으로부터 회복할 시간을 만들어주기 위해 2025년으로 연기될 것이다. 이는 선거 이후 리셴룽(Lee Hsien Loong) 총리의 후임이 될 것이라 예상되는 부총리이자 재무장관인 로런스 웡(Lawrence Wong)에게도 권한을 확립할 시간을 줄 것이다. 경제는 높은 인플레이션과 수출 약세가 2023년 GDP 성장을 깎은 뒤 추세로 되돌아갈 것이다.

볼거리: 홈 스위트 홈. 다국적 기업들은 중국이 홍콩을 쥐고 있는 상황에서 지역 본사로서 싱가포르를 선호할 것이다.

대한민국

GDP 성장률: 2.4%

1인당 GDP: 3만 4,666달러(PPP: 5만 5,300달러)

인플레이션: 1.8%

재정수지(GDP 대비, %): -2.3

인구: 5,170만 명

윤석열 대통령의 보수당 국민의힘 정부는 일자리 제한을 풀고 민간 투자를 신장하기 위해 감세와 규제 완화를 목표로 삼을 것이다. 노동 조합과 야당인 민주당으로부터 저항을 받겠지만, 이는 국민의힘이 과반수를 확보할 가능성이 큰 4월 총선 이후로 누그러질 수 있다. 세계 경제의 회복은 대한민국의 수출 주도형 제조 부문에 힘을 실어줄 것이다.

스리랑카

GDP 성장률: 5.6%

1인당 GDP: 5,707달러(PPP: 1만 5,150달러)

인플레이션: 3.3%

재정수지(GDP 대비, %): -6.9

인구: 2,200만 명

국회에 있는 정당의 유일한 대표로서 라닐 위크레마싱헤(Ranil Wickremesinghe)가 정책을 추진하려면 동맹을 만드는 것이 매우 중요하지만, 깊이 갈라진 정치 지형에서 동맹을 만들기가 쉽지 않을 것이다. 위크레마싱헤는 2024년 후반에 재선되려고 노력하겠지만, 중도좌파 국가 국민의힘(National People's Power)당의 아누라 쿠마라 디사나야케(Anura Kumara Dissanayake)가 그를 대체할 좋은 위치에 자리 잡은 상황에서 아마 실패할 것이다. 이동하는 권력 균형은 IMF 합의에 나쁜 징조이지만, 어느 정도의 안정성은 경제가 최근 참사로부터 다시 회복하는 데 도움을 줄 수 있다.

대만

GDP 성장률: 3.2%

1인당 GDP: 3만 2,775달러(PPP: 8만 40달러)

인플레이션: 1.7%

재정수지(GDP 대비, %): 0.1

인구: 2,320만 명

1월에 예정된 총선과 대선에서 집권 당인 DPP가 중국에 대한 회의론이 커지는 여론의 도움을 받아 또 한 번의 승리를 쟁취할 것이다. 현재의 부통령 라이칭더가 수장의 자리를 차지하면서 그를 독립 지지자라고 여기는 중국과의 갈등을 심화시킬 것이다. 미국과 중국이 벌이는 기술 싸움이 반도체 산업에 계속 어렴풋이 드러나겠지만, 경제는 회복할 것이다.

볼거리: 당근은 많이, 채찍은 적게. 중국은 군사적 위협이 여론을 흔들지 않았다는 사실을 알고 대만에 대한 지원을 늘릴 것이다.

태국

GDP 성장률: 4.2%

1인당 GDP: 8,186달러(PPP: 2만 3,470달러)

인플레이션: 2.7%

재정수지(GDP 대비, %): -3.4

인구: 7,190만 명

전 야당 프어타이당(Pheu Thai Party, PTP)의 세타 타위신(Srettha Thavisin)은 새로운 11개 정당 연합 정부를 이끌 것이다. 이 연합 정부에는 프어타이당의 경쟁 상대였던 군사 협력 정당들이 포함될 것이다. 이는 2023년 선거에서 승리한 개혁주의 전진당(Move Forward Party)이 권력을 잡는 것을 막으려는 옛 경쟁자들 사이의 새로운 정치 연맹을 시사한다. 새 정부는 몇 가지 민주적인 개혁을 시도하겠지만, 현상에 도전하지는 않을 것이다. 관광업에 대한 재정적 지원과 회복은 경제를 들어 올릴 것이다.

볼거리: 남부의 불편함. 이슬람교도가 과반을 차지한 남부 지역 세 곳에서 반란이 들끓겠지만, 국가적 안정을 위협하지는 않을 것이다.

우즈베키스탄

GDP 성장률: 5.2%

1인당 GDP: 2,636달러(PPP: 1만 2,910달러)

인플레이션: 8.4%

재정수지(GDP 대비, %): -2.4

인구: 3,570만 명

2023년 임기 제한이 폐지되면서 샤브카트 미르지요예프(Shavkat Mirziyoyev) 대통령이 정치판을 장악할 것이다. 대통령은 해외 투자와 민간 투자를 들어 올리기 위한 경제 자율화에 집중할 것이다. 소비자 지출은 경제에 힘을 실어주겠지만, 부패, 국가 간섭, 지정학적 긴장 상태는 성장에 제한을 가할 것이다.

베트남

GDP 성장률: 6.0%

1인당 GDP: 4,937달러(PPP: 1만 5,610달러)

인플레이션: 2.4%

재정수지(GDP 대비, %): -2.6

인구: 9,950만 명

응우옌 푸 쫑(Nguyuen Phu Trong) 서기장은 세 번째 임기를 수행 중이며, 그의 임기를 위협하는 주요 요인은 허약한 건강 상태다. 서기장은 자신의 후임을 공개적으로 지지하지 않았지만, 2026년 그의 임기가 끝나면 고삐를 넘겨받을 가장 유력한 후보는 팜 민 찐(Pham Minh Chinh) 총리와 부응딘 후에(Vuong Dinh Hue) 국회의장이다. 정권은 사업 규제를 완화하고 심각한 부패를 추적하겠지만, 부정 이득은 고질적인 것으로 남을 것이다. 경제는 무역 개선에 반응하고 회복할 것이다.

볼거리: 비우호적인 이웃. 시위자들은 정권이 저항할 중국의 위협에 더 강력한 대응을 원할 것이다.

북아메리카

캐나다

GDP 성장률: 0.9%

1인당 GDP: 5만 7,859달러(PPP: 6만 2,930달러)

인플레이션: 2.3%

재정수지(GDP 대비, %): -1.3

인구: 3,910만 명

세 번째 임기 중인 쥐스탱 트뤼도 총리가 이끄는 소수당 자유당 정부는 한 법안을 제정하는 데 좌파 성향의 신민주당(New Democratic Party, NDP)의 협

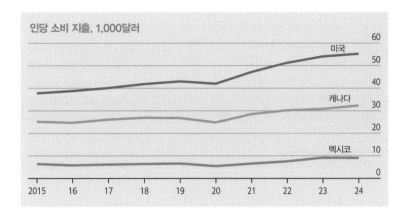

인당 소비 지출, 1,000달러

미국

캐나다

멕시코

2015 16 17 18 19 20 21 22 23 24

력에 의지하지만, 2025년에 만료되는 임기를 다 채울 것이다. 정부는 배출량을 줄이고, 원주민의 권리를 보호하고, 인플레이션과 싸우는 것을 목표로 할 것이다. 야당인 보수당이 이끄는 주들은 정책에 제동을 걸 것이다. 낮은 금리와 '친환경' 지출이 성장을 도울 것이다.

볼거리: 여론 조사 주시. 조사에서 자유당이 중국에 의한 선거 개입에 관대했다고 드러난다면 선거가 이른 시기에 치러질 수 있다.

멕시코

GDP 성장률: 1.9%

1인당 GDP: 1만 4,561달러(PPP: 2만 4,540달러)

인플레이션: 3.9%

재정수지(GDP 대비, %): -4.9

인구: 1억 2,940만 명

6월에 예정된 선거에서 좌파 성향의 모레나(Morena)당은 과반수 의석을 유지하겠지만, 임기에 묶인 리더 오브라도르 대통령 없이 해낼 것이다. AMLO라고 불리는 대통령은 권력을 중앙에 집중시키는 와중에도 여전히 인기가 많다. 가장 유력한 당선 후보로 꼽히는 전 멕시코 시티 시장 클로디아 쉰바움(Claudia Shinbaum)은 후광으로부터 혜택을 받을 것이다(2024년의 인물 참고). 생산 시설을 자국과 더 가까운 곳으로 끌어오려는 미국의 노력은 성장을 촉진하겠지만, 안전성 우려와 낮은 생산성은 방해물이 될 것이다.

미국

GDP 성장률: 0.8%

1인당 GDP: 8만 2,620달러(PPP: 8만 2,620달러)

인플레이션: 2.2%

멕시코에서는 여자 대통령이 선출된 적 없지만, 2024년 6월의 선거는 두 명의 여성 간의 경주로 귀결될지도 모른다. 호치틀 갈베즈(Xóchitl Gálvez)는 야당 좌우 연합을 위해 뛰겠지만, 여론 조사는 집권당 모레나당의 **클로디아 쉰바움**이 그녀를 이길 것이라고 시사했다. 물리학자, 환경공학자, 전 멕시코 시티 시장인 쉰바움은 2023년 선거에 다시 나올 수 없는 현 대통령 안드레스 마누엘 로페스 오브라도르가 지명했다. 그녀는 오브라도르 대통령의 평등과 친환경 전환 노력을 계속 이어나가겠지만, 동시에 자신의 유산을 구축하기 위해 반부패 기관을 설립하고 경찰 수를 늘릴 것이다.

재정수지(GDP 대비, %): −5.7

인구: 3억 4,180만 명

하원에서는 공화당, 상원에서는 민주당의 근소한 과반은 임기의 마지막 해를 시작하는 바이든 대통령이 주로 행정 명령을 통해 정책을 시행하는 것을 제한할 것이다. 바이든 대통령은 2024년 11월, 바이든 대통령이 당선된 2020년 선거에서 아직도 자신의 승리를 주장하는 트럼프 전 대통령의 경쟁자로 재선에 입후보할 것이다. 경제는 침체를 피하겠지만, 소비자들이 코로나 시기에 저축해둔 돈이 고갈되면서 뜨뜻미지근할 것이다.

볼거리: 감방 표결. 공화당 현수막을 단 트럼프 전 대통령의 선거 캠페인은 형사 기소 중인 후보의 첫 캠페인일 것이다.

라틴아메리카

아르헨티나

GDP 성장률: −2.1%

1인당 GDP: 1만 931달러(PPP: 2만 5,270달러)

인플레이션: 139.5%

재정수지(GDP 대비, %): −2.2

인구: 4,610만 명

연말에 아르헨티나는 경제부 장관이자 페론주의 후보인 세르히오 마사와 공공 지출을 삭감하고, 모든 공기업을 매각하고, 페소를 버리고 미국 달러를 채택하고자 하는 하비에르 밀레이가 맞붙을 대선 결선 투표로 향했다. 경쟁은 치열하겠지만, 3등 주자인 파트리샤 불리치(Patricia Bullrich)의 지지를 확보한 밀레이는 자기 입장을 순화해야 할지 모른다. 누가 승리하든, 그 당은 세 자릿수 인플레이션에서 고삐를

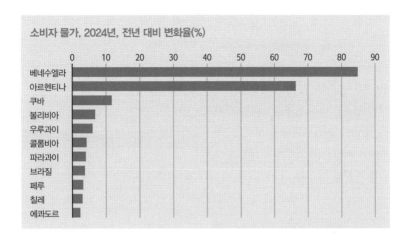

소비자 물가, 2024년, 전년 대비 변화율(%)

잡아야 하는 도전을 마주할 것이다.

볼리비아

GDP 성장률: 2.1%

1인당 GDP: 3,418달러(PPP: 9,840달러)

인플레이션: 5.9%

재정수지(GDP 대비, %): −6.7

인구: 1,260만 명

집권당인 좌파 사회주의운동당(Movimiento Al Socialismo, MAS)은 혼란에 빠졌다. 2023년 10월에 당의 리더 에보 모랄레스(Evo Morales) 전 대통령은 루이스 아르세(Luis Arce) 대통령을 쫓아내고, 모랄레스 전 대통령을 2025년 선거의 대선 후보로 선발한 내부 선거를 이끌었다. 이에 대응해 아르세 대통령은 자신만의 정치 집단을 구성하고 있다. 입법부의 활동은 반정부 시위가 격해지면서 서서히 멈출 것이다. 환율 압박은 국제 수지 위기를 초래할 수 있다.

브라질

GDP 성장률: 1.5%

1인당 GDP: 1만 813달러(PPP: 2만 160달러)

인플레이션: 3.8%

재정수지(GDP 대비, %): −7.5

인구: 2억 1,150만 명

좌익 루이스 이나시우 룰라 다 시우바(Luiz Inácio Lula da Silva) 대통령은 야당인 우경 세력이 시행한 민영화와 경제 개혁 자유화의 폐지 등 자신의 의제를 적대적인 입법부에서 통과시키는 데 어려움을 겪을 것이다. 의회에서 소비의 성장이 세입을 초과하지 않도록 유지하는 새로운 국가 재정 프레임워크를 승인하긴 했지만, 아마존의 벌목을 제한하고 원주민의 권리를 보호하려는 캠페인 역시 역풍을 마주할 것이다. 룰라의 간섭주의적 의제 아래 쇠약해지는 경제는 그에 대한 대중의 지지를 약화할 것이다.

칠레

GDP 성장률: 2.0%

1인당 GDP: 1만 7,030달러(PPP: 3만 3,270달러)

인플레이션: 3.3%

재정수지(GDP 대비, %): -2.5

인구: 1,970만 명

좌익 가브리엘 보리치 대통령은 연속으로 강타를 당했고, 2023년이 끝날 무렵 유권자들 앞에 펼쳐질 예정인 두 번째 헌법 개정 시도와 함께 또 다른 타격을 입을 예정이었다. 대담해진 우경 야당은 헌법 초안을 무효로 하고 정부의 의제에 있는 더 급진적인 제안들을 가로막을 것이다. 재정 정책과 통화 정책에 대한 보리치 대통령의 신중한 접근은 사회복지비 지출을 늘리고자 하는 일부 정부 파벌로부터 저항을 마주할 것이다.

볼거리: 광산은 나의 것. 구리 생산 업체에 적용되는 새로운 광산 사용료 제도가 시행되면서, 지역 개발 GDP의 0.5%에 해당하는 수익을 창출할 것이다.

콜롬비아

GDP 성장률: 2.8%

1인당 GDP: 8,292달러(PPP: 2만 2,260달러)

인플레이션: 4.0%

재정수지(GDP 대비, %): -4.1

인구: 5,230만 명

야당이 장악한 의회는 노동, 보건, 연금 개혁과 실직자를 위한 공공 부문 일자리, 석유 및 가스 탐사의 신규 허가 중단을 포함한 포퓰리스트 좌익 구스타보 페트로 대통령의 선언문에 일정 수준의 실용주의를 강요할 것이다. 부진한 한 해가 지나고 경제는 다시 반등하겠지만 페트로 대통령의 국가 통제주의적 개혁의 전망에 대한 투자자들의 우려는 성장을 제한할 것이다.

볼거리: 지하, 지상. 수도 보고타에 지하철을 개통하는 프로젝트는 대통령과 시장이 터널과 고가교 중 무엇을 지을지를 둘러싸고 반목하면서 교착 상태에 빠질지도 모른다.

쿠바

GDP 성장률: 3.6%

1인당 GDP: 2,556달러(PPP: 1만 6,570달러)

인플레이션: 11.4%

재정수지(GDP 대비, %): -7.2

인구: 1,120만 명

공산주의당(Communist Party) 정부는 자유의 제한, 상품 부족, 생활 수준 하락에 대한 대중의 불만을 마주하겠지만, 계속 집권할 것이다. 정부는 조심스럽게 자유화 개혁을 계속 추진할 것이고, 이는 경쟁력을 개선할 것이다. 경제는 포스트 팬데믹 관광업 회복과 미국 제재 완화의 도움을 받아서 회복할 것이다.

에콰도르

GDP 성장률: 1.7%

1인당 GDP: 6,798달러(PPP: 1만 3,760달러)

인플레이션: 2.0%

재정수지(GDP 대비, %): -1.9

인구: 1,830만 명

중도우파의 정치적 아웃사이더이자 바나나 사업의 후계자인 다니엘 노보아(Daniel Noboa)는 급증하는 마약과 집단 폭력을 배경으로 시행된 2023

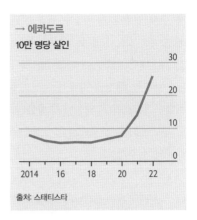

→ 에콰도르

10만 명당 살인

출처: 스태티스타

년 10월 대선에서 당선됐다. 그는 탄핵을 피하려고 의회를 해산한 기예르모 라소(Guillermo Lasso)의 남은 임기를 마무리 지을 것이다. 새로운 선거는 2025년에 예정돼 있다. 노보아 대통령은 시장 친화적인 정책을 유지하겠지만, 달러화된 경제를 방어하기 위한 고금리가 성장을 약화할 것이다.

파라과이

GDP 성장률: 4.1%

1인당 GDP: 6,320달러(PPP: 1만 6,340달러)

인플레이션: 4.0%

재정수지(GDP 대비, %): -2.0

인구: 770만 명

2023년 8월에 우익 콜로라도당(Colorado Party)은 전 재무장관인 산티아고 페냐(Santiago Peña) 대통령 아래에서 세 번째 연임을 시작했다. 재정 적자를 줄이는 것은 물론 교육, 보건, 기반시설에 대한 지출은 우선순위일 것이다. 정당 내 경쟁은 정치적 안정성에 위협이 될 것이다. 날씨에 영향을 많이 받는 경제는 변덕스럽겠지만 수월히 확장할 것이다.

페루

GDP 성장률: 2.5%

1인당 GDP: 8,487달러(PPP: 1만 6,090달러)

인플레이션: 3.6%

재정수지(GDP 대비, %): -2.0

인구: 3,400만 명

좌파 성향의 포퓰리스트 페드로 카스티요(Pedro Castillo)가 이끌었던 혼돈의 정부가 무너져내린 이후 취임한 디나 볼루아르테(Dina Boluarte) 대통령은 2026년까지 임기를 수행할 예정이다. 그러나 그녀의 임기는 반정부 시위의 재개나 취약한 입법부 연합으로 인해 줄어들 수 있다. 정치적 불안정성과 정책 마비는 악천후와 마찬가지로 고성장기에 지장을 줬다. 강력한 무역 연계는 2024년에 보통 수준의 회복을 뒷받침할 것이다.

우루과이

GDP 성장률: 3.0%

1인당 GDP: 2만 5,353달러(PPP: 3만 140달러)

인플레이션: 5.5%

재정수지(GDP 대비, %): -3.2

인구: 350만 명

루이스 라카예 포우(Luis Lacalle Pou) 대통령이 이끄는 중도우파 연합은 노동조합으로부터의 극심한 반대에도 불구하고 기업 친화적인 의제를 일부 통과시켰지만, 2024년 10월 선거가 가까워질수록 닳아 해어지고 있다. 포퓰리스트 민족주의자 카빌도 아비에르토(Cabildo Abierto)당은 라카예 대통령이 입법적 과반을 차지했다는 사실을 부인하면서 선거 전에 독자적인 단체를 설립하려고 연합에서 떠날 가능성이 있다. 가뭄이 닥쳤던 2023년 이후 성장은 회복될 것이다.

베네수엘라

GDP 성장률: 3.5%

1인당 GDP: 3,545달러(PPP: 6,370달러)

인플레이션: 94.2%

재정수지(GDP 대비, %): -2.8

인구: 2,830만 명

2024년 초의 선거는 니콜라스 마두로(Nicolás Maduro) 대통령의 정부에게 자동 찬성에 불과할 것이다. 대통령은 방위군과 사법 체계에 대한 권한과 견고한 후원 네트워크를 야당을 열외로 밀어내는 데 사용할 것이다. 매력이 떨어지는 사업 환경과 만성적인 투자 부족은 경제 성장을 제한할 것이다.

중동과 아프리카

장기 집권한 압델 부테플리카(Abdelaziz Bouteflika)의 2019년 축출 이후 정권을 장악한 압델마드지드 테분(Abdelmadjid Tebboune) 대통령은 전임자의 권력 네트워크를 대체로 굳게 붙들었고 2024년에 예정된 선거에서 또 한 번의 승리를 거둘 것이다. 유럽이 러시아에서 선회한 덕분에 석유와 가스 수출은 높은 수준을 유지하겠지만, 수입은 하락하는 가격에 의해 제한될 것이다.

알제리

GDP 성장률: 2.5%

1인당 GDP: 4,821달러(PPP: 1만 3,820달러)

인플레이션: 7.5%

재정수지(GDP 대비, %): −7.3

인구: 4,800만 명

앙골라

GDP 성장률: 3.0%

1인당 GDP: 2,399달러(PPP: 7,250달러)

인플레이션: 17.8%

재정수지(GDP 대비, %): −0.7

인구: 3,780만 명

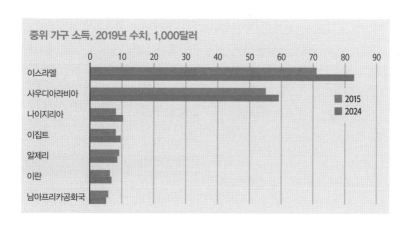

중위 가구 소득, 2019년 수치, 1,000달러

■ 2015
■ 2024

이스라엘 / 사우디아라비아 / 나이지리아 / 이집트 / 알제리 / 이란 / 남아프리카공화국

주앙 로렌수(João Lourenço) 대통령의 정부는 실직과 생활비에 반발한 대중에 관대한 복지 지원과 가혹한 탄압을 혼합해 대응할 것이다. 정부는 장기 경제 다각화 계획을 내세우겠지만, 단기 경제는 석유와 가스에 계속 의존할 것이다. 혹사당한 유정의 석유 생산량은 앙골라의 OPEC 한도에 못 미치겠지만, 농업과 다른 부문이 정부의 장려책에 반응하면서 경제는 반등할 것이다.

카메룬

GDP 성장률: 4.6%

1인당 GDP: 1,964달러(PPP: 4,850달러)

인플레이션: 3.9%

재정수지(GDP 대비, %): -0.5

인구: 2,940만 명

폴 비야(Paul Biya) 대통령의 정부는 점점 더 커지는 안보 위협과 침체되는 경제를 마주하겠지만 집권을 이어나갈 것이다. 서부 앵글로폰(Anglophone) 지역들의 분리주의 갈등과 최북단 무장 단체와의 갈등은 계속될 것이다. 경제는 석유 생산이 감소하면서 성장이 느려질 것이고, 정부는 재정 적자를 줄여야 한다는 압박과 마주한다. 재정 관리와 사업 환경 개선의 더딘 진척에 대한 우려에도 불구하고 IMF 재정 지원은 계속 중요할 것이다.

볼거리: 내 뒤에. 2024년에 91세가 된, 세계 최고령의 국가 수장 비야 대통령은 자신의 후계자로 아들을 대비시키고 있지만, 그의 급작스러운 사망은 불안을 촉발할 것이다.

이집트

GDP 성장률: 3.1%

1인당 GDP: 2,809달러(PPP: 1만 7,770달러)

인플레이션: 26.9%

재정수지(GDP 대비, %): -8.3

인구: 1억 740만 명

생활비 위기가 대중의 불만을 부추기면서 2023년 12월 선거에서 승리한 뒤 시작될 것으로 기대되는 압델 파타 엘시시 대통령의 세 번째 임기는 그 어느 때보다 힘겨울 것이다. 그는 권력을 더 세게 움켜쥐면서 이에 대응할 것이다. 수출은 경제에서 보통 수준의 회복을 일으키겠지만, 극심한 재정 압박, 높은 식료품 가격과 유가 때문에 걸프 후원자들의 금전적 지원이 필요해질 것이다.

에티오피아

GDP 성장률: 6.2%

1인당 GDP: 1,252달러(PPP: 3,200달러)

인플레이션: 27.2%

재정수지(GDP 대비, %): -4.4

인구: 1억 2,970만 명

북부 티그라이(Tigray) 지역의 분리주의자들과 맺은 평화 협정은 허술하며, 재개된 갈등의 위험은 크다. 아비 아머드(Abiy Ahmed) 총리의 정부는 경제 실적을 개선하고 해외 투자를 끌어들이려고 민영화와 통화 안정 등의 경제 개혁을 추진할 것이다. 성장은 인상적이겠지만, 10년도 안 지난 시기에 발표됐던 10~11%의 연간 성장률에 미치지 못할 것이다.

이란

GDP 성장률: 2.1%

1인당 GDP: 3,386달러(PPP: 1억 8,240달러)

인플레이션: 30.0%

재정수지(GDP 대비, %): -4.4

인구: 8,920만 명

앞선 수 차례의 진압이 정권의 정당성을 약화하는 역할밖에 하지 못하면서, 정부는 대중의 동요로부터 점점 더 큰 위협을 마주할 것이다. 최고지도자 아야톨라 알리 하메네이는 쇠약해졌고, 계획에 없던 승계 싸움은 이란을 더 불안정하게 만들 것이다. 이란은 자국의 석유를 판매할 수출 시장을 찾겠지만, 중국 말고는 구매자가 별로 없을 것이다. 인플레이션은 30%에 도달할 것이다.

이라크

GDP 성장률: 2.9%

1인당 GDP: 5,843달러(PPP: 1만 1,050달러)

인플레이션: 3.3%

재정수지(GDP 대비, %): -9.2

인구: 4,440만 명

모하메드 시아 알-수다니(Mohammed Shia al-Sudani) 정부는 상대적으로 평온했던, 익숙지 못한 기간을 선사했지만, 아마도 2024년 선거가 다가오면서 시위가 다시 일어날 것이다. 무장한 투쟁자들은 바그다드 밖에서 평화를 깨뜨릴 것이다. 위험 요소들은 투자에 악영향을 미칠 것이다. 석유 생산량은 급증하겠지만, 공식 목표를 달성하지는 못할 것이다.

이스라엘

GDP 성장률: 3.4%

1인당 GDP: 5만 6,778달러(PPP: 5만 4,120달러)

인플레이션: 2.6%

재정수지(GDP 대비, %): -2.5

인구: 990만 명

무장 세력은 10월 후안무치한 하마스의 공격 이후 가자에 폭격을 퍼부었지만, 포로로 잡혀간 이스라엘인의 존재는 사태를 복잡하게 만들 것이다. 새로운 연합 정부는 우익 총리 베냐민 네타냐후(Benjamin Netanyahu)의 힘을 강화하고, 아랍 국가들과의 화해를 좌절시킬 것이다. 그로 인해 나타나는 불안정성이 사법적 문제에 대한 갈등에 더해져서 경제 발전을 저지할 것이다.

요르단

GDP 성장률: 2.5%

1인당 GDP: 4,766달러(PPP: 1만 2,190달러)

인플레이션: 1.8%

재정수지(GDP 대비, %): -5.2

인구: 1,140만 명

사회적 불안이 높은 실업률과 생활 수준 하락을 반영해 부풀어 오르겠지만, 압둘라 왕은 권력을 유지하기 위해 방위군을 장악한 권력과 시기적절한 헌법 수정을 활용할 것이다. 정책은 기초 물품과 서비스의 부족을 해소하는 것에 초점을 맞출 것이다. 2024년 11월의 선거는 무관심 속에서 시행될 것이다.

볼거리: 순이익. 2024년에 통신사 오렌지와 움니아가 5G 네트워크를 확장하면서, 요르단의 디지털 기반 시설 변화에 한 획을 그을 것이다.

케냐

GDP 성장률: 5.2%

1인당 GDP: 1,976달러(PPP: 6,460달러)

인플레이션: 5.8%

재정수지(GDP 대비, %): -4.4

인구: 5,620만 명

첫 임기를 수행 중인 윌리엄 루토(William Ruto) 대통령과 그의 케냐 콴자(Kenya Kwanza) 연대는 과반수 의석을 활용해 맹렬한 정치적 반대와 부패 문화에 맞서 시장 친화적인 개혁을 밀어붙일 것이다. 정부는 기술과 기반 시설 지출을 통해 사업 조건을 개선하려고 노력할 것이다.

레바논

GDP 성장률: 2.1%

1인당 GDP: 3,641달러(PPP: 1만 3,180달러)

인플레이션: 96.3%

재정수지(GDP 대비, %): -2.4

인구: 670만 명

2023년 말 영구 정부의 취임에 대한 정치적 교착 상태를 해결하는 합의가 가능해졌고, 이는 대단히 파괴적이었던 6년간의 침체 이후 신뢰의 회복을 시사했다. 국제 지원과 회복하는 무역, 투자, 관광업은 경제 성장을 돕겠지만, 최근의 손실을 메꾸기에는 부족할 것이다.

리비아

GDP 성장률: 7.7%

1인당 GDP: 7,024달러(PPP: 2만 4,070달러)

인플레이션: 2.1%

재정수지(GDP 대비, %): 10.2

인구: 730만 명

재개된 내전을 배제할 순 없겠지만 연합 정부 취임을 가능하게 할, 오래 연기된 선거의 시행 가능성이 커질 것이다. 어떤 시나리오로 진행되든, 격렬한 국내 경쟁과 이웃 나라 수단의 갈등 때문에 안보는 위태로울 것이다. 석유 수출은 일관된 경제 회복을 지지할 것이다.

모로코

GDP 성장률: 3.1%

1인당 GDP: 4,063달러(PPP: 1만 600달러)

인플레이션: 3.9%

재정수지(GDP 대비, %): −4.1

인구: 3,820만 명

9월에 모로코의 관광 도시 마라케시 주변 산악 지대에서 거대한 지진이 일어났다. 복원 작업이 진행 중이지만, 최소한 초기에 관광객들은 마라케시 방문을 꺼릴 것이다. 생산량은 타격을 입겠지만, 심각한 타격은 아닐 것이다. 더딘 지진 대응이 실업과 인플레이션에 대한 긴장 상태에 더해질 것이다.

나이지리아

GDP 성장률: 2.6%

1인당 GDP: 1,506달러(PPP: 6,240달러)

인플레이션: 23.5%

재정수지(GDP 대비, %): −4.6

인구: 2억 2,920만 명

신임 대통령 볼라 티누부는 높은 인플레이션, 안보 위협, 인종 갈등을 마주하고 있다. 그의 시장 친화적 개혁은 일부 유권자들에게 인기가 없겠지만, 해외 투자를 끌어오며 시간이 지남에 따라 경제를 부양할 것이다. 석유가 풍부한 나이저 델타(Niger Delta) 분리 지지자들의 압박은 수익 분배를 더 공평하게 만들려는 새로운 법 체계에도 불구하고 계속될 것이다. 수출은 경제에 힘을 실어줄 것이다.

사우디아라비아

GDP 성장률: 2.9%

1인당 GDP: 3만 2,097달러(PPP: 6만 9,980달러)

인플레이션: 2.1%

재정수지(GDP 대비, %): 1.0

인구: 3,370만 명

빈 살만 왕세자는 왕, 그러니까 그의 아버지의 공식적인 권력 이양 여부와 상관없이 사실상 통치자로서 자신의 역할을 서서히 굳힐 것이다. 그는 경제를 자유화하고 다각화하는 계획을 강행하겠지만, 그의 정치 통제는 타협적이지 않을 것이다. 청년들의 불만은 곪아 터질 것이다. 왕국은 OPEC의 생산량 전략의 선봉에 서면서, 석유 관련 수입을 안정화할 것이다.

남아프리카공화국

GDP 성장률: 1.8%

1인당 GDP: 6,971달러(PPP: 1만 7,390달러)

인플레이션: 4.7%

재정수지(GDP 대비, %): -6.0

인구: 6,100만 명

시릴 라마포사 대통령은 그가 이끄는 ANC보다 인기가 많고, 5월에 예정된 선거에서 두 번째 임기에 당선될 것이다. 그럼에도 ANC는 과반수 의석을 확보하지 못하면서 파트너를 필요로 할지 모른다. 1994년 첫 민주적 선거 이후 단독으로 국가를 이끌어온 정당에 연합 정부 정치는 어려운 시험이 될 것이다.

시리아

GDP 성장률: 4.6%

1인당 GDP: 5,699달러(PPP: 4,290달러)

인플레이션: 45.3%

재정수지(GDP 대비, %): -4.9

인구: 1,850만 명

바샤르 알 아사드(Bashar al-Assad) 대통령은 이제 시리아를 대부분 통제하고 있는 군대의 도움을 받아 권력을 유지할 것이다. 정부는 석유와 가스가 풍부한 쿠르드 지역에 대한 영향력을 신장하기 위해 쿠르드인 주도의 무장 연합인 시리아민주군(Syrian Democratic Forces)과 협상할 것이다.

민주적 자격이 공식 득표수로 측정된다면 르완다의 **폴 카가메** 대통령은 본보기다. 2015년에 유권자의 98%의 동의를 받아 헌법의 임기 제한을 철폐한 이후 그는 2017년 선거에서 99%로 수월한 승리를 거뒀다. 이 선거에 참여한 야당 초록민주당(Democratic Green Party) 후보는 "우리 정당에서 아무도 살해당하거나 투옥되지 않았다"라며 진척을 축하했다. 2024년에 카가메 대통령이 네 번째 임기에 도전하면서, 더 환상적인 수치가 기대된다. 해외의 관찰자들은 또다시 반칙을 외치겠지만, 그의 성과는 놀랍게도 좋다. 그가 집권하는 동안 경제 규모는 4배 불어났고, 빈곤율은 60% 초과에서 50% 미만으로 떨어졌다. 네 번째 임기는 사업 조건을 개선하는 데 초점을 맞출 것이며, 다섯 번째 임기로 무리 없이 이어질 것이다.

2024년의 인물

물가와 환율 압박이 누그러지면서 성장을 도울 것이다.

짐바브웨

GDP 성장률: 3.2%

1인당 GDP: 1,457달러(PPP: 2,940달러)

인플레이션: 40.8%

재정수지(GDP 대비, %): −1.0

인구: 1,580만 명

집권당인 짐바브웨 아프리카 민족 연맹 애국 전선(Zanu-PF) 정당은 문제가 많았던 2023년 8월 선거에서 승리를 거두면서 에머슨 음낭가과(Emmerson Mnangagwa)에게 두 번째 임기를 건네줬다. 경제는 적은 투자와 통화 약세로 고통받는다. 2024년에 인플레이션은, 500%를 초과했던 2019년 수치와 85% 정도였던 일 년 전 수준에서 떨어져 약 20%로 끝날 것이다.

→ 짐바브웨
소비자 물가, 전년 대비 변화율(%)

THE WORLD AHEAD 2024

2024년 숫자로 본 산업별 전망

특별한 표시가 없는 수치는 모두 2024년 예상치다.
세계 총계는 세계 GDP의 95% 이상을 차지하는 60개국을 기준으로 했다.

출처: london@eiu.com ECONOMIST INTELLIGENCE

2024년 10대 비즈니스 트렌드

1
미국 연준이사회를 비롯한 중앙은행들은 물가 상승세가 둔화함에 따라 금리를 인하하기 시작한다. 하지만 전 세계 인플레이션이 여전히 5%에 머물러 있는 상황에서 소비자들은 여전히 절약한다.

미국 연방기금 금리, 연말(%)

2020	21	22	23	24
0.1	0.1	4.4	5.4	4.9

2
기후 변화를 늦추기 위한 노력 속에서 재생 에너지 소비가 11% 증가해 최고치를 기록한다. 하지만 화석 연료는 여전히 에너지 수요의 5분의 4 이상을 감당한다.

3
IT 지출이 약 9% 증가하며 회복세를 보인다. AI는 과하다 싶을 정도의 관심을 받겠지만, 수익은 거의 발생하지 않고 면밀한 검토가 많이 이뤄진다.

4
세계가 필요로 하는 인프라와 공급되는 인프라의 격차는 3조 달러에 달한다. 인프라 공백을 메우기 위해 아시아의 총 고정 투자는 4% 증가한다.

5
미국 대통령 선거와 파리 올림픽과 같은 대형 스포츠 이벤트 덕분에 광고 업계의 수익이 5% 증가한다.

6
국제 관광은 지정학적, 경제적 불확실성을 극복하고, 고물가와 팬데믹 이후의 여행 욕구에 힘입어 1조 5,000억 달러의 기록적인 수익을 창출한다.

7
고령화되는 세계는 건강 관련 지출이 많아진다. 인구 10명 중 1명이 65세 이상인 상황에서, 전 세계 GDP의 10분의 1을 차지하는 것이 바로 의료 서비스다.

8
미국은 우크라이나를 지원하고 중국에 대항하기 위해 8,860억 달러를 국방비로 지출하며, 일본, 대만, 필리핀을 포함한 이웃 국가들도 국방력을 강화한다.

9
전기 자동차는 정부의 강력한 지원에 힘입어 빠르게 발전한다. 신차 4대 중 1대는 플러그인 하이브리드 자동차이며, 이 중 절반 이상이 중국에서 판매된다.

전 세계 신차 판매량 대비 전기차 비중(%)

2020	21	22	23	24
7	12	18	20	24

10
미국 기업의 60%가 재택근무를 허용하면서 미국 사무실의 5분의 1이 빈다. 덜 느긋한 EU의 고용주들은 공실률을 8%로 유지한다.

기업 환경

2024년에는 중국과 미국의 긴장이 고조되고 우크라이나와 가자 지구에서 전쟁이 계속되면서 지정학이 다시 부상할 것이다. 인플레이션은 하락하고 금리는 안정될 것이며, 공급망 문제는 완화되고 원자재 가격도 안정될 것이다. 하지만 부유한 국가들의 경제 성장이 부진한 가운데 전 세계 GDP는 2.2% 성장하는 데 그칠 것이다. 개발도상국 경제는 상황이 좀 낫겠지만, 중국은 경쟁국들에 기업 투자를 잃게될 것이다. 기업들은 새로운 환경 규제와 전 세계적인 최저세에 직면하게될 것이다.

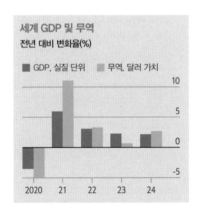

세계 GDP 및 무역
전년 대비 변화율(%)

■ GDP, 실질 단위　■ 무역, 달러 가치

자동차

자동차 산업은 2024년에도 저성장 기조를 유지할 것이다. 전 세계적 판매량은 2023년보다 신차 판매량은 3%, 상용차 판매량은 1% 증가에 그쳐 팬데믹 이전 수준에 미치지 못할 것이다. 프랑스 도시들에서 디젤 차량이 금지됨에 따라 디젤 차량은 더 많은 저공해 구역에서 문제가 될 것이다. 하지만 전기 자동차는 앞서 나갈 것이다. 신차의 거의 25%가 플러그인 하이브리드 전기차가 될 것이며, 그중 절반 이상이 중국에서 판매될 것이다. 수익성이 거의 없는 전기차 시장은 여전히 정부 지원에 의존할 것이다. 중국 자동차 제조 업체는 세금 감면 연장(및 수출 증가)의 혜택을 입을 것이다. 미국 구매자는 전기차에 대한 세액 공제를 딜러에게 양도해 표시 가격을 낮출 수 있을 것이다. 영국 자동차 제조 업체는 판매량의 22%를 플러그인 하이브리드 전기차로 만들어야 하며, 현지에서 생산된 부품을 충분히 사용하지 않는 경우 브렉시트 이후 생겨난 관세를 내야 한다.

미국, 중국, 일본, EU가 전기차와 배터리 생산에 대한 투자 경쟁을 벌이면서 유사한 내용의 규칙들이 계속 부담으로 작용할 것이다. 미국은 이를 위해 약 1,080억 달러를 투입하겠다고 약속했고, 배터리 생산 능력을 거의 두 배로 늘릴 것으로 예상된다. 르노(Renault)는 파트너인 닛산(Nissan)과 함께 소유하고 있는 전기차 사업체 암페어(Ampere)를 상장해서 지분을 보유할 계획이다. 네트워크 표준이 다양해짐에 따라 테슬라형 충전기는 유럽 및 중국산 충전기와 경쟁하게 될 것이다. 자율주행은 EU와 미국 연방 규제 기관에서 새로운 규칙을 적용받게 될 것이다.

주목할 점: 더 나은 배터리. 리튬 이온 배터리는 2024년에 고션(Gotion)사의 리튬 망간 인산철 배터리와 BYD사의 저렴한 나트륨 이온 배터리 등 새로운 도전자들을 만나게 될 것이다. 혁신적인 고체 배터리는 시간이 좀 더 걸릴 수 있다. 중국의 SAIC사는 2024년에 준비가 될 것이라 말하지만 토요타와 다른 업체들은 2027년을 목표로 하고 있다.

방위 및 항공우주

우크라이나가 싸움을 이어가고 미·중 관계가 악화함에 따라, 군사 강대국들은 국방 예산을 늘릴 것이다. 나토 회원국의 약 3분의 1이 GDP의 2% 이상을 국방비로 지출한다는 오래된 목표를 달성할 것으로 예상되며, 이는 나토 동맹의 75번째 생일 선물이 될 것이다. 나토에 새로 가입한 핀란드도 그중 한 국가가 될 것이다. 영국과 폴란드는 목표를 무난히 달성할 것으로 보이지만, 프랑스는 살짝 미치지 못할 것으로 예상된다. 또 다른 신규 가입국인 스웨덴도 목표에 미치지 못할 것이다. 세계 최대 국방비 지출국인 미국은 약 8,860억 달러를 쏟아부을 것이다. 약 130억 달러가 우크라이나로 보내져 지금까지 보내진 450억 달러에 추가될 예정이다. 추가적인 경비 지출은 미국 공군에 차세대 전투기를 마련해 줄 것이다. 미국인들이 52년 만에 달을 다시 방문하는 가운데(접근 비행), 미국의 이러한 돈 쓰기에 힘입어 첨단 군사 스타트업들은 벤처 자본을 유치하고 우주 방위가 강화될 것이다. 하지만 미국의 총 국방 예산은 3% 증가에 그쳐 인플레이션과 중국의 일반적인 증가율인 약 7%에 못 미칠 것이다. 중국에 대한 두려움이 아시아의 국방 지출을 늘릴 것이다. 필리핀은 두 자릿수 인상을, 일본은 사상 최고 수준의 예산을 계획하고 있다. 대만은 의무적인 군 복무를 연장하고 드론 방어를 구축할 것이다. 여전히 러시아 무기를 가장 많이 구매하는 인도는 서방 국가들에다 하는 주문으로 위험 부담을 없애려 할 것이다. 중국의 무기 제조 업체들은 파키스탄에서의 지출 급증으로 혜택을 볼 것이다. 그리고 중국, 일본, 미국은 러시아가 극초음속 미사일을 더 광범위하게 배치함에 따라 이를 개발하고 탐지하기 위한 노력을 배가할 것이다.

에너지

2024년 재생 에너지 사용량은 11% 증가해 사상 최고치를 기록하겠지만, 화석 연료가 에너지 수요의 약 80% 이상을 감당할 것이다. 경제가 회복됨에 따라 석유 소비는 1% 증가할 것이다. 하지만 사우디아라비아와 미국, 러시아의 생산량 증가로 유가는 배럴당 85달러 이하로 떨어질 것이다. 석탄에 대한 투자자들의 의구심에도 불구하고 석탄과 가스 사용량도 증가할 것이다. 영국, 그리고 아마도 이탈리아는 석탄 화력 발전소를 폐쇄할 테지만, 아시아 산업계의 더러운 물질에 대한 갈망은 더욱 강해질 것이다.

2024년에 연료를 태우는 것은 1990년에 비해 탄소 배출량이 70% 더 많을 것이고, 이것은 청정에너지 목표와 어긋난다. 영국의 탄소 중립 목표는 영국 기업들에게 배출량 감축을 강제할 것이다. EU는 '그린딜'에 따라 보조금을 지급할 것이다. 미국은 에너지 절약을, 중국은 덜 탄소 집약적인 성장을 목표로 삼을 것이다.

풍력 및 태양광 소비는 미국의 인플레이션 감소법과 '리파워이유(REPowerEU)' 계획에 힘입어 2019년의 두 배 수준에 도달할 것이다. 재생 에너지 생산 비용은 하락하겠지만 여전히 2020년 수준보다 10~15% 높을 것이다. 방글라데시, 터키와 같은 신규 원전 도입국을 포함해 최소 11개의 원자로가 가동될 것이다. 독일, 요르단, 그리고 다른 나라에서 수소 투자가 증가하고 있다. 그렇지만 원자력과 재생 에너지를 합쳐도 전체 에너지 공급량의 20% 미만을 차지할 것이다. 가뭄으로 인해 수력 전기의 공급이 중단되는 등 기후 변화가 한 가지 장벽이 될 것이다.

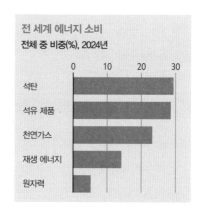

전 세계 에너지 소비
전체 중 비중(%), 2024년

금융 서비스

2024년에는 금리 상승이 멈추고 많은 은행의 수익이 감소할 것이다. 순이자 수익이 줄어들고 상업용 부동산 포트폴리오에 충격이 가해지면, 미국 대출 기관들이 타격을 입을 것이다. EU 은행들 대부분은 힘든 2023년 이후, 부실 대출이 감소하고 채권 발행을 통해 중앙은행에 대한 의존도가 낮아질 것이다. 아시아 은행들은 중국이 어려움을 겪고 있는 부동산 시장에 대한 지원을 확대함에 따라 더 강성한 성장을 기록할 것이다.

디지털 뱅킹으로의 전환에 따라 은행 지점과 현금 인출기 수는 더욱 감소할 것이다. EU 은행들은 은행 스테이블코인을 검토하고, 브라질 은행들은 디지털 헤알(Real)화를 지지할 것이다. 하지만 핀테크의 구조 조정은 아직 끝나지 않았고, 많은 투자자는 스타트업들로부터 수익을 요구하고 있다. 신흥 시장과 기술주의 호조 덕분에 주식 시장은 번영할 것이다. 런던은 주식 거래를 빼앗으려는 EU의 시도에 저항할 것이며, 아시아 금융에서는 인도가 부상할 것이다.

금융 전반에 걸쳐 규제가 강화될 것이다. 3분의 2의 국가에서 '바젤 III 은행업 위험 규칙'의 시행이 최종 단계에 접어들 것이다. 미국은 은행 자본 요건을 강화할 것이다. 보험사들 역시 새로운 자본 규칙과 증가하는 기후 관련 요구에 직면하게 될 것이다.

주목할 점: 금융 환경. 2024년에는 기후 관련 보고가 활성화될 것이다. 국제 지속 가능성 표준 위원회(International Sustainability Standards Board)는 환경, 사회 및 거버넌스(ESG) 위험에 대한 두 가지 글로벌 표준을 발표할 예정이며, 이는 더 엄격한 EU 규칙 그리고 아마도 더 느슨할 가능성이 있는 미국 규칙과 경쟁할 것이다.

식량 및 농업

〈이코노미스트〉의 자매 회사인 이코노미스트 인텔리전스는 2024년에 농산물 가격 지수가 연료 및 비료 가격 하락과 풍작으로 인해 2년 연속 하락할 것으로 예측한다. 하지만 이런 전망과 세계 식량 공급에는 많은 위험이 있다. 전쟁과 악천후로 인해 3억 4,500만 명 이상의 사람들이 굶주림에 시달릴 것이다. 흑해 식량 벨트에 불확실성이 만연해 있고, 러시아의 우크라이나 곡물 수출 봉쇄로 전 세계 식량 공급이 위험에 처할 수 있다. 태평양의 더 따뜻해진 해수로 인한 엘니뇨 현상은 세계 경제에 3조 달러의 손실을 초래할 수 있는 변덕스러운 날씨를 만들어낼 것이다. 엘니뇨는 2024년 중반 즈음 사라질 것으로 예상되지만 아프리카, 아시아, 중앙아메리카의 농작물 수확량을 감소시킬 위험이 있다('WHAT IF?' 참조).

각국 정부는 보조금과 가격 통제를 통

해 이러한 문제들에 대응할 것이다. 주요 식량 생산국인 인도는 쌀과 설탕의 수출을 제한했다. 건강한 식습관이 다시 유행할 것이다. 캐나다는 정크 푸드 광고에 대한 제한을 논의할 예정이고, 폴란드는 미성년자에 대한 에너지 음료 판매를 금지할 계획이다. 콜롬비아와 필리핀과 같은 개발도상국들도 설탕 음료와 가공식품에 대한 세금을 인상할 것이다.

주목할 점: 파우더의 힘. 2024년 핀란드 회사인 솔라 푸드(Solar Foods)는 가스 발효를 통해 미생물의 먹이가 되는 단백질 파우더를 제조할 예정이다. 광합성 없이 제조되는 솔레인(Solein)은 사람의 아미노산 필요를 충족시킬 수 있을 것으로 예상된다. 이미 싱가포르에서 승인된 이 제품은 임박한 단백질 부족에 대응하는 데 도움이 될 수 있다.

13조 6,000억 달러

2024년 식음료 및 담배에 대한 전 세계 수요는 전년 대비 5% 증가할 것으로 예상된다.

 WHAT IF?

기후 변화가 비즈니스에 미치는 위협은 꾸준히 증가하고 있다. 지구 기온이 산업화 이전 수준보다 1.5℃ 이상 상승할 것이 확실시되고 있는데(세계 정상들은 2015년 파리에서 그런 일은 일어나지 않아야 한다고 합의한 바 있다), 단지 그게 언제냐 하는 게 문제일 뿐이다. 과학자들은 2023~2027년 사이에 그런 일이 발생할 확률이 66%에 달하며, 2023년에 발생한 엘니뇨 기상 패턴은 더 따뜻한 날씨를 예고한다고 말한다. **2024년에 지구 기온이 1.5℃ 임계점을 넘으면 어떻게 될까?** 기온 상승은 농작물 수확량에 타격을 입히고 인플레이션 하락에 대한 기대에 찬물을 끼었을 것이다. 이와 함께 무더운 날씨로 인해 쇼핑객들이 집에 머무르게 되어 소비재 제조 업체들은 가격 인하 압박에 직면할 수 있다. 따뜻한 겨울과 무더운 여름은 프랑스 스키 리조트부터 미국 놀이공원에 이르기까지 다양한 비즈니스에 타격을 줄 것이다. 물류, 배송 및 건설 분야에서는 노동 생산성이 저하될 것이다. 이미 찌는 듯한 더운 날씨로 인해 유피에스(UPS), 아마존과 같은 기업들에서 파업이 발생했다. 에어컨 사용 증가로 전 세계적으로 정전이 발생할 수 있다. 허리케인이나 산불에 취약한 지역의 주택 보험료가 오를 것이며, 미국의 많은 지역이 보험에 가입할 수 없게 될 것이다. 비즈니스에 좋지 않은 기후는 다른 많은 것에도 영향을 미치게 될 것이다.

의료

2024년 의료 서비스 산업에서 돈이 모든 병을 치료할 수는 없다. 팬데믹과 인플레이션으로 인해 의료비 지출은 여전히 전 세계 GDP의 10% 이상을 차지할 테지만, 나이지리아 국민의 기대 수명은 홍콩 국민보다 30년 낮을 것이다. 그럼에도 불구하고 10%에 달하는 인류의 나이는 65세이거나 그보다 많을 것이다. 인구가 고령화되는 선진국들은 의료 인력을 확보하기 위해 경쟁할 것이다. 더 많은 의료진이 번아웃에 시달릴 것이고, 일부는 일을 그만두게 될 것이다.

각국 정부는 그 공백을 메우기 위해 애쓸 것이다. 거의 80%에 달하는(코로나 이전 75%에 비해 증가한 수치) 지출이 세금이나 의무 보험과 같은 공공 재원에서 나올 것이다. 이집트는 보편적 의료 보험을 더 많은 도시로 확대하고 슬로베니아는 장기 치료 계획을 준비할 것이다. 인도는 선거를 앞두고 의료비 지출을 늘리기 위해 애쓸 것이다. 미국은 비용 절감과 주에 따라 낙태권 폐지 또는 방어에 집중할 것이다. 개인 의료 서비스는 고르지 않은 성장을 보일 것이다. 아마존과 월마트는 병원들을 새로 운영할 예정이지만 시브이에스 헬스(CVS Health)는 직원

을 감축할 것이다.

전 세계 제약 매출은 1조 6,000억 달러를 넘어설 것이며, 미국이 3분의 1, 중국이 10분의 1을 차지할 것이다. 특허 만료가 증가하고 있다. 2024년에는 많은 생명공학 의약품을 포함해 380억 달러 규모의 의약품이 더 저렴한 복제 제약품과의 경쟁에 직면할 것이다. 비만 치료제의 임상 시험이 증가함에 따라 연구자들은 mRNA 특허를 놓고 치열한 경쟁을 벌일 것이다. 팬데믹은 거의 사라질 테지만 잊히지는 않을 것이다. 전 세계적인 합의 초안은 다음 팬데믹에 대비하는 데 도움이 될 것이다.

주목할 점: 사망의 정의. 일부 사법권 영역에서는 신체 기능에 중요한 뇌간이 멈추는 것을 기준으로 사망 여부를 판단한다. 다른 영역에서는 모든 뇌 활동이 중단되어야 한다고 주장

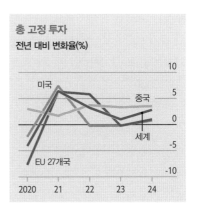

총 고정 투자
전년 대비 변화율(%)

한다. 2024년 중반에 예정된 미국의 사망 결정 통일법(Uniform Determination of Death Act)의 개혁은 이러한 차이를 해소해 생명 유지 장치를 중단할 시기를 결정하는 가족과 의사에게 조금이나마 도움을 주는 것을 목표로 한다.

10.3%

2024년, GDP 대비 전 세계 의료비 지출은 팬데믹 이전인 2019년의 10%보다 커질 것으로 예상된다.

기반 시설

미국의 노후화된 인프라를 개선하는 것은 유권자들이 대통령을 선택할 때 고려하는 최우선 순위는 아닐 수 있다. 그럼에도 불구하고 바이든 미국 대통령은 전기와 교통을 부흥시키려는 자신의 노력을 자랑할 것이다. 하지만 보상은 더디게 올 수 있다. 인프라 지출을 나타내는 미국의 총 고정 투자는 2024년 실질 기준으로 1% 미만 증가할 것으로 예상되는 반면, 전 세계는 2.7% 증가할 것이다. 이 속도라면 2020~2029년 사이 10년간 미국의 인프라 지출과 수요 사이의 격차는 2조 6,000억 달러, 즉 연간 2,600억 달러에 달할 것이다.

아시아의 격차는 더 큰데, 전 세계적 연간 격차 총 3조 달러 중에서 4,590억 달러를 차지할 것이다. 하지만 아시아의 총 고정 투자는 2024년에 4%의 높은 증가율을 보일 것이다. 인도네시아에서만 280억 달러가 할당되어 새로운 자본 형성에 쓰일 것이다. 중국은 디지털 인프라와 폐기물 처리에 집중할 것이다. 독일은 친환경 인프라에 610억 달러를 쏟아부으며 EU의 1% 투자 성장을 주도할 것이다.

대부분 중국에서 이뤄질 태양광과 풍력에 대한 투자는 세계 기록을 세울 것이다. 발트해 연안 국가들은 러시아의 파워 게임을 두려워해서 러시아와 연결된 자국의 송전망을 끊고 중유럽과 연결할 것이다. 테슬라를 비롯한 자동차 제조 업체들이 충전 네트워크를 구축할 것이고, 인도는 자동차에 열광하는 미국에 필적하는 투자를 통해 고속도로를 건설할 것이다.

주목할 점: 벨트인가 쇠사슬인가? 10년이 넘은 중국의 BRI는 새로운 시작이 필요하다. 아프리카에 대한 투자는 감소했고 파키스탄은 빚더미에 올라 있으며 이탈리아는 그만두고 싶어 한다. 2024년에 중국은 다시 미국에 이어 해외 직접 투자가 두 번째로 많은 나라가 될 것이다. 하지만 중국은 BRI 프로젝트를 더 신중하게 심사할 것이며, 영향력을 행사하기 위해 브릭스에 기댈 것이다('WHAT IF?' 참조).

컨설팅 업체인 가트너(Gartner)에 따르면, 지난 몇 년 동안 주춤했던 전 세계 IT 지출이 2024년에 회복세를 보이며 9% 가까이 증가할 것으로 전망된다. 하드웨어에 대한 지출이 다시 증가할 것이다. 개인용 컴퓨터 출하량은 2억 6,100만 대로 반등하나, 2019년보다는 낮은 수준일 것이다. AI가 기술 부문에서 가장 주목받는 유행어가 될 것이다. 기업들은 생산성 향상, 비용 절감, 위험 관리를 위해 AI와 여타 신기술에 주목할 것이다. 하지만 AI는 옹호론자들이 희망하는 만큼 수익을 창출하지는 못할 것이다.

EU는 2024년 '디지털 시장법'이 본격적으로 시행되면 모태적인 글로벌 기술 규제 기관으로서의 위상을 강화할 것이다. AI를 전문적으로 다루는 법안이 마련될 것이고, 규제 당국은 봇(bot)에 대한 규제를 시도할 것이다. 알고리즘은 허위 정보와 사이버 봇에 대한 우려를 불러일으킬 것이며, EU 규제 당국은 다시 한번 적극적으로 대응할 것이다. 10월까지 EU 회원국들은 사이버 범죄를 막기 위한 지침을 준수해야 한다. 한편 유럽중앙은행은

 WHAT IF?

중국 위안화가 세계 기축 통화가 될 수 있을까? 국제 무역과 결제에 위안화를 사용하려는 중국의 노력에도 불구하고 그것은 오랫동안 먼 미래의 일처럼 보였다. 전 세계 무역과 금융에서 위안화가 차지하는 비중은 5%에 불과한 반면, 미국 달러는 85%를 차지하고, 외환 보유고의 경우 59%를 차지한다. 위안화의 불태환성은 큰 단점이다. 하지만 2024년 1월부터 브릭스 그룹(브라질, 러시아, 인도, 중국, 남아프리카공화국)이 브릭스 플러스(BRICS+, 기존 브릭스에 아르헨티나, 이집트, 에티오피아, 이란, 사우디아라비아, 아랍에미리트가 추가됨)로 되면서 위안화는 탄력을 받을 것이다. **만약 브릭스 플러스가 무역에 중국 위안화를 사용하기 시작하면 어떻게 될까?** 브릭스 회원국은 수출의 25%와 석유 무역의 42%를 차지하고 있다. 사실 브릭스 국가들 대부분은 달러에 의존하고 있으며 일부는 통화를 달러에 고정하고 있다. 하지만 브라질과 러시아는 이미 중국과 위안화로 거래하고 있다. 이란은 중국에 위안화로 석유를 판매해 제재를 우회하고 있다. 아르헨티나는 위안화 스와프를 통해 IMF 부채를 상환했다. 2024년에 아랍에미리트와 사우디아라비아가 브릭스 플러스와 석유 거래를 위안화로 하기로 합의하고 브라질이 아르헨티나와의 거래에 위안화를 채택하면, 달러의 지배력은 약화할 것이다.

주요 은행들의 경제적으로 불확실한 시기의 사이버 탄력성에 대한 스트레스 테스트를 실시할 예정이다.

공급 과잉이 메모리칩(주로 가전 제품에 사용되는)과 같은 품목에 영향을 미치더라도, 기술 발전은 좀 더 발전한 반도체에 대한 수요를 자극할 것이다. 서구 정부들은 반도체 제조 업체를 자국으로 유인하고 중국의 지배력에 맞서기 위해 보조금을 내세울 것이다. 하지만 노동력이 부족하고 공장 개장이 지연되었다는 내용의 머리기사들이 예상된다. 주목할 만한 것 중 하나는 원래 2024년으로 예정되어 있었지만 2025년으로 연기된, TSMC의 첫 미국 반도체 공장의 가동 연기다. 지정학적 목적에 따라 공급망을 재설계하는 것은 기술 혁신 자체가 쉬운 일인 것처럼 보이게 할 수도 있다.

49.2대

2024년 전 세계 인구 100명당 개인용 컴퓨터 보유량은 2019년 45.7대에 비해 증가할 것으로 예상된다.

미디어 및 엔터테인먼트

전 세계 광고 총 수입이 실망스러웠던 2023년 이후 2024년에는 반등하리라는 기대가 높다. 거대 미디어 기업인 덴쓰(Dentsu)는 미국 대선과 파리 올림픽, 축구에서의 유로 2024 덕분에 광고 총 수입이 2024년에는 5% 가까이 성장한 7,625억 달러에 이를 것으로 전망하고 있다. 디지털 광고가 지출의 거의 절반을 차지할 것이다. 소비자 지출 둔화를 상쇄하기 위해 매장과 웹사이트에 표시되는 전자 광고 자리를 판매하려는 소매업자들의 노력이 디지털 광고의 규모를 커지게 할 것이다.

디지털 광고가 급증하면서 개인 정보 보호에 대한 우려도 커지고 있다. 구글은 2024년에 드디어 제3자 쿠키를 차단하는 것과 관련해서 애플의 모범을 따를 것이다. 그래도 규제 당국은 구글의 디지털 광고 지배력에 대한 분노를 표출할 것이다. EU에서 문제가 불거지고 있는 가운데, 구글을 상대로 한 연방 반독점 소송이 최근 몇 년 사이 두 번째로 미국 법원에서 제기될 예정이다. 미국 당국은 자율 규제를 선호하지만, 선거 기간에는 허위 정보의 확산을 막기 위해 정치 광고에 AI를 사용하는 것을 제한하려고 개입할 수도 있다.

AI 생성 콘텐츠는 할리우드에도 고민 거리가 될 것이다. 봇과의 경쟁에 대한 우려는 작가와 배우들의 파업을 촉발하는 데 일조했다. 이들의 이탈로 인해 〈미션 임파서블 8〉과 같은 블록버스터 영화 개봉이 지연될 수 있다 (여기서는 톰 크루즈가 사악한 AI와 싸운다). 이는 미국 영화의 흥행 수익이 코로나 이전으로 회복하는 데 걸림돌이 될 수 있다. 영화관의 최대 라이벌인 스트리밍 서비스의 경우 구독자 수를 늘리는 데 어려움을 겪을 것이다. 구독자를 늘리고 싶어 하는 디즈니플러스는 넷플릭스를 따라 구독자들이 비밀번호를 공유하는 것을 막을 것이다. 2019년 계약에 따라 다른 스트리밍 업체인 훌루(Hulu)를 인수할 것이다. 이를 통해 디즈니플러스가 마침내 흑자 전환이라는 동화 같은 결말을 맞이할 수 있을지는 지켜봐야 할 것이다.

금속 및 광업

2024년에는 많은 농산물 가격이 하락하겠지만, 대부분의 금속 가격은 더 비싸질 것이다. 구리는 친환경 투자와 디지털 경제가 전기 케이블과 배터리에 대한 수요를 촉진하면서 빛을 발할 것이다. 알루미늄 가격은 아시아 건설사와 자동차 제조 업체들이 상승시킬 것이다. 철강 가격도 상승하겠지만 2021년 정점 대비 36% 낮은 수준에 머물 것이다. 투자자들이 안전한 피난처를 찾고 금리 상승이 주춤하면서 금과 백금은 빛을 발할 것이다.

모든 금속이 빛을 발하는 것은 아닐 것이다. 니켈과 아연은 2022년에 정점을 찍었으며, 인도네시아와 중국의 생산량이 급증하면서 가격이 억제될 것이다. 납은 휘발유와 디젤 차량이 기피 대상이 되면서 가격이 하락할 것이다. 리튬은 매장량이 많은 짐바브웨와 다른 국가들이 생산량을 늘리면서 공급량이 수요보다 많아질 수 있다. 러시아발 에너지 위기가 완화되면서 석탄 가격은 약세를 보일 것이다. 철강 및 알루미늄 생산 업체는 EU의 탄소 국경 조정 제도에 따라 새로운 세금에 직면할 것이다.

유럽과 미국은 청정에너지에 필요한 핵심 광물 가공을 중국이 장악하는 것을 막고자 할 것이다. 이는 호주에서 칠레에 이르기까지 모든 광산에 투자하는 것을 의미할 수 있다. 앙골라와 보츠와나는 다이아몬드 채굴을 위해 협력할 것이며, 앙골라 다이아몬드 생산 업체의 민영화가 도움이 될 수 있다.

주목할 점: 채굴, 채굴, 채굴. 유엔 ISA는 기업들에게 해저 채굴을 위한 면허권 입찰을 (심지어 채굴 활동을 규제하는 규칙을 확정하기 전인데도) 허용하고 있다. 캐나다, 노르웨이, 일본, 한국 등 몇몇 국가들은 환경 운동가들의 항의를 무시하고 2024년부터 중요 광물 탐사를 시작하고 싶어 한다.

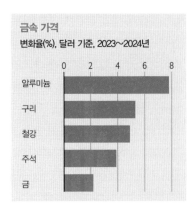

금속 가격
변화율(%), 달러 기준, 2023~2024년

알루미늄	
구리	
철강	
주석	
금	

부동산

2024년에 상업용 부동산 투자자들은 높은 이자율, 임대 계약 만료, 근무 패턴의 변화가 수요를 위축시키는 가운데 어려움을 겪게 될 것이다. 미국 기업의 약 60%가 재택 근무를 허용함에 따라 사무실의 5분의 1이 비어 있을 것이다(이것은 새로운 고점이다). 캐나다에서는 사무실 공실률이 15%까지 상승하겠지만, 혼합된 근무 형태가 적은 EU에서는 8%에 머물 것이다. 중국의 부동산 시장(및 지역 금융)은 정부의 지원에도 불구하고 계속 불안할 것이다. 나머지 아시아 지역은 산발적이고 단편적인 반등을 보일 것이다.

그러나 일부 지역에서는 프로젝트가 지연되거나 취소되면서 공급이 둔화되어 가격을 지지할 것이다. 핵심 비즈니스 지구들은 더 꽉 차고, 친환경 건물의 인기가 높아질 것이다. 창고 및 공장 수요가 회복될 것이고, 의료용 부동산과 데이터 센터가 유행할 것이다. 2024년 말, 금리가 하락하기 시작하면 투자자들이 부동산으로 돌아올 것이다. 영국은 부동산 투자 신탁을 유치하기 위해 노력할 것이며, 인도의 여러 부동산 투자 신탁 회사(REIT)는 상장될 것이다. 중국의 부동산 관련 우려는 구매자들은 두바이나 호주로 향하게 할 것이다.

규제가 완화됨에 따라 일부 노후화된 사무실과 상점은 주택으로 전환될 것이다. 그럼에도 불구하고 높은 주택 담보 대출 금리와 부족한 신규 주택으로 인해 부동산을 구하기는 어려울 것이다. 코로나로 인해 부풀려진 주택 가격은 유럽 대부분에서 하락할 테지만, 미국에서는 높은 수준을 유지할 것이다. 임차인의 권리를 개선하려는 정부의 노력에도 불구하고, 구매자들은 미국에서는 임대하는 게 더 저렴하지만 런던에서는 그렇지 않다는 것을 알게 될 것이다. 일부 도시는 단기 임대에 대해 새로운 규제를 추가할 것이다.

소매업

인플레이션 하락으로 인해 2024년 소매 판매액은 실질 기준으로 볼 때 2%

증가할 것이고, 이것은 2023년보다 약 두 배 빠른 속도다. 하지만 소비자들은 높은 이자율과 가계 저축 감소, 신용카드 채무 불이행 증가를 쉽게 떨쳐내지 못할 것이다. 따라서 서구의 소매 시장은 또다시 부진한 한 해를 보낼 것이다. 2년간의 위축 이후 영국과 독일은 더디게 회복될 것이나, 미국은 또다시 부진한 한 해를 보낼 것이다.

세계에서 두 번째로 큰 소매 시장인 중국조차도 코로나 이전 평균 7%에 비하면 미미한 4% 수준의 성장에 그칠 것이다. 중국 부동산 시장이 흔들리고 젊은이들을 위한 일자리가 부족한 탓이다. 아시아 소비자를 공략하고자 하는 소매업자들은 말레이시아와 태국, 베트남이 가장 빠르게 성장하는 동남아시아로 눈을 돌릴 것이다. 팬데믹으로 인한 전자 상거래 붐이 개발도상국으로 확산되는 것도 이러한 성장에 도움이 될 것이다. 온라인 판매 성장률이 가장 빠른 국가는 정책 입안자들이 금융 기술(핀테크)과 다른 형태의 디지털화를 적극 추진하고 있는 인도가 될 것이다.

주목할 점: 알디(Aldi)이지만 좋은. 더 많은 오프라인 가게들이 규모를 축소하거나 문을 닫는 가운데, '구식' 소매 업체 한 곳이 이러한 추세를 거스를 것이다. 독일 소매업자인 알디는 공격적으로 사업을 확장할 것이다. 알디는 2024년 상반기 내에 미국 남동부에 있는 400개의 슈퍼마켓을 인수하는 계약을 체결할 예정이다. 현재 미국 식료품 시장에서 이 회사의 점유율은 2%에 불과하다. 하지만 알디는 저렴한 자사 브랜드가 인플레이션에 시달리는 소비자들의 마음을 사로잡을 수 있기를 희망하고 있다.

3.5조 달러

2024년 전 세계 온라인 소매 매출은 2023년 대비 10%, 팬데믹 이전인 2019년 대비 72% 증가할 것으로 예상된다.

스포츠

파리는 마지막으로 올림픽이 개최된 이후 100년 만인 2024년 여름에 세 번째로 올림픽을 개최한다. 센 강에서 열리는 개막식 이후, 올림픽과 패럴림픽 경기들은 베르사유 궁전에서 마장마술이, 에펠탑에서 시각 장애인 축구가 열리는 등 프랑스의 랜드마크를 순회하며 열릴 예정이다. 브레이크댄스는 콩코드 광장에서 올림픽 데뷔전을 치르고, 서핑은 타히티에서 열릴 것이다. 임대 장소에 대한 규제가 강화되더라도 파리 사람들이 백만 명 이상일 것으로 예상되는 방문객들에게 자신들의 집을 빌려주는 것을 막을 수는 없을 것이다.

다른 스포츠 행사들도 관심을 끌기 위해 경쟁할 것이다. 유로 2024 축구 대회는 파리 올림픽이 열리기 6주 전인 6월 뮌헨에서 개막한다. 하지만 1년 연기된 이후 가나에서 열리는 아프리카 경기 대회(African Games)는 8월에 올림픽과 정면으로 경쟁하게 된다. 코파 아메리카(Copa America)는 에콰도르가 보안상의 이유로 개최국 자격을 철회한 후 미국에서 열린다. 아프리카 네이션스컵(Africa Nations Cup) 대회는 코트디부아르에서, 요트 대회인 아메리카스컵(America's Cup) 대회는 스페인 바르셀로나 앞바다에서 열릴 예정이다.

여성 스포츠 행사들도 주목을 받을 것이다. 사이클리스트들이 세 번째로 르 투르 드 프랑스 팜므(Le Tour de France Femmes) 대회에서 페달을 밟을 것이다. 그리고 미국이 사상 최초로 크리켓 월드컵(남자 T20 대회)을 개최하는 동안 방글라데시는 여자 크리켓 월드컵을 개최할 예정이다. 여기에는 최초의 트랜스젠더 선수가 출전할 예정이다. 이것은 테스토스테론 수치가 높은 트랜스젠더의 출전이 금지된 올림픽과 대조되는 대목이다.

통신

2024년 중국에서는 5G가 4G를 추월해 지배적인 모바일 기술이 될 것이라고 업계 단체인 GSMA는 전망한다. 하지만 5G 채택률은 전 세계적으로 20%에 불과할 것이다. 통신 인프라를 구축하는 에릭슨(Ericsson)사는 2024년에도 전 세계 인구의 4분의 1이 여전히 모바일 광대역 연결이 부족할 것으로 예상한다.

도움은 하늘에서 내려올 것이다. 전쟁 중에 인터넷 연결을 유지하려는 우크라이나의 노력을 지원한 일론 머스크는 2024년에 자신의 위성 인터넷 서비스인 스타링크(Starlink)의 권역을 인도네시아까지 확대하는 데 필요한 승인을 얻을 수 있기를 희망하고 있다. 이렇게 되면 아시아에서 인터넷 보급률이 가장 낮은 인도네시아의 인터넷 접속 및 전송 속도가 개선될 것이다. 또 다른 테크 억만장자인 제프 베이조스는 2024년에 최초의 상업용 위성을 우주에 쏘아 올릴 계획인 카이퍼(Kuiper) 프로젝트를 후원하고 있다. 모든 정부가 미국의 하늘 지배를 묵인하는 것은 아니다. 중국, EU, 러시아도 자체적으로 위성을 발사할 예정이다. 인터넷 연결의 확산은 글로벌 스마트폰 시장이 침체에서 간신히 벗어나는 데 도움이 될 것이다. 시장 조사 기관인 IDC는 삼성과 애플이 여전히 가장 큰 스마트폰 회사로 남겠지만, 중국의 트랜션[Transsion, 테크노(Tecno), 아이텔(itel) 및 인피닉스(Infinix) 브랜드를 소유] 사가 상위 5위권에 진입할 것이라고 말한다.

주목할 점: 현실 확인. 애플의 증강 및 가상 현실 헤드셋인 비전 프로가 드디어 2024년에 판매될 예정이다. 가격은 3,499달러로 메타의 경쟁 제품인 퀘스트 3(499달러)보다 비쌀 것으로 예상된다. 하지만 애플은 향후 더 저렴한 버전을 출시할 것으로 보인다.

여행 및 관광

2024년 여행 업계는 햇볕이 너무 강하지 않은 더 밝은 날을 기대하고 있다. 산불과 기록적인 더위를 피하기 위해 더 많은 무자녀 여행객들이 여름 여행을 포기할 것이다. 항공사들은 이에 맞춰 비행 스케줄을 변경할 것이다. 세계 여러 곳의 지정학적, 경제적 우려로 인해 중국인 여행객이 조심스러워하고 있음에도 불구하고 해외 여행 입국자 수는 18억 명으로 거의 2019년 수준까지 증가할 것이다. 그럼에도 불구하고 국제 관광 지출은 물가 상승에 힘입어 사상 최대치인

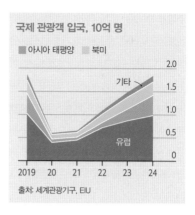

국제 관광객 입국, 10억 명

출처: 세계관광기구, EIU

1조 5,000억 달러를 기록할 것이다. 여기에 국내선 항공편을 더하면 항공 여행은 팬데믹 이전 최고치에 다다를 것이며 수익은 높은 수준을 유지할 것이다. 항공우주 기업들은 수주 잔량으로 어려움을 겪을 테지만, 1,484대에 달하는 많은 수의 새 비행기를 항공사에 공급할 것이다[여기엔 5,400마일(약 8,700킬로미터)을 쉬지 않고 비행할 수 있는 에어버스의 새로운 협동체 A321XLR도 포함된다]. 에어뉴질랜드(Air New Zealand)는 일반석에서 수면 캡슐을 제공할 예정이다. 새로움을 추구하는 여행객은 두바이에 있는 세계에서 가장 높은 호텔이나 텍사스에 있는 3D 프린터로 출력한 호텔을 방문해볼 수 있을 것이다. 하지만 높은 가격은 호텔 객실 이용률을 낮출 것이다.

주목할 점: 인사 면제. 2024년 말부터 EU의 셴겐 지역을 방문하는 무비자 여행자는 3년간 유효한 ETIAS(유럽 여행 정보 및 승인 시스템) 비자 면제권[7유로(8달러 상당)]을 사전에 예약해야 한다. 이것은 보안을 강화하기 위해 데이터를 수집하는 것이 목적이다. 하지만 이러한 의무는 60개국의 14억 명에 달하는 잠재적 여행자들에게 적용될 예정이어서, 관광객들에게는 골칫거리로 작용할 것이다.

44%

2024년 호텔 및 레스토랑에 대한 전 세계 지출은 2020년의 코로나 시기 저점과 비교할 때 증가할 것으로 예상된다.

Trendlines

2024년 주목할 만한 추세선

길르앗 아미트(Gilead Amit), 레이첼 로이드, 조나단 로젠탈(Jonathan Rosenthal),
톰 스탠다지, 프라티바 타커(Pratibha Thaker), 크리스토퍼 윌슨(Christopher Wilson)

때로는 추세를 따르는 최고의 방법은 그것을 도표 위에 표시하는 것이다. 태양 전지 기술로부터 슈퍼 히어로 영화에 이르기까지 2024년에 주시할 가치가 있는 주목할 만한 지표를 여기에 선별해놓았다. 일부는 단지 재미있는 것이고 다른 것들은 세계를 변화시킬 잠재력이 있는 것이다.

물체를 궤도로 발사하는 비용은 더 하락할까?

물체를 우주에 발사하는 비용은 지난 10년간 급격히 하락했다. 이것은 일론 머스크가 설립한 로켓 발사 회사인 스페이스X에 의해 재사

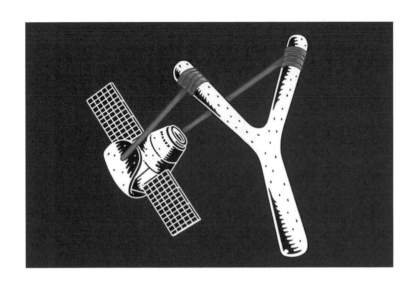

용할 수 있는 로켓이 개발된 직접적인 결과다. 스페이스X가 개발한 팰컨 9호(Falcon 9) 로켓은 재사용할 수 있는 부스터 스테이지를 갖고 있는데, 그것은 궤도로 가는 도중에 페이로드(payload)를 보내고 그 다음에 지구로 돌아와서 육지나 드론 선박에 내려앉을 수 있다. 수천만 달러의 비용이 들어가는 부스터를 버리지 않고 그 대신 그것을 최대 15회 재사용하는 것으로 발사 비용을 대폭 감축했으며 스페이스X는 이제 나머지 세계를 합친 것보다 더 많은 것을 궤도로 운반한다. 그러나 만일 2대의 새로운 로켓이 2024년에 성공적으로 비행한다면 발사 비용은 머지않아 훨씬 더 떨어질 수도 있을 것이다. 첫 번째는 지금까지 만들어진 것 중에서 최대의 로켓인 스페이스X의 스타십인데, 그것은 완전히 재사용할 수 있으며 팰컨 9호보다 10배 더 많은 150톤만큼을 궤도로 운반할 수 있다. 그러나 경쟁사 스타트업인 로켓 랩(Rocket Lab)의 재사용 가능한 새 로켓인 뉴트론(Neutron)도 주시하라. 그것은 킬로그램당 비용 기준으로 팰컨 9호와 경쟁하는 것을

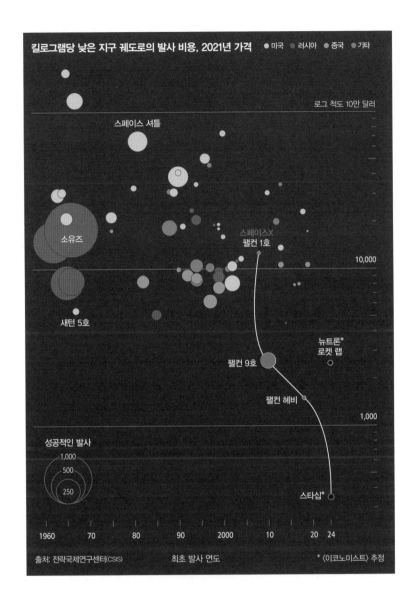

킬로그램당 낮은 지구 궤도로의 발사 비용, 2021년 가격 ● 미국 ● 러시아 ● 중국 ● 기타

로그 척도 10만 달러

스페이스 셔틀

스페이스X
팰컨 1호

소유즈

10,000

새턴 5호

뉴트론*
로켓 랩

팰컨 9호

팰컨 헤비

1,000

성공적인 발사
1,000
500
250

스타십*

1960   70   80   90   2000   10   20   24

출처: 전략국제연구센터(CSIS)   최초 발사 연도   *〈이코노미스트〉 추정

목표로 하나 페이로드가 더 작다. 우주에서 새로운 기회를 열려면 가격 면에서 올라가는 것이 내려와야 할 것이다.

챗봇에 대한 열의는 줄어들까?

챗GPT는 2022년 11월에 출시한 지 2개월 만에 1억 명의 사용자를 끌어들였으나 사용자 방문은 2023년 중반에 정점에 도달했으며 그 후 안정됐다. 이것은 챗봇에 대한 열의가 전반적으로 시들해지고 있음을 가리킬지 모른다. 그렇지 않으면 사용자들이 안목이 높아졌으며 특정 과업에 더 적합한 다른 챗봇으로 옮겨갔다는 것을 나타낼 수 있다. 또 다른 가능성은 한 해의 중반기에 감소한 것이 학교 방학의 결과라는 것이다. 2023년 후반에 다시 사용자 숫자가 증가하는지 예의주시하라.

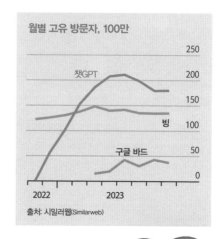

월별 고유 방문자, 100만

출처: 시밀러웹(Similarweb)

페로브스카이트 태양 전지는 도약할까?

대다수 태양광 전지는 실리콘으로 만들어지며 약 23%의 효율성으로 햇빛을 전기로 전환한다. 특정 결정 구조에서 다른 원소를 이용하는 페로브스카이트 전지는 비용이 더 많이 드나 효율성이 더 높다. 효율성은 25%가 넘으며 '탠덤' 전지에서 실

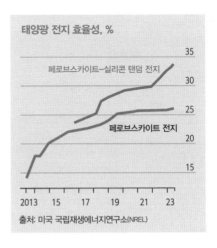

리콘과 결합하면 30%가 넘는다. 그래서 추가 비용이 들어도 특히 공간이 부족한 상황에서는 그만 한 가치가 있을 수 있다. 미국, 영국, 한국과 스웨덴의 회사들이 2024년에 페로브스카이트 전지를 판매하기 시작하는 것을 목표로 하고 있다.

1,000억 유로

EU에서 에너지 위기의 시작 이후 도입된
새로운 태양광과 풍력 발전 용량으로 절감한 금액

재생 에너지는 언제 석탄을 앞지를 것인가?

IEA에 따르면 태양광과 풍력과 같은 재생 에너지 공급은 멀지 않아 석탄을 연료로 하는 발전소를 앞질러서 세계 최대의 단일 전원이 될

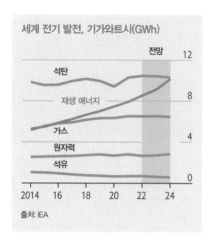

세계 전기 발전, 기가와트시(GWh)

전망

석탄

재생 에너지

가스

원자력

석유

2014 16 18 20 22 24

출처: IEA

것이다. 그러나 언제일까? 2025년에 그렇게 될 것이라고 말한 바 있는 IEA는 이제 '재생 용량의 증가 속도 가속화'와 '석탄으로부터의 전기 발전 정체 현상'의 결과로 그것이 2024년에 일어날 수 있다고 생각한다. 유럽의 재생 에너지 채택은 우크라이나 전쟁으로 가속화됐다. EU 국가들은 2022년에 태양광 발전 용량을 41GW 추가했으며, 2023년에 50GW 넘게 추가할 것이 예상된다. 중국은 2022년에 대략 아메리카의 모든 기존 용량과 동등한 107GW를 추가했으며, 2023년에 두 개의 아메리카의 발전 용량 분량을 추가할 것이 예상된다. 한편 발전용 석탄의 사용은 2022년에 1.7% 증가했는데 높은 천연가스 가격으로 가스를 석탄으로 전환하는 것이 촉진됐기 때문이다. 그러나 2023년과 2024년에 유럽과 아메리카에서 석탄의 사용은 급격히 감소해 아시아에서의 소폭 증가를 상쇄하는 것을 넘어설 것으로 전망되고 있다.

슈퍼 히어로 영화는 돌아올 것인가?

슈퍼 히어로는 적수를 만났을 수 있다. 극장에서 그렇다. 2023년에 슈퍼 히어로 영화는 실사 인형 여주인공이 초인간적인 능력보다 자주 옷을 갈아입으면서 가부장제와 싸우는 〈바비〉와 초인간이 아닌

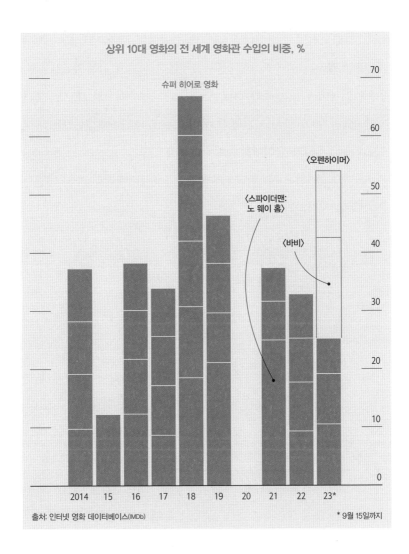

상위 10대 영화의 전 세계 영화관 수입의 비중, %

슈퍼 히어로 영화

〈오펜하이머〉

〈스파이더맨:
노 웨이 홈〉

〈바비〉

2014 15 16 17 18 19 20 21 22 23*

출처: 인터넷 영화 데이터베이스(IMDb)

* 9월 15일까지

(그러나 아주 똑똑한) 인간의 전기영화인 〈오펜하이머〉에 가려졌다. 마블(Marvel)과 그것의 모방 회사들의 끝없는 슈퍼 히어로 영화에 대한 기호가 식은 것인지에 대해 많은 추측이 뒤따랐다. 이렇게 해서 장면은 2024년의 결전을 앞두고 있다. 슈퍼 히어로 신작으로는 〈캡틴 아메리카: 용감한 신세계(Captain America: Brave New World)〉, 〈데드풀

3〉, 그리고 2편의 스파이더맨 파생 영화인 〈엘 무에르토(El Muerto)〉와 〈마담 웹(Madame Web)〉이 있다. 그것들은 봉준호 감독의 〈기생충〉 후속편인 〈미키 17〉, 루카 과다니노(Luca Guadagnino)의 테니스 드라마인 〈도전자(Challengers)〉, 콜린 후버(Colleen Hoover)의 소설을 기반으로 하는 〈우리가 끝이야(It Ends with Us)〉, 그리고 리들리 스콧(Ridley Scott)의 2000년의 서사 영화의 후속편인 〈글래디에이터 2〉와 대결한다. 전투를 시작하라.

커피 값은 더 오를 것인가?

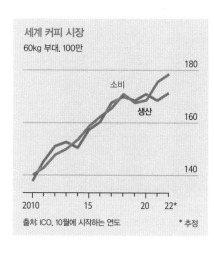

세계 커피 시장
60kg 부대, 100만

소비
생산

180
160
140

2010   15   20   22*

출처: ICO, 10월에 시작하는 연도   * 추정

국제 커피 기구(ICO)에 따르면 커피 소비가 이제 생산을 초과하고 있다. 초과 수요는 2024년에 확대될 수 있다. 2023년 후반 브라질의 이상 날씨로 아라비카 원두의 수확이 감소할 수 있는 한편 엘니뇨의 영향으로 인도네시아에서 로부스타 원두의 수확이 줄어들 수 있다. 커피 생산자들은 지구가 온난화하면서 새로운 지역에서 재배하는 것을 고려할 필요가 있을지 모르며, 커피를 마시는 사람들이 더위를 더 잘 견디는 리베리카로 불리는 제3의 품종을 받아들이는 것을 권장해야 할 수 있다.

야생 소아마비가 근절될 것인가?

2024년은 야생 소아마비가 없는 첫해가 될 수 있다. 파키스탄과 아프가니스탄이 병이 발생한 마지막 국가들이다. 발병 사례가 줄어들었으며(도표는 발병 사례를 보여주는데 수천이나 수백만이 아니다) 소규모 지리적 영역에 제한되어 있다. 근절 프로그램 덕분에 앞으로 다가올 몇 개월 사이에 야생 바이러스가 제거될 가능성이 충분하다. 이제 초점은 백신에 의해 파생된 소아마비이며 증가하고 있는 새로운 형태의 질병을 제거하는 것으로 옮겨가고 있다.

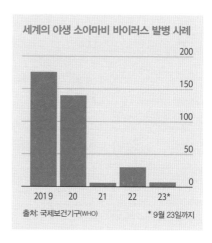

세계의 야생 소아마비 바이러스 발병 사례

출처: 국제보건기구(WHO)　　　　* 9월 23일까지

로보택시는 2024년에 고비를 넘을 것인가?

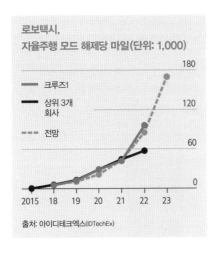

로보택시,
자율주행 모드 해제당 마일(단위: 1,000)

출처: 아이디테크엑스(IDTechEx)

5년 전에 많은 과장 홍보가 있었던 후 자율주행 로보택시에 대한 계획은 연기되고 규모가 축소됐다. 기술 오류의 해결이 예상보다 힘들다는 것이 입증됐기 때문이다. 그러나 그것들은 그 후 조용한 진전을 봤는데, '자율주행 모드 해제(disengagements)'(자율주행 중 사고 상황이 발생하거나 주행 알고리즘에 문제가 있어 안전 운전자의 개입이 요구되는 경우) 발생 빈도가 산업 전반에 걸쳐 감소하고 더 많은 도시에서 상업적인 전개가 이뤄졌다. 2024년에는 더 많은 로보택시가 뒤따를 것이다. 그러나 J.D. 파워(J.D. Power)의 조사에 따르면, 자율주행 차량에 대한 미국인들의 신뢰는 2023년으로 이어지는 두 번째 해에 하락했다. 그렇지만 자율주행 차량에 탑승한 경험이 있는 사람들은 더 긍정적이었다. 2024년의 문제는 로보택시가 그것들에 대한 인식이 더 나빠지는 것보다 더 빨리 개선될 수 있는가다.

양자 컴퓨팅(quantum computing)이 유용해질 것인가?

새로운 종류의 컴퓨터를 만들기 위해 양자 물리학의 으스스하고 비직관적인 법칙을 활용하는 경주가 진행 중이다. 일부 과업에서 양자 컴퓨터는 일찍이 만들 수 있었던 어떤 비양자(non-quantum) 기계도 능가해 암호 해독, 화학과 금융 분야의 계산 작업을 빠르게 처리할 수 있을 것이다. 그러나 유용한 기계가 언제 도래할 것인가?

양자 컴퓨터의 성능에 대한 하나의 척도는 양자비트, 즉 큐비트의 숫자다. 그러나 여러 가지 다른 방식으로 큐비트를 실행하는 기존 기계는 모두 치명적인 결함을 갖고 있다. 즉 그것들이 의존하고 있는 미묘한 양자 상태는 몇 분의 1초가 지난 후에 '결 어긋남(decoherence)'●이 일어날 수 있다.

더 나은 척도는 이른바 '양자 볼륨(QV)'일 수 있는데, 그것은 컴퓨터의 '폭'(큐비트의 수)과 '깊이'[결 어긋남이 일어나기 전에 수행할 수 있는 오퍼레이션(operation)의 수]에 의존한다. 14회의 오퍼레이션을 수행할 수 있는 14큐비트의 컴퓨터는 QV가 2의 14승, 즉 16,384인 것이다.

최대로 달성되는 QV는 계속 증가하고 있으나 작은 규모의 테스트만이 아니라 유용한 오퍼레이션을 수행하는 데 필요한 볼륨은 분명하지 않다. 이 분야의 리더인 IBM은 자체적으로 QV 목표를 2의 100

● 양자역학적으로 정보는 관측하기 전까지 중첩(superposition)돼 있다. 그런데 큐비트를 조작하려면 입자 수준의 정밀한 제어가 필요하며 일정 시간 동안 서로 잘 맞아서(결 맞음. coherence) 중첩된 상태로 전부 얽혀 있어야 한다. 큐비트의 수가 증가하거나 온도가 올라가면 주변과 상호작용하는 관측이 일어나 서로 어긋나며 붕괴한다. 이것이 결 어긋남이다.

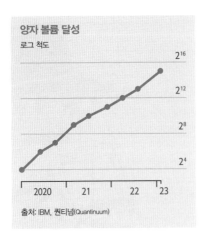

양자 볼륨 달성
로그 척도

2^{16}
2^{12}
2^8
2^4

2020   21   22   23

출처: IBM, 퀀티넘(Quantinuum)

승으로 설정했다. 수십 년 동안 실망적이었다가 갑작스레 괄목할 만한 성공을 거뒀던 AI처럼 양자 컴퓨팅도 연구자들이 볼륨을 높이는 방법을 알아내는 순간에 쓸모없는 것에서 널리 사용되는 범용 기술로 아주 빠르게 변할 수 있다.

쿠데타 숫자는 계속 증가할 것인가?

쿠데타가 2010년대에 잠잠하다가 특히 사하라 이남의 아프리카에서 돌아왔다. 지난 3년 동안 쿠데타가 일어난 나라들은 홍해에서 대서양에 이르는 전 지역에 퍼져 있다. 2021년 이후 18회의 쿠데타 시도 가운데 9회가 성공했다. 쿠데타는 두 가지 이유 가운데 하나로 일어나는 경향이 있다. 나이지리아와 말리와 같이 치안이 붕괴해 장군들이 질서를 회복하고 있다고 주장하는 경우이거나, 가봉처럼 장기 집권으로 미움을 사서 지도자가 인기가 없는 경우다.

사헬 지역의 불안정은 완화될 기미가 보이지 않는다. 그래서 추가적인 쿠데타가 일어날 수 있다. 그러나 어디서? 연구 회사 BMI의 분석가들은 남수단이 가장 위험하며 많은 지역을 정부가 통제하지 못하고 있는 중앙아프리카공화국이 그 뒤를 따르고 있다고 생각한다. 나이지리아의 연구소 SBM 인텔리전스는 콩고민주공화국이 쿠데타 발생 확률이 가장 높다고 한다. 현재 81세인 아프리카의 최장수

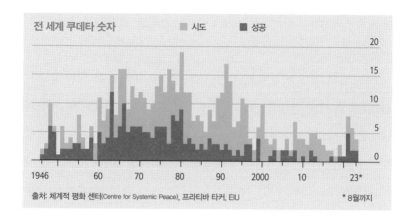

전 세계 쿠데타 숫자 ■ 시도 ■ 성공

출처: 체계적 평화 센터(Centre for Systemic Peace), 프라티바 타커, EIU

* 8월까지

지도자인 테오도로 오비앙 응게마 음바소고(Teodoro Obiang Nguema Mbasogo)가 지배하는 적도 기니를 주시하라. 승계 위기가 쿠데타를 촉발할 수 있을 것이다.

중국은 언제 자동차 수출을 주도할까?

전기차(EVS)로의 전환이 자
동차 산업의 모습을 바꿨다.
많은 방식에서 EVS는 내연
기관 차량보다 바퀴가 달린
스마트폰과 공통점이 더 많
다. 그것들은 이동하는 부품
이 더 적으며 기계적으로 훨
씬 덜 복잡하다. 엔진과 기
어박스를 제조하는 데 뛰어
난 현재의 제조사들은 경쟁

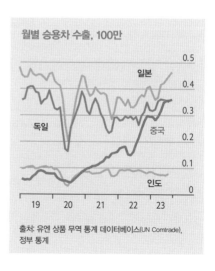

월별 승용차 수출, 100만

출처: 유엔 상품 무역 통계 데이터베이스(UN Comtrade), 정부 통계

우위를 상실했다. 중국 제조사들은 좋은 기회를 발견해서 그것에 뛰어들었다.

2024년의 어느 시점에 중국이 EVS 수요에 주도되어 독일과 일본을 앞질러 세계 최대의 자동차 수출국이 될 것이다. 중국의 자동차 수출은 미국 회사인 테슬라가 중국 공장에서 만든 많은 차량을 포함하고 있다는 것은 인정한다. 그러나 중국 회사인 비야디(BYD)가 세계 최대의 EVS 제조사인 테슬라를 앞질러 중국과 전 세계에서 모두 더 많은 차량을 판매할 것이다.

330%

2019년에서 2023년(8월까지 12개월 동안)까지 중국의 자동차 수출 증가

종이를 쓰지 않음에 대한 시(詩)행들

여러 항공사가 2024년에 종이 탑승권을
단계적으로 폐지할 준비를 하고 있는 가운데,
미국 시인 오그던 내시(Ogden Nash) ● 의 정신을 되살려
모든 종류의 종이로 된 표의 쇠퇴를 애도한다.

앤 로(Anne Wroe) 〈이코노미스트〉 부고 편집자

방을 장식하고 있는 벽난로 위 선반,

요즘 내 선반은 확실히

헐벗은 것처럼 보였어,

초대장이 부족해서지.

제대로 된 것들 말이야,

빳빳하고 반짝이는, 금박 테두리에 초서체 글씨가 들어간 것들,

우리 모두가 원하는 그런 종류의 것들

● 틀에 얽매이지 않는 자유로운 시 기법을 보인, 장난기 가득하면서도 지적인 시를 많이 쓴 미국
시인.

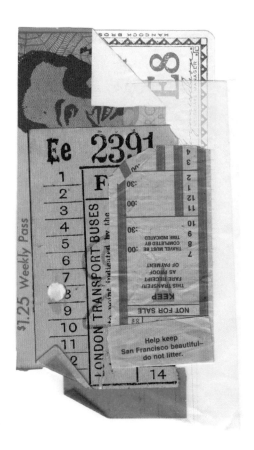

암스트롱 백스터 가족이나 핀켈스타인 페러 가족들이 찾아왔을 때
깊은 인상을 줄 수 있는 것들,
그리고 그들을 질투심으로 불타오르게 할 수 있는 것들 말이야.

글쎄, 난 질투할 점이 많다는 걸
인정할 수밖에 없어,
그런 초대 카드는 안팎으로 광휘의 환영을
불러일으키니까,

이를테면 오크 벽널과 오뷔송 카펫, 대리석 테라스와

드넓은 잔디밭, 검은 넥타이와

아름다운 여인들,

은색 쟁반들과 저녁 11시의 마차,

그 밖에도 내가 천국과도 같은 한 구획을 위해 선택할 수 있는

다른 많은 것들이지.

아아, 하지만 마지막 두 번의 초대장은

일반적인 우편으로 오지 않았어,

내 컴퓨터 스크린에 성령만큼이나

가상적으로 나타났지,

한 번의 종이 없는 결혼식과 한 번의 저녁 파티,

그것들은 장미와 껑충껑충 달리는 사슴들의 안개 자욱한 풍경 속의

봉투들로부터 붕 떠올랐다가,

축 처진 채 제자리를 맴돌았어.

제대로 된 '회답 주시기 바랍니다'란 문구도 없이, 그저,

'참석 예정' 또는 '불참'이라는 옵션만 있었지,

무례하고 무뚝뚝한 말투로,

그리고 내 선반에 올려놓을 멋지거나

아름다운 건 없었어,

보통은 날 들뜨게 하는 게 없었어.

그러니 종이로 된 콘서트 표를 받아,

누군가가 그랬으면 좋겠어,

그리고 얼굴에다 대고 휴대폰 스크린을

흔들어대는 게 인사하는 거라고 말하지 않았으면 좋겠어,

그건 썩 좋지 않으니까

그것들이 이메일 깊숙한 곳에

숨겨져 있어 내가 미친 듯이 하는 스크롤링과

스크롤링과 스크롤링에 저항하고 있는 때

세 번째 종이 울리고 있어.

게다가 그런 표들에는 벽난로 위 선반에 있을 만한

위엄도 있었어,

세련되지만 깔끔하게,

절제된 방식으로,

내가 말러(Mahler)의 교향곡만큼이나 핀터(Pinter)의 연극이나

재즈 연주가들의 축제에 갈 수 있음을

증명했지.

그것들은 극장의 소란스러움, 내려앉는 자욱한 연기

또는 조용한 홀, 지휘봉이 떨어지기 전의 일시 정지 또는

박수 소리를 얼마나 연상시키던지!

아아, 모든 역사가 지향하는 흐름에

익사한 내 오래된 종이 친구들이여, 애통하도다!

말이 나와서 하는 말이지만, 고대 로마인들은

가족 친화적인 쇼를

할 줄 알았어,

만약 네가

게걸스러운 사자에 의해 살라미 소시지로

변한 기독교인이나 그물 안에서

잘게 다져진 검투사를 보러 가고 싶었다면,

네 표는 공짜인 진흙 토큰이었을 것이고

거기엔 열과 좌석이 멋지게 찍혀 있었겠지.

고대 그리스인들은 납 동전 한 개를 주면

아이스킬로스(Aeschylus)나 에우리피데스(Euripides),

또는 수염을 기른 학자들과 함께

저녁을 보낼 수 있었어.

우리 표와 마찬가지로, 그런 표들은 결국 시궁창이나

옥외 변소에 버려지거나

다른 방법으로 버려졌어.

하지만 오늘날에는 그런 것들을 감상하려면 1달러를 내야 하지.

승합 마차 표는 훌륭했어.

손으로 쓴 것으로,

그게 있으면 뉴욕에서 뉴저지주 엘리자베스까지

최대한의 불편함과 최소한의 스프링으로 갈 수 있었지,

담요를 덮은 지붕에 매달려 있어야 했는데,

멍청이나 만성적으로 민감한 사람들만

지붕 내부에서 여행했기 때문이었고

그리고 위스키가 공급되지 않았으니까.

하지만 증기 기관차 시대가 열리면서 표는

진정한 위용을 드러냈어.

셔츠 차림에 선글라스를 쓰고 귀 뒤에 담배를 꽂은 채

느리게 글씨를 쓰는

수많은 점원이

재빠른 기계 한 대에 자리를 내주었던 시절.

네가 뭘 원하든, 기차든 배든 공연이든

필요한 것이 뭐든 그것은

아주 오래전 고대인들이 그랬던 것처럼

신속하게 발권될 수 있었어.

기차표는 동반자였지.

주머니에 넣어두면 불필요하지만 기분 좋게 두드릴 수 있었고

모자에 두른 띠에다 꽂아두면

검사원이 읽을 수 있었어,

그러면 그가 사려 깊은 사람이라면

네 낮잠을

방해하지 않을 수 있었지.

하지만 이제 네가 그레이트넥에서 디모인을 경유해

옐로스톤까지 여행하기 위해

차비를 냈음을 증명해야 할 때,

그 증거는 휴대폰에 있고,

네가 무례하게도 잠에서 억지로 깨났을 때,

핸드폰의 전원이 나간 상태라는 걸 알게 될 수도 있어.

한때 항공권 한 장이 네가 계획하고

짐을 싸고 은행에서 돈까지

빌릴 생각을 했던 여행이
실제로 이뤄질 것이라는
확신을 주었다면,
이제는 모든 것이 더 불안해 보여.

난 휴대폰과 스캐너로
모든 삶의 의미 있는
행사를 진행하는 현대적 방식을
두고 탑승권을 비난해,
"QR 코드가 있으면 날 수 있어"라는 게
허무맹랑한 일이
아니며,
더 나아가 그런 행동으로 지구를 구하고
나무를 파괴하는 것을 멈출 수 있음을
처음으로 우리에게 확신시켜주었기 때문이지.
난 개인적으로 어떤 알고리즘보다 내게 주어진
신뢰할 수 있는 하얀색 종이를 통해
좌석 번호를, 통로 쪽인지 아니면 창 쪽인지를,
탑승구 등등을 알아내는 편이 낫다고 생각해.

하지만 지금이 우리가 사는 시대이며,
우리는 현실의 위치가
이전과 거꾸로 되었다는 명제를 받아들여야 해.
디지털은 이제

실체가 있고

카드와 종이는

안개와 증기에 불과하니까.

2024년 세계 주요 일정

1월

- 브릭스에 6개 국가가 새로 가입해 브릭스 플러스로 확대된다. 기존 회원국인 브라질, 러시아, 인도, 중국 및 남아프리카공화국에 아르헨티나, 이집트, 에티오피아, 이란, 사우디아라비아 및 아랍에미리트가 추가된다.
- 미키 마우스 초기 버전의 저작권이 풀린다. 미국의 저작권법에 따르면 캐릭터는 최초 출시 후 95년 동안만 보호된다. 그러나 미키 마우스는 1928년 〈스팀보트 윌리〉에 처음 등장한 이후 많은 개정과 디자인 업데이트를 거쳤으므로 이 캐릭터의 후속 버전에 대한 모든 권리는 여전히 디즈니에게 있다.
- 2021년 130개국이 체결한 합의에 따라 15%의 글로벌 최저 법인세율이 시행된다. 따라서 일부 국가에서는 법률의 허점을 이용해 세율이 낮은 세금 피난처로 이전하는 대기업으로부터 '추가' 세금을 징수하기 시작할 것이다.
- 중국이 자국 영토라고 주장하는 대만에서 대통령 선거가 실시된다. 그 결과는 중국과의 관계와 미중 간의 긴장 상태에 영향을 미칠 것이다.

2월

- 음력설을 시작으로 용의 해가 열린다. 용띠들은 창의적이고 호기심 많고 결단력이 있으며 솔직하다고 한다.
- 58회 슈퍼볼이 라스베이거스의 얼리전트 스타디움에서 열린다. 이는 라스베이거스에서는 최초로 열리는 대회다.
- 세계에서 세 번째로 큰 민주주의 국가인 인도네시아가 발렌타인데이에 대통령 및 국회의원 선거를 실시한다.

3월

- 포뮬러 원 시즌이 바레인에서 개막하는데 레이스는 일요일이 아닌 토요일에 진행된다. 이는 사우디아라비아 제다에서 열리는 시즌 두 번째 레이스가 라마단 시작 전에 열릴 수 있도록 하기 위해서다.
- 가나에서 제13회 아프리칸 게임(African Games)이 시작된다. 이 대회는 원래 2023년에 열릴 예정이었지만 건설 지연과 마케팅 권리 분쟁으로 연기되었다.
- 제96회 아카데미 시상식이 로스앤젤레스에서 열린다. 누가 오스카상을 받을까?

4월

- 위대한 북미 일식(the Great North American Eclipse)이라는 이름의 개기일식이 대륙 전역에서 관측된다. 해가 완전히 가려지는 이 일식의 경로는 멕시코 태평양 연안에서 시작해 뉴펀들랜드 해안의 사우스 버드섬까지 미친다.
- IMF와 세계은행의 춘계 회의가 워싱턴 DC에서 열린다.
- 영국에서 전국 마멀레이드 축제가 열린다. 이 행사는 사람들이 마멀레이드를 맛보고 직접 만들어보도록 장려하려는 목적으로 개최된다.

5월

- 런던 국립 미술관의 200주년 기념 행사가 시작된다. 영국 12개 지역의 박물관과 미술관에는 국립 미술관의 대표적인 그림이 전시되어 인구의 절반 이상이 걸어서 1시간이면 볼 수 있도록 할 예정이다. 또한 200주년 기념 프로그램 중에는 9월에 개막 예정인 반 고흐(Van Gogh) 전시회도 포함되어 있다.

- 유로비전 송 콘테스트 결승전이 스웨덴 말뫼에서 열린다. 스웨덴의 7번째 개최다.
- 중국 만리장성의 성벽을 따라가는 코스에서 만리장성 마라톤이 베이징에서 열린다.
- 중국은 달의 뒷면으로 착륙해 샘플을 채취할 임무를 가진 창어 6호를 발사할 예정이다. 이 로켓은 또한 프랑스, 이탈리아, 파키스탄 및 스웨덴의 과학 기기를 운반할 것이다.

- 크리켓의 일종인 남자 T20 대회가 미국과 서인도 제도에서 열린다. 크리켓 팬들은 이 대회를 시작으로 미국에서 저변이 확대되기를 기대한다. 여자 T20 대회는 9월에 열린다.
- 사람들이 재미와 건강을 위해 움직이도록 하기 위해 글로벌 러닝데이 행사가 진행된다.
- 국가 원수, 참전 용사 및 관료들이 오마하 해변에 모여 제2차 세계대전 중 감행된 노르망디 상륙작전의 80주년을 기념한다.
- 27개 EU 회원국에서 유럽의회 선거가 실시되어 늘어난 720명의 대표를 선출한다.
- UEFA 유로 2024가 독일에서 개막한다. 일주일 후에는 코파 아메리카 토너먼트가 미국에서 시작된다.

7월

- 창립 75주년을 맞은 나토 국가의 지도자들이 연례 정상 회의를 위해 미국 워싱턴 DC에 모인다.
- 공화당은 위스콘신주 밀워키에서 열리는 전국 당 대회에서 대통령 선거 후보자를 지명한다. 밀워키가 선정된 이유는 미국의 중서부 지역이 선거에서 갖는 중요성을 반영한 결과다.
- 2024 하계 올림픽이 100년 전에 마지막으로 열렸던 파리의 센강에서 개막식 행사로 시작된다. 브레이크댄싱도 최초로 종목에 포함된다.

8월

- 인도네시아 자카르타를 대체하는 신도시 누산타라가 공식적인 수도로 인정된다. 이 의식은 인도네시아 독립 기념일에 열린다. 도시 건설은 2022년에 시작되어 2045년에 완성될 예정이다.
- 민주당은 미국의 대통령 선거 후보를 일리노이주 시카고에서 열리는 전당 대회에서 공식 지명한다. 공화당과 마찬가지로 중서부 지역이 선거에서 갖는 중요성을 고려해 이 장소를 택했다.
- 파리에서 장애인 올림픽이 시작된다.

9월

- 유엔의 '미래 정상 회담(Summit of the Futre)'이 뉴욕에서 개최된다. 대표들은 기후 변화 및 기타 중요한 과제에 대한 협력을 강화하기 위해 다자 간 기구와 글로벌 거버넌스의 개혁을 다룰 예정이다.
- 일본의 우주 기구인 JAXA는 화성의 위성인 포보스와 데이모스를 탐사하기 위해 MMX 우주선을 발사할 계획이다. 탐사선은 2025년 포보스에 착륙해 암석 샘플을 수집한 뒤 2029년 지구로 돌아올 예정이다.

10월

- 미국 역대 대통령 중 가장 장수한 지미 카터가 100번째 생일을 맞이한다.
- 제37회 아메리카스 컵의 결승 레이스가 바르셀로나에서 열린다. 가장 오래된 국제 대회 중 하나인 이 경기에서 뉴질랜드 왕립요트클럽이 전 대회 챔피언으로 타이틀을 방어한다.
- 첫 번째 홍콩 공연 예술 엑스포가 홍콩 전역의 여러 장소에서 열린다. 이 행사는 홍콩과 중국 본토 그리고 전 세계의 예술, 문화 교류를 촉진하기 위한 목적이다.
- 국제 음악 산업의 가장 큰 행사인 월드 뮤직 엑스포(Worldwide Music Expo)가 영국 맨체스터에서 열린다.
- IMF와 세계은행의 연례 회의가 미국 워싱턴 DC에서 열린다.
- 미국의 NASA가 목성의 가장 큰 위성의 생물 존재 가능성을 연구할 목적으로 유로파 클리퍼 탐사선을 발사할 예정이다. 유로파 위성에는 외계 생명체가 살 수 있는 지하 바다가 있는 것으로 추정된다. 이 탐사선은 2030년 목성에 도착할 예정이다.

11월

- 전 세계는 미국인들이 대통령과 의회를 장악하는 사람을 결정하기 위해 투표하는 것을 지켜볼 것이다. 하원의 전체인 435석과 상원의 100석 중 34석을 두고 경쟁이 벌어질 것이다. 또한 13개 주와 미국령의 지사직 역시 경합에 부쳐질 것이다.
- COP29 기후 회의가 열린다. 러시아가 EU 국가의 선출을 반대함에 따라 주최국 결정이 지연되었다.
- 인류가 마지막으로 달을 방문한 지 50년이 지난 후, 미국의 아르테미스 2호 로켓이 발사되어 4명의 우주 비행사가 달 뒤편으로 떠날 예정이다. 최초의 여성과 흑인 남성 그리고 비미국인으로 구성된 승무원들은 그러나 착륙하지는 않을 것이다.

12월

- 인도의 우주 기구인 ISRO는 금성을 향해 슈크라얀 1호 탐사선을 발사할 예정이다. 이는 2010년 일본의 아카츠키 위성 발사 이후 금성에 대한 최초의 임무가 될 것이다. 이 탐사선은 금성 대기의 화학 성분을 연구하고 생명의 흔적과 관련이 있는 인산의 흔적을 찾을 것이다.

2024년 후반

- EU는 입출국 시스템(EntryExit System)을 도입할 것으로 예상된다. 이는 비EU 시민이 셍겐 지역에 입국할 때 여권을 스캔해야 하는 등록 시스템이다. 원래 2022년에 시작될 예정이었지만 파리 올림픽 이후로 도입이 지연되었다.

2024년을 그리다

〈이코노미스트〉의 시사만화가 케빈 칼(Kevin Kallaugher 'KAL')이 그린 다가올 한 해의 모습.

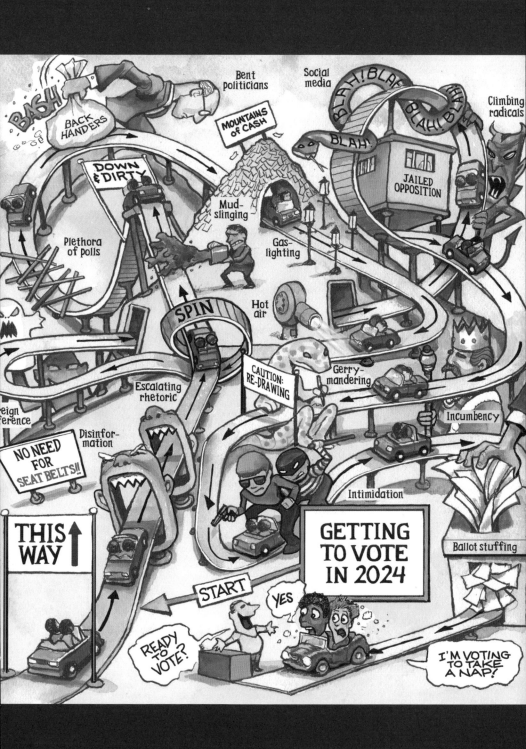

투표에는 민주주의 이상의 무언가가 있다

2024년은 역사상 가장 큰 선거의 해지만 민주주의의 질은 국가별로 매우 상이하다

조안 호이(Joan Hoey) EIU 편집자

2024년 선거 예정 국가들(민주주의 지수로 구분)

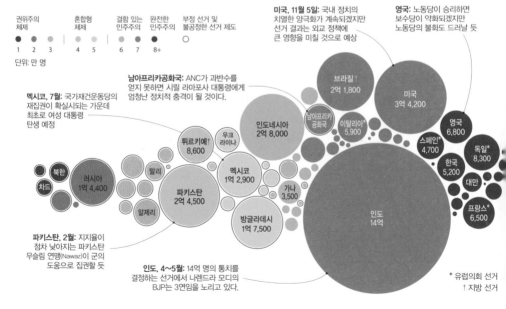

| 권위주의 체제 | 혼합형 체제 | 결함 있는 민주주의 | 완전한 민주주의 | 부정 선거 및 불공정한 선거 제도 |

단위: 만 명

미국, 11월 5일: 국내 정치의 치열한 양극화가 계속되겠지만 선거 결과는 외교 정책에 큰 영향을 미칠 것으로 예상

영국: 노동당이 승리하면 보수당이 약화되겠지만 노동당의 불화도 드러날 듯

남아프리카공화국: ANC가 과반수를 얻지 못하면 시릴 라마포사 대통령에게 엄청난 정치적 충격이 될 것이다.

멕시코, 7월: 국가재건운동당의 재집권이 확실시되는 가운데 최초로 여성 대통령 탄생 예정

파키스탄, 2월: 지지율이 점차 낮아지는 파키스탄 무슬림 연맹(Nawaz)이 군의 도움으로 집권할 듯

인도, 4~5월: 14억 명의 통치를 결정하는 선거에서 나렌드라 모디의 BJP는 3연임을 노리고 있다.

브라질↑ 2억 1,800
미국 3억 4,200
인도네시아 2억 8,000
남아프리카공화국
이탈리아* 5,900
영국 6,800
스페인* 4,700
독일 8,300
한국 5,200
대만
프랑스* 6,500
튀르키예* 8,600↑
우크라이나
멕시코 1억 2,900
밀리
러시아 1억 4,400
북한
차드
파키스탄 2억 4,500
알제리
가나 3,500
방글라데시 1억 7,500
인도 14억

* 유럽의회 선거
↑ 지방 선거

2024년에는 전 세계 81억 인구의 절반 이상이 투표를 통해 새로운 정부, 대통령, 주지사 및 지방자치단체 의원을 선출할 예정이다. 유권자 수를 기준으로 할 때 2024년은 보편 선거가 도입된 이후 가장 큰 선거 연도로 기록될 것이다. 당사의 계산에 따르면 76개국이 어떤 형태로든 전국적 규모의 선거를 실시할 예정이다.

그렇다고 질이 보장되는 것은 아니다. 민주주의에서 선거는 필수적이지만 그게 전부는 아니다. 선거는 사람들이 자신들을 다스릴 사람을 선택하는 행위다. 이를 위해서는 선거가 자유롭고 공정해야 하며 사회의 모든 계층을 대표하는 정당이 있어야 한다. 이런 조건이 충족되지 않으면 그 민주주의는 가짜다.

독재 국가는 권력이 바뀌지 않은 채 수십 년 동안 선거를 치르고 있고, 민주주의 국가는 정부가 바뀌어도 유권자들이 원하는 것을 제공하지 못하고 있다. 성숙한 민주주의 국가에서 그랬던 것처럼 선거 시스템이 경쟁력을 잃으면 사람들은 민주주의 자체에 대해 신뢰를 잃을 수 있다.

〈이코노미스트〉의 자매사인 EIU가 매년 발표하는 민주주의 지수에 따르면 2024년 선거를 치르게 되어 있는 76개국 중 42개국에서만 투표가 자유롭고 공정하게 실시될 것이다. 이 중 27개국은 EU 회원국이다. 세계에서 가장 인구가 많은 10개국 중 8개국(미국, 방글라데시, 브라질, 인도, 인도네시아, 멕시코, 파키스탄 및 러시아)이 2024년에 선거를

41억 7,000만 명

2024년에 선거가 예정된 국가의 국민은 전 세계 인구의 51%에 해당

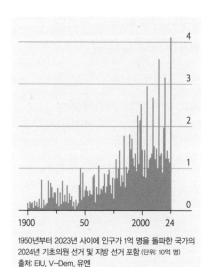

1950년부터 2023년 사이에 인구가 1억 명을 돌파한 국가의 2024년 기초의원 선거 및 지방 선거 포함 (단위: 10억 명)
출차: EIU, V-Dem, 유엔

치를 계획이다.

이들 국가의 절반에서 선거는 자유롭지도, 공정하지도 않으며 언론 및 결사의 자유와 같은 다른 민주주의의 전제 조건이 보장되지 않는다. 집권당에 의해 다양한 형태로 야당이 억압을 받는 러시아, 방글라데시 및 파키스탄과 같은 국가에서 선거로 정권 교체를 이룰 가능성은 높지 않다. EIU 지수에서 모두 '결함 있는 민주주의'로 분류되는 미국, 브라질, 인도 및 인도네시아의 선거는 적어도 변화의 가능성을 허용한다.

전문가들의 가장 확률 높은 예측

굿저지먼트의 슈퍼 예측가들이 예측한 2024년 주요 사건

언론인들과 논평가들은 신중히 고른 다의적 단어를 사용해서 미래를 예측하곤 한다. 숫자라는 더 정확한 단어를 선호하는 예측가들도 있다. 예측 전문 회사 굿저지먼트(Good Judgement)는 그런 사람들을 슈퍼 예측가팀에 다수 영입했다. 그들은 상세하고 구체적인 예측을 제공하기 위해 함께 노력하고 있다. 다음은 2024년 주요 사건과 관련해 그들이 내놓은 예측이다.

↓
다음 영국 총선의 결과는 어떻게 나올까?

보수당이 과반 의석을 얻는다   1%

보수당이 최다 득표를 얻는다   3%

노동당이 최다 득표를 얻는다   22%

노동당이 과반 의석을 얻는다   74%

↓
러시아와 우크라이나는 현재 갈등을 종결하는 합의를 언제 발표할까?

2023년 10월부터 2024년 3월 사이   1%

2024년 4월부터 2024년 9월 사이   8%

2024년 10월 1일 이후   91%

↓
쿼드 국가 또는 중국은 상대편이 자국 군대나 기타 세력에 무력을 행사했다는 공개적인 비난을 할까?

그렇다 21%   아니다 79%

↓
2024년 미국 대선 결과는 어떻게 나올까?

민주당 후보가
선거인단 투표와 일반 투표에서 모두 승리할 것이다   63%

선거인단 투표에서 승리하지만, 일반 투표에서 승리하지 못할 것이다   2%

공화당 후보가
선거인단 투표와 일반 투표에서 모두 승리할 것이다   10%

선거인단 투표에서 승리하지만, 일반 투표에서 승리하지 못할 것이다   25%

↓
유로존은 2분기 연속 마이너스 GDP 성장률을 기록할까?

그렇다   14%

아니다, 하지만 최소한 한 분기에는 마이너스 GDP 성장률을 기록할 것이다   82%

마이너스 성장한 분기는 없을 것이다   4%

↓
2024년 중국의 연간 GDP 성장률은 몇 퍼센트일까?

1.5% 미만   2%

1.5~3% 사이   4%

3~4.5% 사이   38%

4.5~6% 사이   54%

6% 초과   2%

↓
2024년 전 세계 연간 GDP 성장률은 얼마일까?

0% 미만   4%

0~1.5%   12%

1.5~3%   62%

3~4.5%   22%

4.5% 초과   0%

↓

다음 인도 총선에서 BJP가 이끄는 집권 당인 국민민주동맹(NDA)은 (543석 중) 몇 석을 차지할까?

271석 이하	6%
272~298석	24%
299~325석	47%
326~352석	21%
353석 이상	2%

예측 우승자

굿저지먼트와 협력해 마련된 2023년의 세계 예측하기 대회에서 우승한 뉴욕 도심의 법률 전문가 재인 스터커(Zane Stucker) 씨에게 축하를 보낸다. 역대 수상자와 마찬가지로 그는 굿저지먼트의 전문 슈퍼 예측 팀에 합류해 달라는 권유를 받았다. 당신도 슈퍼 예측가가 될 수 있을까? 2024년 10월까지 gjopen.com/economist에서 진행되는 2024년의 세계 예측하기 대회에 참가해 당신의 예측 능력을 시험해보자.

작년의 예측

2023년 굿저지먼트팀은 해결된, 여덟 가지 질문의 결과를 모두 맞히며 좋은 한 해를 보냈다. 글로벌 성장률은 3%였고, 중국은 5% 성장했고, 나이지리아와 튀르키예에서는 여당 후보가 승리했고, 푸틴은 물러나지 않았고, 영국에서는 총선이 시행되지 않았고, 대만과 관련된 충돌은 일어나지 않았고, 러시아는 핵 폭발 장치를 터뜨리지 않았다. 아홉 번째 질문은 우크라이나 전쟁의 종전과 관련된 것이었다. 슈퍼 예측가들은 2024년 10월 1일 이후라고 예측했다. 2023년에 벌어진 사건들은 그들의 예상과 맞아떨어졌다.

ILLUSTRATIONS

Cover | Jérôme Berthier

Inside | Álvaro Bernis, Cristiana Couceiro, Lauren Crow, Ben Denzer, Mel Haasch,
Olivier Heiligers, Shira Inbar, Sam Island, Chantal Jahchan, Kal, Nate Kitch, Alberto Miranda,
Mariano Pascual, Celina Pereira, Agnès Ricart, Rob en Robin, Israel G Vargas,
George Wylesol, Nishant Choksi

PHOTOGRAPHS

© AFP © Getty Images © Reuters © Shutterstock © Josh Valcarcel/NASA

이코노미스트

2024 세계대전망

제1판 1쇄 발행 | 2023년 12월 5일
제1판 4쇄 발행 | 2023년 12월 26일

지은이 | 이코노미스트
번 역 | 김인섭 임경은 정유선 조용빈 최영민 황성연
펴낸이 | 김수언
펴낸곳 | 한국경제신문 한경BP
책임편집 | 이혜영
교정교열 | 이근일
저작권 | 백상아
홍 보 | 서은실 이여진 박도현
마케팅 | 김규형 정우연
디자인 | 권석중
본문디자인 | 디자인 현

주 소 | 서울특별시 중구 청파로 463
기획출판팀 | 02-3604-590, 584
영업마케팅팀 | 02-3604-595, 562   FAX | 02-3604-599
H | http://bp.hankyung.com   E | bp@hankyung.com
F | www.facebook.com/hankyungbp
등 록 | 제 2-315(1967. 5. 15)

ISBN 978-89-475-4929-5 03320
값 23,000원

잘못 만들어진 책은 구입처에서 바꿔드립니다.